北京旅游发展研究基地 标志性成果

A RESEARCH REPORT
OF ONLINE TRAVEL INDUSTRY
OF CHINA IN 2017

中国在线旅游研究报告 2017

李宏 主编

北京·旅游教育出版社

《中国在线旅游研究报告2017》编委会

主　任　计金标

主　编　邹统钎

副主编　王　欣

编　委（按姓氏音序排列）

安金明　谷慧敏　韩玉灵　计金标

李　宏　厉新建　刘大可　秦　宇

王成慧　王　欣　魏　翔　许忠伟

尹美群　邹统钎

总　序

　　北京旅游发展研究基地是北京市首批省部级哲学社会科学研究基地，成立于2004年。北京第二外国语学院作为主要建设单位，通过四方共建协议与北京市哲学社会科学规划办公室、北京市教育委员会、北京市旅游发展委员会共同建设基地。基地的建设宗旨：是以北京第二外国语学院北京市重点学科——旅游管理为基础，依托本校旅游管理学院、酒店管理学院、会展与经贸学、国际商学院、中国旅游人才发展研究院、旅游教育出版社，联合校外北京市旅游发展委员会、首都旅游集团、北京高校旅游研究机构等单位，整合旅游及相关研究优势资源，紧紧围绕首都及全国旅游业发展过程中有待研究解决的重大理论和现实问题展开研究工作，推动我国及北京旅游研究领域的拓展、研究方法的创新和研究水平的提高，有效拉升北京旅游教学、研究和旅游业发展在国际上的层次和地位。

　　在前四个三年建设周期中，基地在北京市哲学社会科学规划办公室等各级领导、部门的关心和指导下，在北京第二外国语学院校领导的大力支持下，通过与北京市旅游发展委员会及各区县旅游局、各旅游企业、高等院校和科研院所的合作，取得了一批高质量的成果，同时举办了具有社会影响并逐步形成品牌的重要学术会议，为北京市及全国旅游研究和旅游行业发展做出了应有的贡献，实现了基地的建设目标，取得了优异的成绩。

　　从前四个建设周期的经验来看，"狠抓标志性成果建设，打造权威报告，提供观点和理论研究成果"是实现基地建设目标的重要途径。新一轮建设周期（2017—2019），基地将继续秉承"前瞻视野、开放平台、权威报告、理论高地"的建设理念，努力实现"在充分满足北京市各类决策支持需求的前提下，抓住中国和国际旅游发展前沿的重大问题进行研究，做到'北京旅游发展智库'和'中国一流旅游学术研究机构'的统一"的建设目标。为此，基地学术委员会经讨论决定，为更好地发挥"智库"服务北京乃至中国旅游业发展，第五个建设周期重新整合确立了三个研究方向：由首席专家邹统钎教授领衔的研究方向"旅游发展战略与政策研究"，重点研究国家、首都与地方旅游发展战略与产业政策规制、旅游服务国家"一带一路"、"京津冀协同发展"、北京首都"四个中心"建设等重大战略，结合重大事件、重大项目研究，密切配合政府和有关机构，建设首都旅游专业智库，系统产出重要咨政成果；由基地学术委员厉新建教授领衔的研究方向"现代技术、大数据与旅游改革创新研究"，将基于人工智能、大数据等现代技术，一方面重点关注人工智能对旅游业发展的影响机制，另一方面重点关注旅游大数据与旅游者行为规律与机制研究、目的地营销创新研究、旅游产品及业态创新研究、旅游产业空间优化、旅游企业管理与服务优化、目的地在线声誉管理、旅游市场监管新模式；由学术委员谷慧敏教授牵头的研究方向"旅游企业发展与创新"，以旅游产业运行规律及企业管理为研究特色，重点关注酒店、旅行社、会展、健康服务、旅游分享经济、主题公园、民宿、餐饮等产业演化及标准，相关旅游类企业的投融资、财务会计、市场营销、服务运营、组织行为、人力资源、国际化经营、企业社会责任的前沿理论及实践。

今年乃至今后几年，基地陆续出版的标志性成果主要体现在两个方面：面向北京市政府及其旅游管理部门和企事业单位的《北京旅游发展研究报告》；面向旅游学术研究领域、致力于旅游学科建设和人才队伍培养的《中国旅游企业发展年度报告》《中国旅游目的地发展年度报告》《中国在线旅游年度报告》《中国旅游法评论》等。

《北京旅游发展研究报告》作为北京市哲学社会科学重点规划项目，其目的在于对北京市旅游经济与旅游市场的整体发展、北京旅游各行业运行状况、旅游供需市场、旅游行政管理及年度热点与创新等问题进行充分研究和集中展示，以期对实践具有一定的指导作用。在历年报告的基本框架基础上，新的《北京旅游发展年度报告》包括旅游行业发展趋势运行总报告、旅游业中各细分行业发展报告以及旅游热点。基地专家将尽最大努力，对每年北京旅游产业运行状况以及旅游研究热点和创新点进行全面阐述。

前期建设中，我们出版了《中国旅游法评论》《中国景区发展年度报告》《中国在线旅游研究报告》《中国上市旅游企业社会责任披露与分析研究报告》以及《中国休闲与旅游研究峰会论文集》等，基地依托我校外语、旅游优势，从产业、行业、企业三个方面对我国旅游业进行了充分的研究，展示了基地专家原创和多元视角的研究成果。

新一期建设中，基地继续加强《北京旅游发展研究报告》的研究和出版工作，使其成为反映我国旅游业发展现状、发展趋势、行业热点以及最新学术理论的标志性成果。基地同时计划推出新一期《中国在线旅游研究报告》，结合大数据、电商、线上平台等新兴热点、趋势，为我国旅游业发展提供建议。

作为中国旅游教育和研究的中心和基地之一，北京第二外国语学院始终将旅游学科的发展作为学校的重要战略。北京旅游发展研究基地依托于二外，除了完成作为一个北京市市级研究基地本身应完成的任务外，也直接服务于国家整体发展战略。我们期待通过基地全体研究人员的不懈努力,推动我国旅游教育和旅游学科发展,促进旅游学术界与行业主管部门、旅游业界的密切合作,为国家建设旅游强国、为北京市旅游产业发展提供更优质的研究成果和最直接的智力服务,以承担起时代赋予我们的责任,完成学者的历史使命和责任。

在此,我也代表基地衷心期盼业界同仁对我们的工作提出意见和建议,并且参与到基地及相关工作中来,共同努力,合作发展,为首都和中国旅游事业的发展做出新的贡献。

北京旅游发展研究基地负责人、学术委员会主任
北京第二外国语学院校长、教授、博士生导师

前　言

在线旅游与互联网的发展及应用相伴相生，经过十几年的发展，行业规模不断壮大，商务模式逐渐走向成熟，在线旅游交易的便利性和及时性极大地促进了旅游者消费行为模式的变迁，对中国旅游消费市场的形成与迅速壮大起到了不可低估的作用。

从2014年起，北京旅游发展研究基地立项开展中国在线旅游研究，以年度报告的形式呈现成果。2015出版了中国在线旅游研究系列报告的第一本《中国在线旅游研究报告2014》，全书分为上下两篇，上篇为中国在线旅游发展态势总论，下篇为典型案例。该报告在业内产生了较好的影响，被基地认定为标志性成果。2016年出版了系列报告的第二本《中国在线旅游研究报告2015》，在体例上进行了明显的改变，全书分为四个部分，分别总结了传统旅游电商的发展情况、传统旅行社的线上发展、BAT大型电商在线旅游发展概况和旅游APP移动应用，对在线旅游几大板块的发展态势进行了全面总结。2018年连续出版了报告的第三本和第四本，沿袭了之前的体例，从四个方面总结一年以来在线旅游业态的发展态势。

本书为第四本年度报告，内容延续前三本报告，记录在线旅游业的发展轨迹，总结发展脉络，分析发展趋势，在积累资料的同时，发现规律，希望能够成为学界和业界进行行业研究时的得力参考，在科研和咨询领域发挥应有的作用。北京第二外国语学院旅游管理学院研究生孙施羽、刘越、王多槐和罗晓堂全程参加了报告的调研和撰写。

目 录
CONTENTS

第一章 在线旅游电商发展特征及趋势 ·················· 1
    第一节　2016年在线旅游电商概况 ·················· 1
    第二节　2016年在线旅游电商发展特征 ·················· 6
    第三节　在线旅游电商发展趋势 ·················· 7

第二章 综合性旅游电商介绍及企业解读 ·················· 10
    第一节　携程网 ·················· 11
    第二节　去哪儿网 ·················· 18
    第三节　途牛旅游网 ·················· 23

第三章 B2B2C类综合性旅游服务电商 ·················· 31
    第一节　同程旅游网 ·················· 32
    第二节　欣欣旅游网 ·················· 36

第四章 旅游攻略社区类电商介绍及企业解读 ·················· 41
    第一节　猫途鹰 ·················· 43
    第二节　马蜂窝 ·················· 47
    第三节　穷游网 ·················· 54

第五章 垂直细分型旅游电商介绍及企业解读 ·················· 60
    第一节　定制旅游类旅游电商介绍 ·················· 60
    第二节　6人游 ·················· 61

第六章 垂直搜索引擎类旅游电商 ·················· 64
    第一节　旅游垂直搜索引擎平台简介 ·················· 64
    第二节　酷讯旅游网 ·················· 65

第七章 市场细分类旅游电商···68
第一节 市场细分类旅游电商···68
第二节 途家网介绍···68

第八章 传统旅行社在线发展篇···74
第一节 2016年传统旅行社发展概况·····································74
第二节 大型传统旅行社在线发展进程回顾·······························81
  中青旅···81
  众信旅游···87
  凯撒旅游···94
  春秋国旅···100
第三节 中小旅行社的在线化和市场营销变革·····························104
第四节 传统旅行社发展趋势···109

第九章 2016年大型电商在线旅游市场发展态势·····························113
第一节 2016年大型电商在线旅游市场总体发展形势·······················113
第二节 2016年大型综合电商在线旅游市场发展动向·······················115
第三节 2016年团购网站在线旅游市场发展动向···························126

第十章 旅游App移动应用···137
第一节 旅游App发展态势总论···137
第二节 旅游App排名及分类详情···150
第三节 旅游App类型及分类详情···206

第一章
在线旅游电商发展特征及趋势

在线旅游指的是通过网络的方式查阅和预订旅游产品,并可以通过网络分享旅游或旅行经验,而非通过在线(网络)的方式旅游或旅行。囊括了包括航空公司、酒店、景区、租车公司、海内外旅游局等旅游服务供应商及搜索引擎、OTA、电信运营商,旅游资讯及社区网站等在线旅游平台的产业。在线旅游服务的核心价值体现在:为游客提供旅游相关信息、提供行程安排预订服务。随着社交网站的发展,OTA需要更多客户产生的信息——由其他利益无关方提供的信息,这些信息更客观更全面。在线旅游和传统的旅游除了在信息查阅及预订方式上有所区别外,其他的都一样。

在线旅游的特点只是通过网络方便了大家,在线只是一种服务手段,而非目的。所以,在线旅游不但没有偏离"旅游",反而进一步丰富了旅游,并且方便了旅游,促进了产业发展。因其主要借助互联网销售,因而与传统旅游产业以门店销售的方式形成了巨大差异。依据主要运营模式的不同,本章将传统旅游电商分为三类:综合性旅游电商、社区点评类旅游电商及垂直细分型旅游电商(其中综合性旅游电商又分为B2B及B2B2C类,垂直细分型旅游电商分为定制旅游类、垂直搜索引擎类及市场细分类三种类型),并选取了11个在线旅游企业进行了典型案例介绍。

第一节 2016年在线旅游电商概况

2016年可以说是在线旅游企业整合的一年。大的OTA企业加快了并购整合的步伐,如携程收购了旅游百事通和天巡、去哪儿与携程合并,同程与万达旅游合并、途家并购蚂蚁短租和携程、去哪儿民宿业务。在线旅游企业的一系列作为,让整个行业的整体格局正在趋于稳定。艾瑞分析认为,未来在线旅游行业的投资并购活动将持续进行,其中,服务于头部企业整合旅游产业链上下游和出海发展战略的并购活动将成为主流,与此同时,除传统 C 端产品外,B 端产品和企业将成为市场关注热点,而腰部企业的生存空间将进一步被挤压,长尾市场仍将有新玩家不断入场,但行业整体结构和格局已经趋于稳定。

一、在线旅游市场发展情况

艾瑞咨询统计数据显示,2016 年中国在线旅游市场交易结构保持了较为稳定的格局。在线机票市场作为在线旅游市场中发展最为成熟的板块,市场发展趋于稳定,增速放缓,2016 年上半年,航空公司逐渐提直降代,既降低了销售成本,又通过直销掌握更多用户的消费需求和消费习惯,这将成为航空公司为用户提供更多增值服务的数据基础。在这种局面下,OTA 也纷纷主动与航空公司合作,从而打造共赢局面。住宿市场增速稳定,随着"全域旅游"概念的提出与实施,非标住宿由于契合用户的个性化需求且在住宿体验上更加独特而逐渐受到重视。在线度假市场交易额保持稳定增长,未来度假市场将有更大的发展空间。

二、交易规模及市场营收

2016 年中国在线旅游市场持续扩大,艾瑞统计数据显示,2016 年中国在线旅游市场交易规模达 6026 亿元,同比增长 34%,预计 2019 年中国在线旅游市场交易规模将超万亿(见图 1-1)。

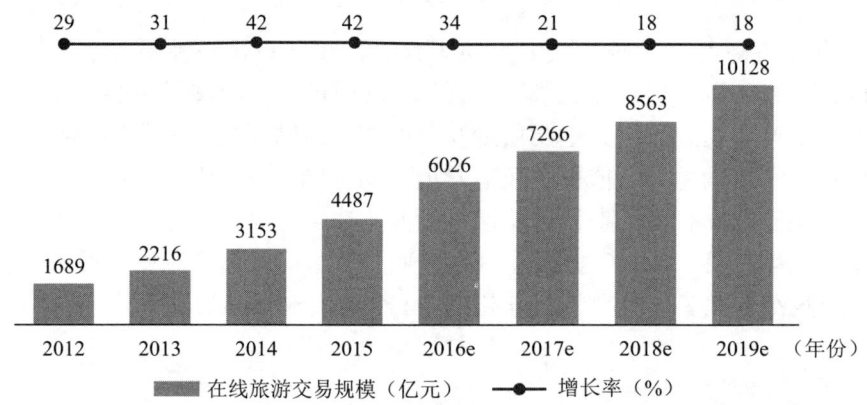

图 1-1　2012—2019 年中国在线旅游市场交易规模及增速

资料来源:根据企业公开财报、行业访谈及艾瑞统计预测模型估算(©2016.12iresearch Inc)

艾瑞分析认为,在线旅游市场交易规模的快速增长主要得益于用户和企业两端:从用户端看,用户旅游决策和旅游预订行为进一步向移动端迁移,用户周边游、度假游、出境游等多元旅游需求比例提升;从企业端看,在线机票、住宿、度假市场的头部企业集中度提升,传统航空公司、酒店集团不断向线上延伸,满足用户长尾需求的创新企业也不断涌现,在线旅游在旅游整体市场中的渗透率不断提升,未来仍将保持中高速增长。消费者们旅途中使用移动端占比大幅增长,预计 2017 年移动端占比将达到 76%（见图 1-2）。

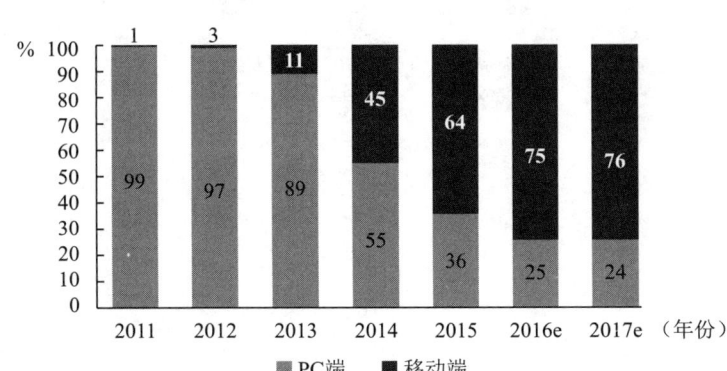

图 1-2　2011—2017 年两端预订比例

资料来源：根据企业公开财报、行业访谈及艾瑞统计预测模型估算（©2016.12iresearch Inc）

艾瑞统计数据显示，2016 年中国在线旅游 OTA 市场营收规模为 298 亿元，同比增长 48%（见图 1-3）。艾瑞分析认为，伴随着国内旅游市场大环境的稳定增长，线上＋线下融合不断深化，在线旅游 OTA 企业在市场中地位将进一步得到强化，其市场营收规模将持续扩大。

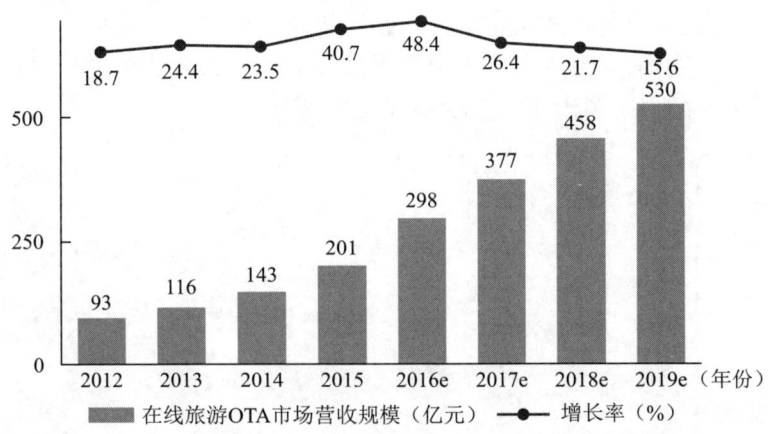

图 1-3　2012—2019 年中国在线旅游 OTA 市场营收规模及增速

资料来源：根据企业公开财报、行业访谈及艾瑞统计预测模型估算（©2016.12iresearch Inc）

三、机票、酒店及度假业务

从交易额格局来看，2016 年机票市场份额仍为最大，但占比有所下滑，降至 56.8%；住宿市场的增速相对稳定，占在线旅游市场总体份额的 19.9%；而在线度假市场份额获得进一步的提升，占比超 18%（见图 1-4）。艾瑞分析认为，在未来，在线度假市场仍将保持高速增长，其市场份额在 2017 年将突破 20%。

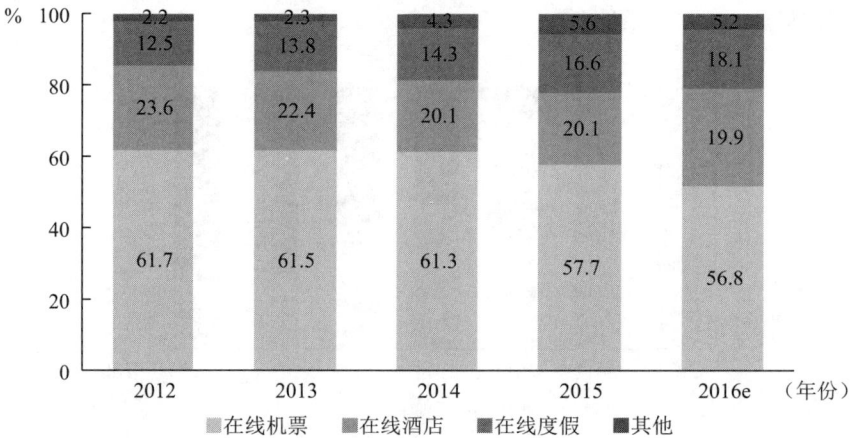

图1-4　2012-2016年中国在线旅游市场交易结构

注：1. 营收规模指在线旅游OTA企业佣金营收规模总和；2. 考虑到目前用户电话预订比例较高，故营收规模包括电话预订的营收，并包含号码百事通、12580等电信旗下企业相应的营收

资料来源：根据企业公开财报、行业访谈及艾瑞统计预测模型估算（©2016.12iresearch Inc）

1. 中国在线机票市场

从在线机票市场来看（见图1-5），航空公司"提直降代"对整体市场仍有较大影响。在提高航司利润，强化航空公司在线机票行业主导权的同时，对用户数据的争夺也将是航司未来发力重点；为用户提供智能化预订和决策的信息的服务产品将不断涌现，以满足用户个性化、多元化的旅游需求。

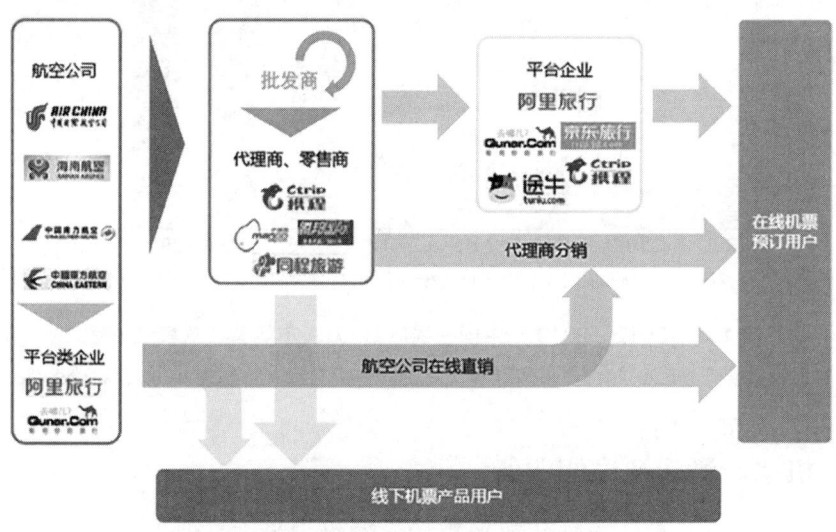

图1-5　2016年中国在线机票市场产业链图谱

资料来源：艾瑞咨询研究院自主研究及绘制

2. 中国在线住宿市场

从在线住宿市场来看（见图1-6），在中低端酒店市场，价格战仍将持续一段时间，头部企业用中高端酒店产生的利润为中低端酒店业务输血，以巩固自己的行业地位；伴随着用户出境游需求增多，越来越多国家对中国实行免签、落地签等利好政策，在最近一年，在线旅游企业海外酒店业务的预订量和营收规模都获得快速增长，这将推动在线旅游企业不断拓展其海外业务。

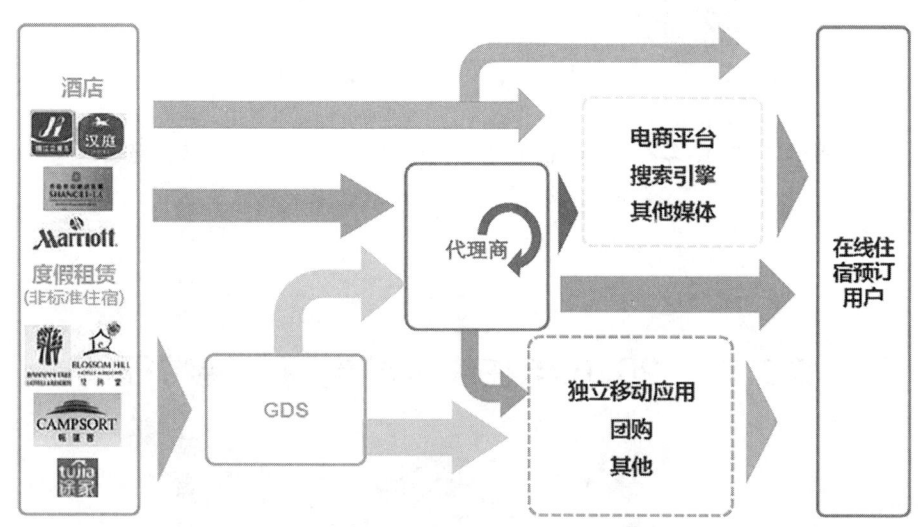

图1-6 2016年中国在线住宿市场产业链图谱

资料来源：艾瑞咨询研究院自主研究及绘制

3. 中国度假市场

从在线度假市场来看，随着旅游市场从传统的观赏型旅游向体验型旅游的转变，垂直主题类旅游（如体育旅游、医疗旅游等）将受到旅游企业及资本的关注。

四、市场格局

从行业集中度来看，以用户月有效使用时间占比为指标，可以发现，在线旅游行业企业呈现倒金字塔结构，头等企业用户月平均有效使用时长占比达76%，中等企业占比达16%，小企业占比不足8%（见图1-7）。艾瑞分析认为，在未来，在线旅游市场行业集中度将进一步提升，对用户使用频次和使用时间的争夺将成为企业间竞争的核心要素之一。

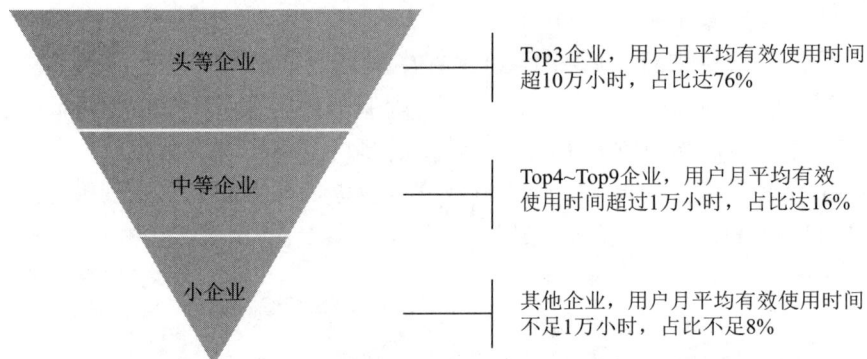

图1-7　2016年在线旅游企业用户月平均有效使用时间集中度示意图

资料来源：艾瑞咨询研究院自主研究及绘制

第二节　2016年在线旅游电商发展特征

一、企业并购依然火热

2016年可以说是在线旅游企业整合的一年。就在线旅游目前状况而言，随着国内主要电商、团购平台的入局，如阿里旗下的飞猪、团购巨头美团点评等企业的加入，大的OTA企业加快了并购整合的步伐，如携程收购了旅游百事通和天巡、去哪儿私有化并与携程合并，同程与万达旅游合并，途家并购蚂蚁短租和携程、去哪儿民宿业务。

二、跨界竞争

在线旅游企业面临的跨界竞争将越来越激烈，并逐步常态化。因此，这就要求在线旅游在面对如此激烈的竞争时，努力提升自身对目的地资源的整合能力以及加强旅游产品研发和组合方式上的创新力度，并注重在在线旅游一体化、本土化的大方向发展。

三、机票、住宿业务仍占主导

在线机票和在线住宿预订市场仍然占据市场主导地位，头部厂商占有率获得进一步的提升；在线度假旅游市场增长率行业领先，成长速度迅速，自由行占据主导地位，跟团游向品质游迈进；资本层面市场更趋理性，头部厂商通过资本手段扩大市场优势，细分市场，厂商受到投资者青睐。

总而言之，未来互联网与旅游产业的结合，将进一步呈现在线旅游一体化、移动化、本地化等特征。其中，目的地端的服务碎片化和非标准化的特征较为明显，其核心资源主要集中在线下，互联网对这些领域进行整合，就应该打通线上线下的资源。因此，未来旅游O2O的落脚点将重点体现在度假旅游环节，尤其是在目的地端的资源和服务环节控制上。在线旅游企业的一系列作为，让整个行业的整体格局正在趋于稳定。

第三节 在线旅游电商发展趋势

在大众旅游、全域旅游的带动下，旅游行业也迎来了新的面貌。回顾2016年，行业波诡云谲，消费升级持续推动，市场格局也出现诸多变化。进入2017年，新的热点将会不断凸显，行业变化持续进行。从行业投资、商业模式、消费趋势、热门产品、旅游目的地五大方面看旅游行业的最新热点，从消费者和企业两端总结2017年中国旅游业的风将会往哪儿吹。就在线旅游目前状况而言，2017年随着国内主要电商、团购平台的入局，如阿里旗下的飞猪、团购巨头美团点评等企业的加入，在线旅游企业面临的跨界竞争将越来越激烈，并逐步常态化。总而言之，未来互联网与旅游产业的结合，将进一步呈现在线旅游一体化、移动化、本地化等特征。因此，未来旅游O2O的落脚点将重点体现在度假旅游环节，尤其是在目的地端的资源和服务环节控制上。

一、投资新动态：民宿领衔吸金洼地

2016年我国旅游业以高歌猛进之势，吸引各路资本，而这一"吸金"体质在2017年必将继续保持。根据国家旅游局最新发布的数据显示，2016年前三季度，全国旅游业实际完成投资7972.3亿元，同比增长43.8%，远高于全国固定资产8.2%的投资增速和第三产业11.1%的投资增速，预计全年旅游直接投资将达到1.25万亿元。业内普遍预测，民宿、主题公园以及低空旅游等领域将受到投资者青睐。事实上，随着旅游消费习惯的演变，民宿在近几年处于持续升温态势。根据中国旅游协会发布的《2016客栈民宿专题研究》的数据显示，国内民宿客栈已超过4万家。与此同时，中国酒店住宿产业也出现了越来越多的短租、民宿、长租、公共创业空间等新模式。

面对"非标准住宿"将迎来的爆发期，"非标准住宿"是旅游行业发展的必然结果。在旅游人数增长的环境下，传统酒店已难以满足消费者的不同需求，"非标准住宿"的发展则填补了这块空白。除民宿外，近两年一直受到关注的主题公园也将快速前行。2017年伊始，即将在上海开建乐高乐园的默林娱乐集团又与携程签订

合作协议。恒大集团也在力推"恒大童世界"主题公园项目,预计 2017—2020 年我国将有超过 60 个大型主题公园建成。

与民宿和主题公园相比,低空旅游算是新兴业态,但"钱景"可期。《"十三五"旅游业发展规划》中明确提出,将结合低空空域开放试点,选择一批符合条件的景区、城镇开展航空体验、航空运动等多种形式的低空旅游。宁夏、山东、四川以及京津冀区域等都在纷纷上马低空旅游项目,民营资本也希望通过提早布局占据市场先机。

二、出游新方式:邮轮、主题公园成爆款

随着大众旅游和全域旅游概念的提出,旅游产品也出现了"爆款",其中邮轮游和围绕主题公园形成的旅游产品成为企业重点推荐、游客关注的产品。

相关报告显示,在需求和产业的双重作用下,2017 年,邮轮、海岛游继续成为消费热点。另有数据显示,在邮轮频频进驻中国市场之后,2017 年国内母港港口的运力将增长 50% 以上。而在主题公园迎来新一轮的兴建热潮之后,消费者也开始更加关注这一新态势下的旅游细分产品,尤其是 2016 年上海迪士尼的开业,更是让业内看到了这一业态的发展潜力,相关的产品链开始逐渐丰满。由于主题公园的区域性明显,由主题公园带动的打包旅游产品成为新的旅游热点,包括主题公园周边的乐园、景区、住宿、交通等,甚至有主题公园成为了当地省市的旅游标志。在 2017 年,这样的趋势将会持续,更多兴建和翻修、扩建的主题公园会给旅游市场带来更为丰富的产品。不过,行业也需要避免同质化的问题。比如突破邮轮日韩线的同质化,推出更多差异化航线、丰富邮轮上的娱乐活动等,主题公园也需要做更多的市场调研,抓住游客爱好,及时调整乐园的发展方向。

三、消费新趋势:体验式旅游更受青睐

据预测,2017 年体验性旅游消费支出比例将增大。中国旅游研究院指出,随着全域旅游、"旅游+"等新业态、新要素的发展,未来旅游核心产品和衍生性产品的消费将被进一步拉动。文创、科技等要素在旅游中的渗透,将改变以往的旅游消费结构,如文化娱乐、目的地生活体验方面的体验性消费,将进一步扩大。其中,乡村旅游成为旅游消费的重要分支。

受益于 2014 年《爸爸去哪儿》的播出,乡村旅游迅速吸引了大量关注并持续发酵。而在 2017 年,随着"十三五"旅游业发展规划的进一步深入布局,乡村旅游仍将继续快速发展。

2016 年国庆期间全国乡村游游客人数达 1.29 亿人次,在 5.93 亿总旅游接待人次中占比 21.75%,成为长假出行的主要消费选择之一。国庆期间乡村游中,跨省市出行比重达 53.75%,过夜人次占比 58.19%。据调查结果显示,受访的 46.42% 游客表示每月到乡村旅游一次,重庆、北京、广州、成都是乡村游的主要客源地。

四、运营新模式：线上线下融合生变

O2O 危机之后，旅游行业的线上线下融合出现新变化，带给在线旅游企业和线下旅行社新的机遇和挑战。此前，O2O 的概念甚嚣尘上，旅游行业也发生了多起并购案，但由于线上线下融合不畅，欲通过并购达到"1+1＞2"的效果并没有实现。然而，在 2016 年，行业中的多起事件再次将 O2O 推上台面，也助推着 2017 年旅游 O2O 的新发展。

携程投资旅游百事通之后，双方在产品打造、渠道共享等多个方面进行合作，甚至在旅游百事通的门店中开设双品牌"携程·旅游百事通"，从而推进携程品牌的落地以及线上线下销售的联动。此外，同程旅游在全国各地高调推出的百旅会也成为同程积极落地的重要举措之一，同时，同程旅游还计划在未来进一步推动在细分领域的产品研发，开设门店、收购旅行社等举措也将在 2017 年给同程旅游的线上线下融合提供新的基础。不仅线上的企业在往线下走，线下的企业走向线上也已经开始。2014 年众信旅游收购悠哉网一事一度成为旅游行业的热门事件，但在之后的一年多时间里，双方的融合并没有业界预期得那么顺畅。但在 2016 年 11 月，众信悠哉通过技术、大数据等方式试图从公司管理、业务发展等方面真正打通线上线下，但真的要达到预期效果，还需要 2017 年的完善和发展。

五、澳新目的地接棒近邻游

目前，我国已经进入了大众旅游的消费时代，东南亚、日韩都是备受中国游客青睐的地方。但是在游客玩遍东南亚和日韩之后，澳新及美国将成为新的热门目的地，新老热门目的地也开始了正面交锋。根据数据显示，泰国、日本、美国、法国、韩国为 2016 年最受欢迎的出境目的地国家，此外，印度尼西亚、意大利、瑞士、德国、俄罗斯紧随其后，而在 2016 年增长最快的目的地国家排名中，印度尼西亚、老挝、越南、新西兰、泰国、柬埔寨、澳大利亚、埃及、以色列、美国为 TOP 10。

而在产品类型上，2017 年中国旅游者对于旅游深度、品质等要求的提高，使得澳大利亚各类热气球、飞跃河谷等新鲜体验项目赚足眼球。同时，2017 年中澳旅游年活动即将开始，清新的空气与优良的自然环境让中国东部重要客源地且颇受雾霾侵扰的游客将目光更多投入澳洲。美国与中国同样在 2016 年开展了中美旅游年活动，借助这项活动的热潮以及中国游客赴美签证政策的改善，预计 2017 年将进一步拉动到访美国的中国游客数量增长。

第二章
综合性旅游电商介绍及企业解读

2016年我国在线旅游企业线上线下融合趋势进一步加强，并产生多起并购事件，旅游市场格局也被改变，但综合来看，在线旅游企业主要模式分为三种：综合性旅游电商（OTA）、社区点评类旅游电商（UGC）和垂直搜索类旅游电商。由于垂直搜索类电商代表酷讯网于2015年10月被美团网收购，本报告将其归类于垂直细分型旅游电商中。目前，国内旅游电子商务企业可分为三种类型：一是以机票加酒店销售为主导的旅游电子商务企业，以携程、艺龙、真旅网为代表；二是以旅游垂直搜索服务为主导的旅游电子商务企业，以去哪儿、酷讯为代表；三是提供旅游景点、旅游线路服务的旅游电子商务企业，以悠哉网、途牛为代表[1]。

在国内发展三者在产业链中对应相应的盈利模式分别为：综合性旅游电商依靠佣金，垂直搜索类旅游电商靠CPC及广告等收费，UGC靠广告收费或闭环分销。从国外发展历史及中国目前发展现状来看，各种模式中，综合性旅游电商变现能力最强，是整个在线旅游市场的主流模式；垂直搜索模式为消费者提供比价功能，更加便捷，客户覆盖度增长较快；UGC主要依赖于广告收费，往往会成为以综合性旅游电商模式为主的公司进行产业链整合和覆盖过程中的模式补充。从国外经验来看，全球最大市值的在线旅游公司Priceline、美国占据市场份额第一的Expedia均是以OTA模式为核心，OTA模式是在线旅游行业中已经被验证的核心盈利模式，国内的在线旅游龙头企业携程也是典型的以OTA为核心模式的在线旅游企业，诸多旅游企业也逐渐向OTA转型。

B2C类综合性旅游服务电商是最为典型的旅游电商模式，他们专注于综合性的业务，并具有较高的发展潜力，这种形式的电子商务一般以网络零售业为主，借助于互联网开展在线销售活动。除携程、艺龙等传统旅游电商外，去哪儿网也通过业务的扩张从垂直搜索平台加入综合性服务电商的行列。此种类型的旅游服务电商大多从"机+酒"的传统模式发展而来，并不断地扩充板块，比如进军休闲旅游、门票市场，等等。携程Ctrip.com与艺龙Elong.com都是专注于旅游度假产品的预订，

---

[1] 资料来源：学优网. http://www.gkstk.com/article/wk-78500001524579.html.

二者侧重于"机＋酒"商务旅行服务。携程网是国内最早为旅游散客提供酒店和网上机票预订业务的旅游电子商务企业，实现了传统旅游和互联网的无缝结合，因此，机票加酒店模式又被称为携程模式。

第一节　携程网

一、企业简介

携程旅行网，创立于1999年，总部设在中国上海，员工30 000余人，目前公司已在北京、广州、深圳、成都、杭州、南京、厦门、重庆、青岛、沈阳、武汉、三亚、丽江、香港、南通17个城市设立

分支机构，在南通设立服务联络中心。2010年，携程旅行网战略投资台湾易游网和香港永安旅游，完成了两岸的布局。2014年，投资途风旅行网，将触角延伸及北美洲。作为中国领先的综合性旅行服务公司，携程成功整合了高科技产业与传统旅行业，向超过2.5亿的会员提供集无线应用、酒店预订、机票预订、旅游度假、商旅管理及旅游资讯在内的全方位旅行服务，被誉为互联网和传统旅游无缝结合的典范。2016年携程通过与旅游百事通合作，将拥有的5000多家门店，10万条优势跟团游产品。通过华远入股众信旅游，巩固出境游市场，收购英国天巡公司，将进一步扩大携程机票业务在国际市场上的影响力。

携程的运营模式为一边通过大量免费派发给目标受众携程会员卡和会员手册，吸收其加入公司会员，一边与全国数千家酒店和所有航空公司建立合作关系。这样，携程就在旅游顾客群和旅游产品供应商之间搭建了一个服务平台，携程通过为酒店和航空公司网上销售旅游产品获取中间佣金，从而获取自己的利润（冯飞，2003）。可见，携程运营模式的核心在于将自己变成中介服务机构，成为强大的渠道商。

随着旅游顾客群旅游消费需求的不断提高，旅游电子商务市场的竞争日趋激烈，机票加酒店的携程模式受到其他运营模式的严重挑战。基于此，携程开始进行平台整合，构建产业生态链条。在产品内容上，携程开始向导游、租车和门票等业务领域拓展；在合作关系上，携程以参股和控股酒店、旅行社的方式强化与线下旅游服务提供商的深度合作的模式；在预订途径上，携程通过"一网三客户端"的方式进入手机在线预订领域，实现线上、线下和无线三大预订领域综合发展。这样，携程就将自己打造成了以"酒店预订、机票预订、度假预订、商旅管理、特约商

户、旅游资讯"六大业务模块为主导,集线上预订平台与线下旅行社、酒店和无线手机客户端为一体的综合性旅游服务提供商。

携程运营模式之所以能够获得市场认可,最重要的是掌握强大的旅游顾客会员资源——其分布于全国的分销商每年还在线的会员数量在不断增长。庞大的终端用户资源,是其与旅游产品供应商谈判的资本,使其能够获得较低的采购成本,这是携程运营模式的优势所在。但是,携程模式本身也存在着巨大的漏洞,即缺乏自己的核心技术。携程模式将自己定位于中介服务机构的角色,自己本身既无旅游产品可以提供,也不具备搜索引擎功能,极大地限制了对旅游客户群服务的多样性。另外,携程模式是建立在强大的议价能力基础之上的高利润,一定程度上侵夺了其合作伙伴酒店和航空公司的利益,迫使酒店和航空公司开始寻求摆脱携程模式的"去佣金化"路径,加大了酒店和航空公司等企业直销的力度。

二、携程网 2016 年企业财报分析

2016 年全年携程净营业收入为 192 亿元人民币（约合 28 亿美元）,相比 2015 年增长 76%。2016 年全年归属于携程股东的净亏损为 14 亿元人民币（约合 2 亿零 600 万美元）。从 2016 年全年业务的营业收入来看,交通票务仍是携程占比最大的核心业务,其营业收入为 88 亿元人民币（占 2016 年总营业收入的 45%）同比增长 97%,包含 2015 年 12 月 31 日起合并去哪儿网的财务业绩。紧随其后的分别是住宿预订、商旅管理以及旅游度假板块。

（一）营业收入概况

截至 2016 年 12 月 31 日,全年净营收 192 亿元人民币（约合 28 亿美元）,营业利润为 20 亿元人民币（约合 2.87 亿美元）,较 2015 年同期实现 76% 的增加。2016 年全年营业亏损为 16 亿元人民币（约合 2.26 亿美元）,全年的营业亏损率为 8%,2015 年营业利润率为 3%。若不计股权报酬费用,2016 年的营业利润率为 10%,2015 年为 9%。归属于携程股东的净亏损为 14 亿元人民币（约合 2.06 亿美元）,相比 2015 年净利润为 25 亿元。若不计股权报酬费用,2016 年归属于携程股东的净利润为 21 亿元人民币（约合 3.07 亿美元）,相比 2015 年为 32 亿元。第一季度总营业收入为 44 亿元人民币（约合 6.82 亿美元）,同比增长 80%。第二季度净营收为 44 亿元人民币（约合 6.64 亿美元）,比上一年同期增加 75%;归属于携程网股东的净亏损为 5.21 亿元人民币,较去年同期净利润为 1.43 亿元人民币（约合 2300 万美元）。第三季度的营业利润为 10 亿元人民币（约合 1.51 亿美元）,相比 2015 年同期营业利润为 5.39 亿元人民币,相比上季度营业利润为 1.82 亿元人民币。在第四季度携程营收为 50.67 亿元人民币（约合 7.30 亿美元）,去年同期为 28.74 亿元人民币,同比增长 76%;环比下降 9%,营业利润为 2.07 亿元人民币,同比增长 118%。携程的解释是受季节性因素的影响所致。若不计股权报酬费用,2016 年第四季度的非美国通用会计准则营业利润率为 16%,远超华尔街此前 8%~10% 的预期。同时,2016 年第四季度经稀释每存托凭证盈利为 0.17 美元,是华尔街预期 0.01

美元的 17 倍。

（二）机票和酒店收入

携程主要涵盖四大业务板块：住宿预订、交通票务、旅游度假及商旅管理业务。财报数据显示，这几大业务均出现了不同程度的增长。具体而言，住宿预订营业收入同比增长 56%；交通票务服务营业收入同比增长 90%，环比增长 3%；商旅管理业务营业收入同比增长 22%，环比增长 27%。

携程 2016 年在全球总共覆盖了 120 万家酒店，全年住宿预订营业收入达到了 73 亿元人民币。2016 年第一季度营收为 18 亿元人民币（约合 2.67 亿美元），同比增长 61%，环比增长 10%。增长主要是由于住宿预订量增加，以及整合了去哪儿网 2015 年 12 月 31 日以来业绩。第二季度住宿预订营业收入为 18 亿元人民币（约合 2.67 亿美元），同比增长 61%，环比增长 10%。第三季度住宿预订营业收入为 21 亿元人民币（约合 3.11 亿美元），同比增长 51%，环比增长 17%。第四季度，携程大住宿业务再度用漂亮成绩单刷屏，18 亿元人民币的营收和 56% 的同比增幅继续领跑行业。这一增幅意味着大住宿业务已经连续 18 个季度保持 30% 以上的高增长率。

携程在机票业务，尤其是国际机票业务上的大幅增长，主要得益于此前在国际机票业务上频频加码。截至 2016 年底，进驻携程国际机票平台的境内外航空公司达到 425 家，机票产品覆盖六大洲 5000 多个大中城市，可销售航线近 200 万条。

大交通业务同样迅猛。截至 2016 年 12 月 31 日，2016 年全年交通票务营业收入为 88 亿元人民币，相比 2015 年增长 98%。交通票务预订营收占 2016 年总营收的 45%，在 2015 年占总营收的 39%。换算而言，交通票务营业收入占携程 2016 年总营业收入的几近一半。第一季度交通票务服务营业收入为 19 亿元人民币，同比增长 106%。第二季度交通票务营业收入为 20 亿元人民币，同比增长 90%，环比增长 3%。第三季度交通票务营业收入为 24 亿元人民币（约合 3.64 亿美元），同比增长 101%，环比增长 21%。

携程 2016 年全年商旅业务营收达 6.08 亿元人民币（约合 8800 万美元），同比增长 25%。商旅业务营收占 2016 年总营收的 3%，在 2015 年占总营收的 4%。第一季度商旅管理业务营业收入为 1.16 亿元人民币（约合 1800 万美元），同比增长 25%。第二季度商旅管理业务营业收入为 1.47 亿元人民币（约合 2200 万美元），同比增长 22%，环比增长 27%。第三季度商旅管理业务营业收入为 1.66 亿元人民币（约合 2500 万美元），同比增长 34%，环比增长 13%。增长主要来源于商业活动带动的商旅需求的增长。第四季度商旅业务营收为 1.79 亿元人民币（约合 2579 万美元），去年同期为 1.36 亿元人民币，同比增长 32%；环比增长 8%，主要受益于商务活动带来的企业商旅需求的增长。

（三）旅游度假

2016 年，携程旅游度假营业收入为 23 亿元人民币，实现了稳步增长。第一季度业务营业收入为 5.56 亿元人民币（约合 8600 万美元），同比增长 41%。第二季度旅游度假业务营业收入为 4.74 亿元人民币（约合 7100 万美元），同比增长 44%，环比下降 15%。第三季度旅游度假业务营业收入为 8.13 亿元人民币（约合 1.22 亿美元），同比增长 37%，主要来源于团队游和自由行业务量的增长；旅游度假业务营业收入环比增长 72%，主要受季节性因素影响。第四季度营收为 4.67 亿元人民币（约合 6719 万美元），去年同期为 3.50 亿元人民币，同比增长 33%，主要受益于团队游和散客游的大量增长；旅游业务营收环比下降 43%，主要为季节性因素。

（四）其他费用

1. 产品开发费用

2016 年全年产品开发费用为 77 亿元人民币（约合 11 亿美元），相比 2015 年上升 133%，占净营收的 40%。若不计股权报酬费用，2016 年开发费用占净营业额的 29%，与 2015 年的 28% 相比略有上升。

2. 销售与市场营销费用

2016 年全年销售与市场营销费用为 59 亿元人民币（约合 8.44 亿美元），相比 2015 年上升 90%，占净营业额的 30%。若不计股权报酬费用，2016 年销售与市场营销费用占净营业额的 28%，与 2015 年占比持平。

3. 管理费用

截至 2016 年 12 月 31 日，2016 年全年管理费用为 25 亿元人民币（约合 3.63 亿美元），相比 2015 年上升 131%。若不计股权报酬费用，2016 年管理费用占净营业额的 7%，与 2015 年持平。

三、2016 年大事记

（一）企业事件

2016 年 1 月，携程 1.8 亿美元投资印度最大的在线旅游公司 MakeMyTrip。

2016 年 2 月，携程为员工办托幼所。

2016 年 3 月，携程通过华远入股众信旅游，巩固出境游市场。

2016 年 5 月 5 日，携程、去哪儿高层近期共同成立了七大委员会负责两家业务整合，并晋升孙波为携程集团副总裁，负责集团营销。

2016 年 6 月，携程旗下的携程企业商旅宣布通过了 ISO/IEC 27001：2013（信息安全管理体系标准）的认证。

2016 年 7 月，携程网首次入选《财富》中国 500 强。

2016 年 9 月，携程旅行网宣布了总额 9 亿美元，于 2022 年到期的高级可转换债券（下称"可转债"），及计划发行的 2850 万股美国存托凭证的定价。

2016 年 11 月 10 日，携程已在 App 改版、网页设计等众多项目中引入眼动研究，获得了丰富的用户浏览数据，大幅提升用户体验。16 日，公司宣布任命孙洁女士为首席执行官及董事会成员。携程董事会主席、前任首席执行官梁建章先生将继续担任执行董事会主席。

2016 年 12 月 22 日，携程在发布 App7.0 版本的同时，梁建章带着独立餐饮品牌"携程美食林"（Ctrip Gourmet List）进军旅行餐饮信息服务行业重新走进业界的视野。

2016年12月，携程以17.4亿美元的价格收购了英国旅游搜索公司天巡网。CEO孙洁也指出，此次收购天巡的交易将进一步扩大携程机票业务在国际市场上的影响力，特别是显著提升携程分销国际机票的能力。

2016年携程推出"邮轮自由行"，以自由行方式进行岸上观光，此后推出"轻度探险＋奢华体验之旅"。目前携程与皇家加勒比、歌诗达等12家邮轮公司合作，航线多达719条。

（二）战略合作

2016年2月，携程旅行网与去哪儿网在京举行保险战略平台启动仪式，进军互联网保险市场，打造一个全新的互联网保险平台。

2016年4月，携程以30亿元入股东航，成为东航的第五大股东。

2016年7月，唯泰集团宣布麾下奕欧来苏州购物村和奕欧来上海购物村加入携程全球购平台。

2016年9月，携程旅行网与重庆永川区软件外包园举行了项目签约仪式，"携程网永川呼叫中心项目"正式签约落户永川。

2016年10月，完成了对北美两大地接社——美国西部最大的地接社海鸥假期和美国东部最大地接社纵横旅游的战略投资。17日，携程战略投资旅游百事通，并签署《投资合作框架协议》。

2016年11月，绿地集团与携程网战略联手，合力推动中国酒店住宿产业进入3.0；22日，携程高管发布内部邮件，宣布去哪儿度假与携程旅游合并，双方将多方面协同作战。

四、战略剖析与企业解读

（一）战略剖析

1. 战略投资旅游百事通

10月17日，在线旅游公司携程旅行网与旅游连锁品牌旅游百事通联合宣布，携程战略投资旅游百事通，并签署战略合作协议。双方在度假旅游业务上全面合作发展，携程将通过旅游百事通拥有的5000多家门店、10万条优势跟团游产品，与携程度假拥有的自由行、机票、酒店、目的地旅游、单项和自营旅游产品，将全部无缝对接，真正实现全球旅游产品查看、订购、出游一站式服务体验。同时，携程与旅游百事通还将在产品库建设、资源采购、销售渠道、旅游顾问建设等方面全面合作，真正实现线上线下融合、创新，为中国消费者提供更好的产品和服务。

2. 布局欧美市场

10月24日，携程对外宣布，与美国纵横、海鸥、途风三家旅行社企业达成战略投资与合作，具体投资金额尚未透露。此外携程还宣布会在当地时间10月26日，在位于纽约的"携程旅游集团北美战略合作论坛"上，正式与纵横、海鸥、途风三方签订"战略合作协议"。这也是继投资美国途风网之后，携程又实现了对"海鸥旅游"和"纵横集团"的战略投资。

3. 进军餐饮信息服务行业

携程美食林目前覆盖了全球34个热门目的地的近1200家餐厅，未来将覆盖更多。此外，美食林今年还将针对境外目的地进行着重发力。也许是因为携程此前发布的美食林招聘信息中标注过"美团点评员工专享"，业内普遍认为携程与美团、大众点评之间的战火即将燃起。然而从携程方面的口径来看，美食林似乎并没有把新美大作为对标对象。与传统餐饮信息服务行业不同的是，携程以旅行作为切入点，服务的是身在异地的华人旅客，而非生活在本地的市民，而目前在行业中，还没有一家平台是从这个角度为旅客提供餐饮信息服务。

携程方面表示，和很多美食评价榜单更多是由用户打分产生的方式不同，美食林筹建了超过15 000名的美食猎人团队、500人的评审团队以及17名专家级的理事会成员，榜单将在这些专业人士的提名、试吃、打分审核后产生。目前的美食榜单主要是两种路径：一种是会聚网友和消费者本身的想法，从网友评论当中获取有用信息，目前的大众点评就是这种模式；另一种则是美食林选择的达人评价路线，寻找智囊团，相对来讲比较"军师库"的评价，目前采用这种形式做榜单的有国外的米其林。美食林对标的更像是米其林，而非新美大。这也就意味着，美食林主要做的是信息服务，不会涉及支付。那也就是说，这并不是一个短期内就可形成较大用户活跃度或者盈利的业务。长期来看的话，一旦这个品牌孵化出来，它的品牌效应是非常强的，可以做很多品牌的合作，不但盈利不成问题，对于携程这个品牌市价的影响也会是非常可观的。因为一个品牌如果只是商业的品牌，它的品牌价值将不会很高，而当它变成一个生活方式的符号的时候，那它能带来的盈利机会就非常非常多。

4. 发行可转债和美国存托凭证

2016年9月，携程宣布完成总额9.75亿美元，于2022年到期的高级可转换债券（以下称"可转债"），其中包括为满足部分超额认购需求增发的总额7500万美元的可转债。本次发行的可转债年利率为1.25%。公司同步完成了总额2500万美元、于2022年到期、对Priceline集团某附属公司定向发行的可转债。公司也同时以每股45.96美元的价格发行3277.5万股美国存托凭证（ADS），总融资额约15亿美元，其中包括为满足部分超额认购需求增发的427.5万股美国存托凭证（ADS）。此外，百度和Priceline集团于此次美国存托凭证发行将结束的时候，通过他们的附属公司分别认购了价值1亿美元和2500万美元的携程普通股。

5. 收购天巡，拓展全球布局

携程宣布与天巡控股有限公司（Skyscanner Holdings Limited，以下称"天巡"）的主要股东达成收购协议。天巡总部位于英国爱丁堡，是全球领先的旅行搜索平台。基于此收购协议，携程将收购其主要股东的全部股份，并根据英国相关法律要求对其他股东提出收购要约。本次收购中天巡的估值约为14亿英镑，主要以现金支付，部分交易对价将以携程普通股与债券支付。在一定程度上，能够形成借天巡国际机票业务走入国际，同时为携程未来入境业务，从流量端口占据一定的优势。从 2016 年 12 月 31 日起，携程将对天巡的财报进行并表。

（二）企业解读

1. 加速国际化战略进程

携程业绩增长与大住宿业务在生态链的布局密不可分。同时，其大交通业务发展也较快。在国际化背景下，携程国际机票业务保持快速发展趋势。与大韩航空、汉莎航空等公司的合作。与天巡控股有限公司的主要股东达成收购协议，在一定程度上，能够形成借天巡国际机票业务走入国际，同时为携程未来入境业务，从流量端口占据一定的优势。在位于纽约的"携程旅游集团北美战略合作论坛"上，正式与纵横、海鸥、途风三方签订"战略合作协议"，正式进军欧美市场。

2. 发展模式不断创新

携程布局"美食＋旅游"，以美食、美酒为主线，而非传统的游览景点。携程美食林推出的这个全新美食旅行产品，开创了旅游业全新的商业增长点，"深度餐饮游"将成为旅游行业的新蓝海。为对"吃"有要求的旅行者提供最完美的服务，从而实现满足消费者在旅行方面分众化的需求。美食林将"美食"与旅行相结合，以餐饮为切入点，更深入地挖掘并满足旅行者的消费需求，预示了业界旅行产品更加分众化的发展趋势，纵深开拓了旅游行业发展的新领域。携程不断探索新的发展模式，成为行业的领军者和探索者。

3. 不断尝试新的互联网技术

为迎合移动互联网用户的使用习惯，携程机票推出了一系列自助、增值服务，如在线客服、在线值机、网上选座、机场攻略、一键退改等，相比传统订票渠道，旅客可更便捷地管理自己的行程。随着微信小程序的开放，作为在线旅游首批上线的小程序——"携程酒店机票火车票"揭开了神秘面纱。与其他小程序仅保留核心的单一功能相比，携程集中上线了酒店、机票、火车票、汽车票四大业务，功能相对丰富。采用互联网客服这种比较新颖的客服模式，并主要针对机票预订业务。客人可以通过携程网站和 App，与客服进行 7×24 小时实时沟通询问，这种服务模式具有时效性更强、准确率高、受地域限制少等优点，同时，也有助于降低人员成本。

五、20 年发展布局

携程收购天巡，在一定程度上，能够形成借天巡国际机票业务走入国际，同时为携程未来入境业务，从流量端口占据一定的优势，携程也在不断拓展全球布局。携程现任 CEO 孙洁此前也明确表示，携程下一步的目标是要实现国际化。预计 2017 年，携程酒店、度假、当地玩乐等多个部门将会布局二、三、四线城市。投资咨询公司大华继显此前认为，携程有望通过进一步渗透较低层次酒店和各种旅游产品来捕获在线旅游的增长，且 2017 年的年增长率将达到 39%。携程商旅未来将继续融合差旅产业生态圈内的上下游企业，与业内领先的 OA 系统、费控报销软件、出行服务商、企业采购平台乃至社交、金融等平台进行深度战略合作。携程网也会一直对拥有庞大市场的热门目的地加大投资，如美国和欧盟。境外旅游预计将为携程贡献25%~30%的总营收，2017—2020年将实现30%的营收复合年增长率。

第二节　去哪儿网

一、企业简介

去哪儿是一个旅游搜索引擎中文在线旅行网站，创立于2005年2月，总部在北京。去哪儿网为消费者提供机票、酒店、会场、度假产品的实时搜索，并提供旅游产品团购以及其他旅游信息服务，为旅游行业合作伙伴提供在线技术、移动技术解决方案。去哪儿网致力于建立一个为整个旅游业价值链服务的生态系统，并通过科技来改变人们的旅行方式。去哪儿网通过其自有技术平台有效匹配旅游业的供需，满足旅游服务供应商和中国旅行者的需求。对旅游服务供应商而言，去哪儿网通过移动客户端及在线平台为其提供技术基础设施；对旅行者而言，去哪儿网通过网站及移动客户端的全平台覆盖，随时随地为其提供国内外机票、酒店、度假、旅游团购，及旅行信息的深度搜索，帮助旅行者找到性价比较高的产品、较优质的信息和便捷的预订方式，以便聪明地安排旅行。

2011年6月24日，去哪儿网获得百度战略投资3.06亿美元。2014年12月25日，去哪儿网宣布投资全国性旅游连锁机构旅游百事通。2015年10月26日携程网和去哪儿宣布合并，合并后携程将拥有45%的去哪儿投票权，百度通过此交易完成前拥有的178702519股去哪儿网A类普通股和11450000股去哪儿B类普通股置换成11488381股携程增发的普通股。

2016年无线和在线旅游平台去哪儿网宣布管理层和董事会成员调整，该调整于公告当日生效。其中，去哪儿网原执行副总裁和无线事业群负责人谌振宇被任命为去哪儿网首席执行官。去哪儿网原执行副总裁和目的地事业群负责人张强被任命为首席运营官。去哪儿网原战略及投资者关系高级总监朱小路被任命为首席财务官。去哪儿网联合创始人庄辰超（CC）将不再担任去哪儿网首席执行官，赵轶璐不再担任首席财务官。去哪儿网2016年10月19日宣布，已经与远洋管理有限公司（Ocean Management Holdings）达成私有化协议，将与该公司合并。而对去哪儿的股权估值约为 44.4 亿美元。

二、去哪儿网 2016 年企业财报分析

数据显示，去哪儿网 2016 年第一季度总营收为 9.931 亿元人民币，同比增长 48.0%。2016 年第一季度运营亏损为 10.394 亿元人民币（约合 1.612 亿美元），去年同期运营亏损为 4.112 亿元人民币，上季度运营亏损为 49.558 亿元人民币。2016 年第二季度总营收为 10.308 亿元人民币（约合 1.551 亿美元），同比增长 17.0%。移动业务营收为 7.74 亿元人民币（约合 1.165 亿美元），同比增长 29.0%，占总营收的 75.1%。截至 2016 年 6 月 30 日，去哪儿持有的现金和现金等价物、受限现金，以及应收账款为 45.541 亿元人民币（约合 6.853 亿美元）。受限现金低于 2015 年 12 月 31 日时的 10.374 亿元人民币，因为部分受限现金不再被认为受限。

（一）毛利润 + 无线收入

2016 年第一季度毛利润为 7.473 亿元人民币（约合 1.159 亿美元），同比增长 52.3%。2016 年第一季度无线收入为 7.525 亿元人民币（约合 1.167 亿美元），同比增长 88.8%，占总营收的 75.8%，去年同期该占比为 59.4%。住宿方面，2016 年第一季度毛利润为 7.473 亿元人民币（约合 1.159 亿美元），同比增长 52.3%。2016 年第一季度毛利率为 75.2%，去年同期毛利率和上季度毛利率分别为 73.1% 和 60.8%。第一季度毛利率同比和环比提升主要源于按营业额计算收入的包房项目规模收缩。毛利润的同比增长主要得益于总营收的显著提高。

第二季度毛利润为 7.654 亿元人民币（约合 1.152 亿美元），同比增长 20.7%。毛利率为 74.2%，高于 2015 年同期的 72.0%，低于第一季度的 75.2%。毛利率的同比上升主要是由于运营效率的提升。毛利润的同比增长主要是由于总营收的上升，以及毛利率的提升。非美国通用会计准则运营利润率为 -26.5%，好于 2015 年同期的 -69.4%，差于 2016 年第一季度的 -23.9%。同比好转是由于强劲的营收，以及对运营支出的控制。不按美国通用会计准则，调整后税息折旧摊销前利润（EBITDA）为 -2.793 亿元人民币（约合 -4200 万美元），好于 2015 年同期的 -5.753 亿元人民币。

（二）机票和住宿收入

2016 年第一季度的机票以及机票相关收入为 5.582 亿元人民币（约合 8660 万美元），同比增长 22.1%，环比下降 12.3%。机票以及机票相关收入的同比增长主要得益于单机票收入的增长以及总机票量的增长。机票以及机票相关收入环比下降主要源于总机票量的下降。住宿预订收入为 2.997 亿元人民币（约合 4650 万美元），同比增长 133.6%，环比下降 44.0%。扣除按营业额计算收入的包房项目收入，住宿预订收入为 2.931 亿元人民币（约合 4550 万美元）。住宿预订收入的同比增长主要得益于单间夜平均收入的增长及酒店间夜总数的增长。住宿预订收入环比下降主要源于包房业务规模收缩。

第二季度机票和机票相关营收为 4.783 亿元人民币（约合 7200 万美元），同比

下降 7.5%，环比下降 14.3%。同比下降主要是由于估计机票总量（TEFT）的下降，但每机票营收略微上升。环比下降主要是由于 TEFT 的下降。住宿预订营收为 3.923 亿元人民币（约合 5900 万美元），同比增长 51.6%，环比增长 30.9%。同比和环比增长主要是由于每间夜营收的增长，以及估计总酒店间夜量（TEHR）的增长。

（三）产品研发费用 + 渠道费用

2016 年第一季度产品研发费用为 8.122 亿元人民币（约合 1.260 亿美元），同比增长 182.9%，该增长主要源于采用新的股票激励计划和员工换股方案带来的股权支出的显著增长，以及产品研发团队人均成本增加而产生的薪资、福利以及其他人员相关费用的同比增长。除员工股权支出以外的产品研发费用为 2.832 亿元人民币（约合 4390 万美元），同比增长 5.9%，占总营收的 28.5%，去年同期该占比为 39.9%，上季度该占比为 25.0%。2016 年第一季度产品渠道费用为 1.722 亿元人民币（约合 2670 万美元），同比增长 38.5%，主要源于采用新的股票激励计划和员工换股方案带来的股权支出的显著增长。除员工股权支出以外的产品渠道费用为 1.223 亿元人民币（约合 1900 万美元），基本与去年同期持平，占总营收的 12.3%，去年同期该占比为 18.4%，上季度该占比为 15.0%。

第二季度产品开发费用为 5.166 亿元人民币（约合 7770 万美元），同比增长 47.3%。这主要是由于根据 2015 年第四季度的 2015 年股权激励计划发放了新期权，导致非现金股权薪酬费用的大幅增长。产品采购费用为 1.182 亿元人民币（约合 1780 万美元），同比下降 12.2%。这是由于人员减少带来的薪资、福利和其他费用的下降。不包括股权薪酬费用，产品采购费用为 1.057 亿元人民币（约合 1590 万美元），同比下降 20.1%，占总营收的 10.3%，低于 2015 年同期的 15.0%，以及 2016 年第一季度的 12.3%。

（四）其他费用

2016 年第一季度销售及市场推广费用为 6.209 亿元人民币（约合 9630 万美元），同比增长 89.4%，该增长主要源于采用新的股票激励计划和员工换股方案带来的股权支出的显著增长，以及线下渠道拓展新移动用户的支出迅速增长，其次是销售及市场团队扩大而导致的薪资和福利费用的增长。2016 年第一季度企业管理费用为 1.814 亿元人民币（约合 2810 万美元），同比增长 37.4%。该增长主要源于采用新的股票激励计划、员工换股方案带来的股权支出和相关专业服务费的显著增长。除员工股权支出以外的企业管理费用为 7250 万元人民币（约合 1120 万美元），同比增长 2.8%，占总营收的 7.3%，去年同期该占比为 10.5%，上季度为 10.3%。

第二季度销售营销费用为 5.806 亿元人民币（约合 8740 万美元），同比下降 17.4%。这主要是由于，在控制支出，优化运营效率之后，在线营销费用的下降。不包括股权薪酬费用，销售营销费用为 5.34 亿元人民币（约合 8040 万美元），同比下降 23.1%，占总营收的 51.8%，低于 2015 年同期的 78.9%，高于 2016 年第一季度的 51.0%。

(五)净亏损

2016年第一季度归属于去哪儿网股东的净亏损为10.765亿元人民币(约合1.669亿美元),去年同期归属于去哪儿网股东的净亏损为7.012亿元人民币,2016年第一季度每股基本及稀释后存托凭证净亏损均为7.44元人民币(约合1.14美元)。非美国通用会计准则下净亏损,指剔除8.023亿元人民币(约合1.244亿美元)员工股权支出后的净亏损,为2.745亿元人民币(约合4260万美元),去年同期非美国通用会计准则下净亏损为2.934亿元人民币,上季度非美国通用会计准则下净亏损为5.509亿元人民币。第一季度未计利息、折旧及摊销、税项前的亏损,简称Adjusted EBITDA,指未计收入所得税、折旧与摊销、利息,并剔除8.023亿元人民币(约合1.244亿美元)员工股权支出后的净亏损,为1.748亿元人民币(约合2710万美元),去年同期为亏损2.625亿元人民币,上季度亏损4.435亿元人民币。截至2016年3月31日,去哪儿网现金、现金等价物、限制现金、应收账款以及短期投资总价值为45.838亿元人民币(约合7.109亿美元)。

第二季度归属于去哪儿股东的净亏损为6.988亿元人民币(约合1.051亿美元),好于2015年同期的8.157亿元人民币,净亏损的环比减少主要是由于股权薪酬费用带来的一次性费用的减少。基本和摊薄每股ADS股份净亏损均为4.80元人民币(约合0.72美元)。不包括股权薪酬费用3.26亿元人民币(约合4910万美元)在内,非美国通用会计准则调整后净亏损为3.733亿元人民币(约合5620万美元),好于2015年同期的6.238亿元人民币。

三、2016年大事记

2016年1月,去哪儿网宣布管理层和董事会成员调整,去哪儿网联合创始人庄辰超卸任CEO,原执行副总裁和无线事业群CEO谌振宇被任命为去哪儿网首席执行官;原执行副总裁和目的地事业群CEO张强被任命为COO;原战略及投资者关系高级总监朱小路被任命为CFO。

2016年的工作日第一天,国航、东航又先后宣布关闭去哪儿网旗舰店,至此,四大航已经集体"封杀"去哪儿网。与去哪儿网暂停合作的航空公司已经增加到9家,包括南航、海航、首都航空、重庆航空以及国航、东航、天津航空、祥鹏航空、四川航空。

2016年1月17日,去哪儿网经济型连锁酒店集团驼商汇在马尔代夫召开,此次会议聚集了中国经济型连锁酒店的大批精英,作为去哪儿网第三次开展的全国经济型连锁酒店峰会,共吸引了经济型连锁酒店集团高层管理者共24人与会。

2016年2月26日,携程旅行网与去哪儿网在京举行保险战略平台启动仪式,标志着这两家中国优秀的在线旅游企业将联合进军互联网保险市场,通过IT技术和大数据应用为传统保险业带来一场全新变革。

2016年3月,去哪儿网正在参与一家低成本航空公司的筹建申请,将采取"互联网+低成本"的模式,主要运营基地位于深圳,主营国内、周边地区国际航线,而筹建航空公司之举，则被视为去哪儿网对航企封杀的反击。

2016年4月，去哪儿网将2016年定为"酒店服务年"，从消费者和商家两个方面升级服务；7日，复兴航空线上旗舰店正式登录去哪儿网，成为首家入驻去哪儿的台湾航空公司。

2016年5月13日，去哪儿网联合斗鱼直播对外宣布推出一系列"旅游直播"节目，10余位网红主播将赶赴广州长隆、四川九寨沟、云南大理、香港迪士尼、泰国普吉岛、韩国济州岛等八大热门景区，以直播方式和网友一起感受世界魅力。与此同时，去哪儿网"519疯游节"（519.qunar.com）也正式揭开序幕。

2016年8月下旬，携手HUAWEI P9带你闪亮出游，启动了年度最大规模的促销活动——9·9嘻游季。从8月25日至10月9日，去哪儿网"9·9嘻游季"针对国内游客推出大量度假、酒店和机票等特价产品，覆盖全国各地90多个城市。

2016年9月，为迎合年轻旅行者需求，去哪儿网成立了"太空事业部"，大力推广太空IP旅游。

2016年10月17日，去哪儿网（QUNR）宣布，已与海航、国航、南航、东航等多家航空公司全面恢复合作，同时升级先行赔付服务保障体系。

2016年12月5日，华润怡宝与去哪儿网2017战略合作发布会在北京金茂万丽酒店宴会厅如期召开，会议宣布怡宝与去哪儿网双方正式开始携手合作，共同开启营销合作新关系；去哪儿网开启"70城酒店5折大促"活动，投入10亿元拉低年末酒店预订价格。

四、战略剖析

（一）新高管团队助力业绩

作为去哪儿网的核心业务，由于去哪儿的用户量十分庞大，其机票业务在行业内优势明显。作为平台重要的流量入口，此次恢复合作，从机票出票量上来讲是会有一定的增长，让外界对去哪儿网在机票业务上的增长有了期待。而这其中，也离不开去哪儿网的新管理团队——CEO谌振宇、总裁杨海俊（杨子）、COO张强、CFO朱小路等的助力。据了解，他们不仅继续在市场中提升技术能力、服务水平和公司业绩，还不断在为消费者提供创新型产品。这让他们获得了投资人和公司员工的认可。

（二）运营效率全方位提升

目前，携程投资去哪儿网已年满一年，双方做了包括团队、采购分销、库存等多方面的优化和协同，成本控制上颇有成效。恢复了商业本质的去哪儿网，更多地注重产品和服务质量，其边际成本的下降，运营效率得到提高，这为2016年实现整体盈利奠定了基础。对于去哪儿网提前实现整体盈利，携程表示，未来去哪儿网将继续作为独立品牌运营。目前在线旅游市场价格战等非理性竞争现象已经得到有效缓解，客户开始更加关注产品和服务质量，市场进入更加健康发展的轨道，去哪儿网将通过产品创新、服务升级，继续为消费者提供一站式的出行服务。

（三）400 统一电话 沟通更畅通

在年轻人群体中颇受追捧的去哪儿网，其酒店以中低星的酒店连锁和客栈为主，这部分商家大多是民营酒店，线上运营经验不丰富，为了更好地服务这部分商家，从 2016 年开始，去哪儿网统一了 400 电话，沟通更顺畅。今年，去哪儿网统一了 400 热线电话、统一了一对一的 VIP 座席，商家可以通过 400 热线快捷地联系到去哪儿网经验丰富的运营人员，享受一对一的热线服务，帮助酒店商家快速有效解决实际经营中遇到的问题。

（四）进军互联网保险市场

去哪儿网与携程旅行网联合进军互联网保险市场，通过 IT 技术和大数据应用为传统保险业带来一场全新变革。去哪儿网合作的保险公司共 44 家，携程网合作伙伴有 21 家，两家公司的保费规模已达 50 亿元。携程与去哪儿网将彻底打通两家公司的资源，发挥各自的优势，共同打造一个全新的互联网保险平台。除了此前的航延险、航意险、酒店取消险等旅游类保险外，这个新平台推出了一些趣味险种，如结婚险、吃货险、熊孩子险等。根据该平台的规划，车险、理财险、医疗健康险等多个险种也在计划开通的业务范畴中。

（五）与直播平台跨界合作

随着国内直播潮流兴起，越来越多的网友期待通过手机直播屏幕领略异地风情。去哪儿网联合斗鱼直播对外宣布推出一系列"旅游直播"节目，10 余位网红主播赴广州长隆、四川九寨沟、云南大理、香港迪士尼、泰国普吉岛、韩国济州岛等八大热门景区，以直播方式和网友一起感受世界魅力。双方打造的旅游直播并不受限于特定模式。去哪儿网和斗鱼直播都是国内年轻人最热爱的知名平台，双方累计用户规模接近上亿规模。跨界合作无论对直播还是旅游行业，都能带来巨大的想象空间。去哪儿网和斗鱼直播目前还处于初步合作阶段。如果旅游直播模式一旦证明有效，未来双方不排除在合建内容、资本合作等层面进行更多布局。届时，国内的直播和旅游行业都将获得新的发展机遇。

第三节　途牛旅游网

一、企业简介

途牛旅游网创立于 2006 年 10 月，以"让旅游更简单"为使命，为消费者提供由北京、上海、广州、深圳等 180 个城市出发的旅游产品预订服务，产品全面，价格透明，全年 365 天 24 小时 400 电话预订，并提供丰富的后续服务和保障。

目前，途牛旅游网提供100万余种旅游产品供消费者选择，涵盖跟团、自助、自驾、邮轮、酒店、签证、景区门票以及公司旅游等，同时基于途牛旅游网全球中文景点目录以及中文旅游社区，可以更好地帮助游客了解目的地信息，妥善制订好出游计划，并方便地预订旅程中的服务项目。

途牛作为专注在线休闲旅游市场的企业，坚持不懈地实现"让旅游更简单"的使命。为广大游客提供以下产品。跟团游：包括周边短线游、国内长线、出境游，行程透明、质量可靠；自助游：海岛、港澳、三亚、丽江、九寨沟等既有国内外自助游套餐亦可单订某项产品或任意搭配组合；公司旅游定制服务：针对游客的独特需求量身定制个性化的旅游产品。途牛具有以下优势。产品丰富：精选出性价比高的优质线路，组成丰富的产品线，满足游客国内外出游需求；性价比高：同类产品选择途牛更实惠，数百位专业的旅游顾问专业筛选出市场上高性价比的旅游产品；省心便捷：在线轻松预订，专属客服24小时快速反应，更有牛到家服务，足不出户，服务到家；量身定制：专业旅游顾问团，丰富的产品线，满足游客量身定制的个性化需求；双重保障：售中、售后跟踪服务以及质检，使游客的权益得到切实保障。

途牛网在成立至今10年的时间里，发展迅猛，通过互联网绝对性的优势开辟了创新的在线旅游预订模式，规模和影响力不断扩大，快速成为中国旅游行业知名品牌，继携程、去哪儿、艺龙之后，成为中国第四家上市的OTA企业，其电子商务发展模式已经被同程网的旅游度假频道等多家公司借鉴，部分公司成立了"学牛办"来研究途牛的经营模式[①]。

二、途牛2016年企业财报分析

2016年净收入为105亿元人民币（约合15亿美元），较2015年同期增长38.0%。2016年跟团游和自助游总出游人次为6 739 336，较2015年的4 449 053人次增长51.5%。2016年旅游产品总交易额（包括跟团游、自助游和旅游相关的单项产品）为200亿元人民币（约合29亿美元），同比增长66.0%。2016年跟团游和自助游的交易额为147亿元人民币（约合21亿美元），同比增长38.4%。2016年净收入为105亿元人民币（约合15亿美元），同比增长38.0%。2016年毛利率为5.9%，2015年毛利率为4.8%。2016年跟团游（不包括跟团周边游）出游人次同比增长69.8%，自助游出游人次同比增长57.9%。

2016年第一季度净收入为20亿元人民币（约合3.151亿美元），较2015年同期增长62.8%；第一季度总出游人次为1 187 507，较2015年第一季的659 032人次增长80.2%。第二季度净收入为24亿元人民币（约合3.555亿美元），较2015年同期增长55.6%；第二季度跟团游和自助游总出游人次为1 666 455，较2015年第二季的1 011 267人次增长64.8%。第三季度净收入为40亿元人民币（约合6.07亿美元），

---

① 徐真真. 途牛网品牌建设策略研究. 产业与科技论坛，2016，15（23）.

较 2015 年同期增长 35.7%；第三季度跟团游和自助游总出游人次为 2 444 638，较 2015 年第三季的 1 668 325 人次增长 46.5%。第四季度净收入为 21 亿元人民币（约合 3.034 亿美元），较 2015 年同期增长 11.2%；第四季度跟团游和自助游总出游人次为 1 440 736，较 2015 年第四季的 1 110 429 人次增长 29.7%。

（一）跟团游营收

2016 年跟团游收入（绝大部分以全额确认）为 99.266 亿元人民币（约合 14.297 亿美元），较 2015 年增长 34.9%。这一增长主要源于日韩、中东、非洲、北美和一些境外海岛等出境目的地旅游收入的增长。2016 年跟团游（不包括跟团周边游）的出游人次为 2 773 234，较 2015 年的 1 632 955 人次增长 69.8%。跟团周边游的出游人次为 2 206 925，较 2015 年的 1 701 821 人次增长 29.7%。

第一季度，跟团游收入（绝大部分以全额确认）为 19.15 亿元人民币（约合 2.97 亿美元），较 2015 年同期增长 59.4%。这一增长主要源于澳新、北美、日韩和东南亚等出境目的地以及国内旅游收入的增长。2016 年第一季度，跟团游（不包括跟团周边游）的出游人次为 459 676，较去年同期的 259 801 人次增长 76.9%。跟团周边游的出游人次为 321 289，较 2015 年第一季度的 200 213 人次增长 60.5%。

第二季度，跟团游收入（绝大部分以全额确认）为 22.133 亿元人民币（约合 3.33 亿美元），较 2015 年同期增长 50.9%。这一增长主要源于中东、非洲、东南亚、澳新、北美等出境目的地旅游收入的增长。2016 年第二季度，跟团游（不包括跟团周边游）的出游人次为 610 958，较去年同期的 308 417 人次增长 98.1%。跟团周边游的出游人次为 634 799，较 2015 年第二季度的 476 375 人次增长 33.3%。

第三季度跟团游收入（绝大部分以全额确认）为 39 亿元人民币（约合 5.774 亿美元），较 2015 年同期增长 33.4%。这一增长主要源于日韩、中东、非洲和北美等出境目的地旅游收入的增长。2016 年第三季度，跟团游（不包括跟团周边游）的出游人次为 1 064 316，较 2015 年第三季度的 635 555 人次增长 67.5%。跟团周边游的出游人次为 840 450，较 2015 年第三季度的 663 051 人次增长 26.8%。

第四季度，跟团游收入为 19.481 亿元人民币（约合 2.806 亿美元），较 2015 年同期增长 8.0%。这一增长主要源于日韩、中东、非洲和北美等出境目的地旅游收入的增长。跟团游（不包括跟团周边游）的出游人次为 638 284，较 2015 年第四季度的 429 182 人次增长 48.7%。跟团周边游的出游人次为 410 387，较 2015 年第四季度的 362 182 人次增长 13.3%。

（二）自助游营收

2016 年自助游的收入（以净额确认）为 2.533 亿元人民币（约合 3650 万美元），较 2015 年增长 30.5%。这一增长主要来源于日韩、东南亚、中东、非洲、北美和国内等目的地旅游收入的增长。2016 年自助游出游人次为 1 759 177，较 2015 年的 1 114 277 人次增长 57.9%。

2016 年第一季度，自助游的收入（以净额确认）为 6230 万元人民币（约合 970 万美元），较去年同期增长 54.2%。这一增长主要来源于国内旅游及自驾游收入的增长。2016年第一季度，自助游出游人次为406 542，较2015年第一季的199 018人次增长104.3%。

第二季度，自助游的收入（以净额确认）为6710万元人民币（约合1010万美元），较去年同期增长93.9%。这一增长主要来源于国内、东南亚、北美、中东和非洲等目的地旅游收入的增长。自助游出游人次为420 698，较2015年第二季度的226 475人次增长85.8%。

第三季度自助游的收入（以净额确认）为6740万元人民币（约合1010万美元），较2015年同期增长0.6%。这一增长主要来源于日韩、北美、东南亚和国内等目的地旅游收入的增长。自助游出游人次为539 872，较2015年第三季度的369 719人次增长46.0%。

第四季度，自助游的收入（以净额确认）为5660万元人民币（约合820万美元），较2015年同期增长8.4%。这一增长主要来源于马尔代夫、欧洲、北美、中东、非洲和国内等目的地旅游收入的增长。自助游出游人次为392 065，较2015年第四季度的319 065人次增长22.9%。

（三）毛利率及其他营收

2016年其他收入为3.856亿元人民币（约合5550万美元），较2015年增长201.9%。这一增长主要来源于保险服务费收入、金融收入以及单项旅游产品（如交通和住宿等）佣金收入的增长。2016年毛利率为5.9%，2015年为4.8%。毛利率的上升主要是由于规模效益造成采购成本在净收入中占比下降，供应链管理优化，以及产品品类扩张带来其他收入的增长。

2016年第一季度，其他收入为6790万元人民币（约合1050万美元），较2015年同期增长506.9%。这一增长主要来源于保险服务费收入、金融服务收入、酒店和机票佣金收入及旅游景点门票收入的增长。

2016年第二季度，其他收入为8570万元人民币（约合1290万美元），较2015年同期增长247.3%。这一增长主要来源于保险服务费收入、金融收入以及单项旅游产品佣金收入的增长。毛利率为5.1%，2015年第二季度为4.7%。毛利率的上升主要是由于产品品类扩张带来其他收入的增长以及供应链管理的优化。

2016年第三季度，其他收入为1.3亿元人民币（约合1950万美元），较2015年同期增长191.6%。这一增长主要来源于保险服务费收入、金融收入以及单项旅游产品（如交通和住宿等）佣金收入的增长。毛利率为5.8%，2015年第三季度为5.6%。毛利率的上升主要是由于产品品类扩张带来其他收入的增长以及供应链管理的优化。

2016年第四季度，其他收入为1.02亿元人民币（约合1470万美元），较2015年同期增长115.6%。这一增长主要来源于金融服务收入以及单项旅游产品（如交通和住宿等）佣金收入的增长。毛利率为8.7%，2015年第四季度为4.2%。毛利率的上升主要是由于规模效益造成采购成本在净收入中占比下降，供应链管理优化，以及产品品类扩张带来其他收入的增长。

途牛网新的收入确认准则"ASC606 客户合约收入"将于 2018 年 1 月 1 日正式生效,而公司可以自 2017 年 1 月 1 日开始执行该准则。途牛选择自 2017 年 1 月 1 日起执行 ASC606 准则并使用追溯调整法。2017 年开始,途牛启动了新的旅游产品品牌战略,旨在帮助供应商建立自己的产品品牌。公司将会在途牛平台呈现更多关于产品的信息,包括产品运营商名称、产品满意度和品牌满意度等。相应地在跟团游安排中,途牛由主要责任方转变为代理方。因此,在新的会计准则下,由于公司角色的转变,自 2017 年 1 月 1 日起,途牛的跟团游收入将主要按照净值确认。

在 ASC606 规则下,截至 2016 年 12 月 31 日全年的跟团游收入仍将绝大部分以全额确认,因为公司主要责任方的角色于 2016 年底结束。以下对 2017 年第一季度收入指引的同比值,是基于与去年同期非美国会计准则收入比较得出;去年同期收入已调整为净值以确保信息的可比性。途牛旅游网预计,2017 年第一季度,净收入为 4.406 亿至 4.548 亿元人民币,同比增长 55%~60%。这一预期反映了在行业和公司运营基础上途牛旅游网当前的初步看法,未来有可能调整。

三、2016 年大事记

(一)企业事件

2016 年 1 月,宣布其机票、酒店和主题游三个模块执行开放平台战略,战略核心还是增加外部供应商数量,提供更加丰富的产品线;正式上线汽车票频道,用户通过途牛即可实现全国大中型城市的汽车票在线预订。

2016 年 7 月,以"世界邮你"为主题的途牛首个"邮轮日"将正式上线。

2016 年 8 月,途牛旅游网保险频道正式上线海外精密体检保险产品,为会员提供高端健康管理解决方案;途牛 App 推出"兴趣圈"服务,用户可以订阅感兴趣的标签,加入志同道合的"朋友圈";途牛推"旅游+拓展"新模式为企业客户提供定制服务。

2016 年 9 月,海航集团再次增持途牛股份至 26.61%;中信银行信用卡中心携手 Visa、途牛旅游网,正式发行中信途牛 Visa 联名信用卡;公司首席技术官(CTO)汤峥嵘已因个人原因辞职,钱海川为公司高级副总裁兼首席技术官。

2016 年 10 月 30 日,途牛网与福州航空宣布开启深度战略合作,依托福航的航线网络,结合途牛目的地旅游资源,推出"机+×"休闲旅游动态打包产品组合,如"机票+酒店""机票+当地玩乐""机票+景区门票"等。

2016 年 11 月 8 日,途牛将成为集团化公司,业务将拆分为旅游度假子公司和金融科技子公司两大板块。同时,途牛还宣布持续推动创业合伙人计划,由旅游产业向旅游生态转变。

2016 年 11 月 15 日,以"新征程·创未来"为主题的途牛旅游网第六届合作伙伴大会在南京举行,超过 900 家合作伙伴共同参加了此次盛会。11 月 16 日,以"汇聚·连接·无界"为主题的 2017 途牛自营产品全球采购大会在南京成功举行。

2016 年 12 月,途牛旅游网以完善的客户服务体系、优质的客户服务体验等优势获颁"2016年度客户口碑最佳客户联络中心"奖。

（二）战略合作

2016年3月，8只小猪与途牛旅游网达成平台合作，携手发布途牛在线向导预约平台。

2016年8月，途牛旅游网和首都航空联合宣布，首都航空机票资源已完成全渠道系统接入，实现了与途牛所有地接产品的自动化动态打包。

2016年9月，世旅通正式进驻途牛、去哪儿、携程三家国内知名在线旅游平台，开启了世旅通打造境外Wi-Fi共享租赁平台的新篇章。

2016年10月，途牛与一直播、花椒、映客、斗鱼、哈你、龙珠等先后试水"旅游+直播"。

2016年11月12日，途牛旅游网与深圳岚锋创视网络科技有限公司举行战略合作发布会，双方将在婚庆旅游、自驾旅游、明星带队旅游、旅游相机租赁与销售等领域开展深层次合作，为用户提供全方位服务。

四、战略剖析

1. 搭建"+×"旅游生态圈

搭建"+×"旅游生态圈对途牛2016年第一季度业绩稳健增长起到至关重要的作用。目前，途牛已实现机票、火车票、汽车票及租车业务全覆盖，完成大交通业务"无死角"布局。通过"机票+×""酒店+×"等打包组合产品，全方位提升用户体验。途牛完成以"机票、火车票、汽车票和租车"为核心的大交通布局后，途牛直采战略获得了强有力的支撑。通过对旅游产业链资源的整合，使得"+×"产品具有无限组合形式，大大丰富途牛的产品品类，为用户出游提供了更多选择。"机票+地接""机票+邮轮""租车+当地玩乐"等产品均获得用户青睐。途牛通过加速大交通业务发展、丰富"+×"休闲旅游打包产品，能够为用户出游提供更多选择。同时，差异化、个性化的产品与服务，也将不断扩大途牛在休闲旅游领域的竞争优势。

2. 完成"最后一公里"布局

2016年第一季度，途牛大交通业务布局动作频频：1月初，上线汽车票频道；1月21日，宣布深化机票领域战略布局，以"机+×"为切入点，2016年日出票量峰值预计将超10万张；2月3日，途牛租车频道在App端上线。至此，途牛已完成大交通"最后一公里"布局，实现了机票、火车票、汽车票和租车的全覆盖，大交通业绩也获得了突飞猛进的增长。机票业务是途牛在大交通领域布局最早、最深入的业务。由度假散客票开始起步，依托途牛在休闲度假市场的优势，以"机+×"为整合切入点，打造多种类打包组合产品，均受到用户欢迎，带动了途牛机票业务的迅猛发展。2016年，火车票与汽车票业务逐步成为拉动大交通业绩的"黑马"。由途牛独家运营的火车票频道在京东旅行正式上线，未来还将依托京东物流配送体系优势，提供送票上门服务，提升火车票预订市场用户体验。2016年1月初，途牛汽车票频道上线，覆盖全国 21 个省、市、自治区，提供近 4 万种汽车票产品预订。

3. 途牛租车频道和国际租车业务在 App 上线

2016 年 2 月 3 日，途牛租车频道在 App 端正式上线，提供覆盖国内近 100 个城市的租车服务，涵盖近百款不同车型。随后途牛旅游 App 国际租车业务也正式上线，并在浙江卫视《奔跑吧兄弟》第四季第五期节目中亮相，吸引了很多用户的注意。目前，国际租车频道可提供覆盖 174 个国家、3 万多个网点的国际租车服务，合作品牌供应商超过 1500 家，涵盖 1.5 万款不同车型。随着国内外租车服务网络体系的健全，未来，也将成为途牛大交通业务中极具爆发潜力的亮点。

4. 联合推出"首航·途牛假期"品牌

自途牛宣布获得海航旅游 5 亿美元战略投资，途牛将以优惠的价格采购海航旅游集团航空、酒店等资源，助力途牛发展连接出发地与目的地之间的大交通。2016 年 3 月，途牛与海航旅游集团旗下的首都航空宣布开启深度战略合作，联合推出"首航·途牛假期"品牌，整合首都航空的航空资源优势与途牛目的地旅游资源优势，打造高性价比"机票＋地接"动态打包旅游产品。

5. 与合作商共享供应链端

2016 年 1 月，途牛将机票和酒店的供应链端能力开放，与合作商共享途牛的流量和产品整合优势，重点打造"＋×"旅游生态圈。第一季度，途牛还与西部航空、东方航空、春秋航空等多家航空公司开展深度合作，不断扩大途牛国内、国际航线的覆盖范围，以资源、用户流量互通的方式，丰富"机＋×"组合产品。除此之外，途牛与 Sabre、Amadeus 等国际 GDS 巨头积极洽谈，通过与国际 GDS 系统对接，获得更多境外供应商的在机票、酒店、租车等领域的优质资源。一方面可以加速途牛布局国际航线全覆盖、提升价格竞争优势，另一方面，也能为丰富"＋×"组合产品提供保障。途牛持续加强供应链生态体系打造，与其在机票、酒店、主题游三大业务实行开放平台战略，并通过成立融资租赁公司，研发 N-booking System 供应链管理系统等方式为供应商提供数据、技术和经营分析等供应链服务。

6. 重点发力自助游

途牛旅游网联合创始人、总裁兼首席运营官严海锋先生表示途牛今年将重点发展自助游。自助游是推动未来中国休闲旅游发展的重要潜力因素，因为许多年轻人或有经验的游客更愿意选择自由度高的行程。随着直采能力的提升以及对供应链管理水平的提高，途牛所掌控的资源越来越丰富，可以提供更多更好的产品来满足自助游旅客的需求。途牛将将酒店、机票等资源与海量当地采购资源与目的地服务和旅游产品动态打包在一起，从而提升核心竞争力。

7. 领跑在线休闲旅游

近年来，中国旅游产业线上渗透率不断提高，在线休闲旅游行业进入了群雄逐鹿的时代。激烈厮杀中，途牛脱颖而出，成为中国在线休闲旅游行业的领跑者，自 2015 年第三季度开始，途牛已连续三个季度占据市场份额第一。据悉，2016 年途牛将进一步创新升级，与竞争对手拉开差距。与此同时，途牛对用户的品牌影响力也在不断提高，用户对途牛的忠诚度也呈上升趋势。

五、20年发展布局

  2016年途牛取得了不少成绩。全年旅游产品总交易额超过200亿元人民币，同比增长66%。同时，巩固了在产业链中的地位，拓展了旅游相关产品品类，并打造了旅游生态圈。品牌战略开始显示出成果，随着产业链横向和纵向的拓展，公司议价能力不断提高。酒店、机票、金融和保险等各品类产品均已取得了一定程度的发展，并对公司收入做出了贡献。随着这些产品品类的拓展，它们与核心度假业务之间产生的协同效应将成为长期发展的竞争优势。2017年，途牛将继续提升产品和服务的品质来满足客户更高的需求。

第三章
B2B2C类综合性旅游服务电商

　　垂直化 B2B2C 平台主要是在某一细分行业或市场由生产商或品牌商与零售商之间；零售商与消费者之间；品牌商与消费者之间，集批发，分销，零售于一体的综合性平台。线下供应商管理，利于统一标准上架商品，对供应商进行网站操作的要求低；线上供应商管理，将供应商直接作为电商对待，管理成本下降，但对供应商正确积极进行电子商务交易管理要比较困难一些。B2B，这里的前一个 B 通常指批发商 Business，后一个 B 通常指零售商 Business。在线收直客，我们称为 B2C，这个 B 一般是零售商，有时也由批发商在扮演这个角色，C 即是我们潜在直客。B2B 和 B2C 这两者的都搬到互联网上来，实现企业与企业之间和企业与游客之间在线交易的目的。Business to Business to Customer，不只是两种模式的简单组合，而是要打通 B2B2C 之间的供应链与客户关系链之间的管理，因此在旅游系统建设方面也就有很大的不同了，不是两者简单地相加[①]。

　　随着经济的增长和人民生活水平的提高，游客的出行方式变得多样化和差异化，自助游、半自助游、机票+酒店等散客化、定制化的旅游方式逐渐成为市场的主流，这一转变使得经销商从习惯的关系营销方式向散客营销方式转变。同时，游客个性需求的增多，营销进入 3.0 时代，在线旅游电商也愈加认识游客需求的重要性，不论从产品前期设计到后期评价都愿意让旅游者参与其中，2C 的重要性愈加显现，贯通 B 端与 C 端的平台的需求增大，B2B2C 平台应运而生。较为典型的旅游电商为同程旅游网和欣欣旅游网，二者从 B2B 平台发展而来，再逐渐向与顾客对接的平台发展，构建 B2B2C 的旅游生态圈。

　　B2B2C 平台主要是在某一细分行业或市场由生产商或品牌商与零售商之间；零售商与消费者之间；品牌商与消费者之间，集批发、分销、零售于一体的综合性平台，主要适用于标准化和非标准化产品行业。B2B2C 平台帮助商家直接充当卖方角色，把商家直接推到与消费者面对面的前台，让生产商获得更多的利润，使更多的资金投入到技术和产品创新上，最终让广大消费者获益。这是一类新型电子商务模

---

① 资料来源：思途智旅。

式的网站，该平台颠覆了传统的电子商务模式，将企业与单个客户的不同需求完全地整合在一个平台上。打通上下游，形成一个生态的闭环体系。

与专注于 B2C 平台的旅游电商不同，同程网和欣欣网可以说是找到了综合性服务角色，并且，相对于 B2C 的转型，以 B2B 为基础进行扩展具有更大的优势，随着线上旅游竞争的加剧，越来越多的线下旅行社不得不纷纷转型，寻求线上的出路，大旅行社通过设立自己的网站与旅游电商合作寻求出路，而发展规模较小的中小旅行社成为巨大的市场，B2B2C 模式为其提供了一个走入线上的平台。B2B2C 模式发展潜力巨大，比较易于回避在线旅游价格战的激烈竞争，通过寻求准确的市场定位，助力于旅行社信息化的服务与转型，同时提升 C 端服务质量，打造线上旅行社发展的综合平台，具有广阔的发展前景。

第一节　同程旅游网

一、企业简介

同程网络科技股份有限公司（简称同程旅游）是中国领先的休闲旅游在线服务商，创立于 2004 年，总部设在中国苏州，员工 12 000 余人，注册资本 20 269 万元。同程旅游的高速成长和创新的商业模式赢得了业界的广泛认可，2014 年先后获得腾讯、携程等机构逾 20 亿元人民币投资。同程旅游是国家高新技术企业、商务部首批电子商务示范企业，"同程"商标荣获"中国驰名商标"，同程旅游连续四年入选  "中国旅游集团 20 强"，2015 年位列第 8 名，是中国在线旅游行业三大企业集团之一。新的十年，公司以"休闲旅游第一名"为战略目标，目前公司在中国景点门票预订市场和邮轮领域处于领先位置，并积极布局境外游、国内游、周边游等业务板块。2016 年同程旅游宣布投资 30 亿元，打造同程旅行社（集团），运营以休闲度假游及景区目的地为核心的业务板块。同程旅游另一大板块同程网络则以机票、酒店、火车票等标品为主要业务，目前已实现规模化盈利。同程旅游整并万达旅业，携程推信用担保服务，并成立"百旅会"。

二、2016 年大事记

（一）企业事件

2016 年 1 月，中西部布局提速，同程旅游华西总部办公区正式启用。

2016年3月3日，在"心服务·新旅程——同程旅游321旅游节暨第二届中国中老年旅游春晚启动仪式"上，同程旅游正式宣布启动第四届"321同程旅游节"。

2016年5月，同程旅游布局"旅游+x"涉足多个休闲游细分市场。

2016年6月，同程旅游宣布拆分成两大业务板块：同程网络和同程旅行社（集团），分别聚焦标品业务和休闲度假业务。

2016年8月，同程旅游或投巨资打造同程旅行社。

2016年10月，同程旅游百旅会深圳分会成立；同程旅游整并万达旅业，携程推信用担保服务；13日，同程旅游宣布成立"百旅会北京分会"中老年旅游会员俱乐部；同程旅游获阿布扎比旅游局最佳合作推广企业奖；同程旅游完成战略投资，涉及金额10亿元人民币，投资方为万达集团、携程、腾讯产业共赢基金/腾讯。

2016年11月8日，在济南贵和皇冠假日酒店宣布成立"百旅会济南分会"，同时，首届中国中老年旅游春晚济南赛区海选拉开帷幕。

2016年12月21日，同程旅游战略发布会暨百旅会系列活动启动仪式宣布了2017年"从经营产品到经营用户"的战略升级，并就同程旅游"百旅会"新春系列活动和产品发布之际，传递了更加精准聚焦细分市场和用户、提供品质旅游产品与服务的信号。

2016年12月下旬，同程旅游轻奢游频道上线，轻奢游频道主打周边游产品，理念为"不要错过美好人生"，通过打造口碑美景，产品严选，旨在为周边游用户提供高品质、高性价比、高口碑的差异化线路。

（二）战略合作

2016年1月，同程旅游助力乾包开启互联网金融+旅游新时代。

2016年6月，中国旅游研究院与同程旅游集团在同程总部新大楼签署战略合作协议，双方将在旅游市场调查研究、相关学术研究及数据共享等方面开展广泛合作。

2016年7月，同程旅游与嘉禾集团深度合作打造"旅游+艺术IP"新模式。同程旅游联合新西兰旅游局打造的"踏足新西兰，以爱之名"综合营销推广活动全面展开。

2016年9月，苏州银行携手同程旅游发行联名信用卡打造"专属航线"；9日，途家网与同程旅游达成战略合作，深挖公寓民宿旅游市场潜力；同程旅游与中国第一大儿童故事品牌"凯叔讲故事"达成战略合作，"凯叔讲故事"正式成为同程旅游各区域线下体验店"凯叔故事角"的品牌授权提供商及战略合作伙伴；同程旅游携手喜马拉雅FM打造旅游音频生态圈。

2016年10月，同程旅游与挪威海达路德游轮公司签订2017—2018年合作备忘录，携手打造国内外高端邮轮旅游产品，并发布2017年南极春节包船航次。

2016年10月31日，中国建设银行与同程旅游在苏州隆重举行战略合作协议签署仪式，双方就今后在个人旅游综合金融服务、线上线下协同共建、企业跨境并购、产业基金融智等多个领域展开深度合作达成共识。

2016年11月4日,同程旅游牵手韩后,达成跨界促销合作计划。韩后将提供价值超百万元的美妆产品,同程旅游则提供优质的互联网平台与资源流量,双方通过合作,携手打造"美丽旅行"的新概念。

2016年12月,新华网与同程旅游战略合作签约仪式在北京举行。双方将在旅游行业研究、假日旅游消费研究以及旅游细分市场专题研究与传播宣传方面开展深度合作;同程旅游与旅游卫视深度融合共推"红遍神州"。

三、战略剖析与企业解读

(一)战略剖析

1. 同程旅游发力线下

同程旅游宣布投资30亿元,打造同程旅行社(集团),运营以休闲度假游及景区目的地为核心的业务板块。同程旅游另一大板块同程网络则以机票、酒店、火车票等标品为主要业务,目前已实现规模化盈利。通过对公司组织架构的变更,同程旅游将适时推动这两大板块独立IPO,分别在适当时机进入资本市场。这一决定背后的深意,是标品业务竞争太过激烈,长期陷入价格战、补贴战的在线旅游平台(OTA)正在寻找新战场,同程、携程、去哪儿、途牛等无一例外。

2. 目的地合作走向全域旅游纵深

同程旅游充分运用自身平台优势,积极探索目的地营销新模式,助力旅游目的地全域旅游发展。同程旅游在探索中发现,借助快乐大巴、线上旗舰店、线下体验店等联动,能够实现线上线下的有效互通,很好地实现跨区域用户的异地宣传和目的地的旅游消费拉动。同程旅游利用自身大平台优势为旅游目的地搭建目的地品牌展示和营销互动平台——目的地旅游旗舰馆,可以有效整合线上线下的营销资源和媒体渠道,为客户搭建立体式旅行跨界智慧平台,提供从市场大数据分析、信息平台搭建、线上线下活动策划、产品开发咨询和落地销售等一站式解决方案,全方位助力目的地旅游经济及相关产业链的提升共赢。

3. 聚焦海外休闲游

同程旅游宣布将2016年定为出境旅游年。为深耕出境游,同程旅游战略全面升级,推出近10项新举措,包括:在国内出发地设四大运营中心,在海外目的地与日本HIS、韩国乐天观光股份公司(以下简称"韩国乐天")签约,搭建大交通体系,推出金融保险战略,品牌服务继续升级,并通过"非凡"出境系列、日本旅游月活动、设立首席吐槽官、一亿重金诚聘100个城市的旅游顾问等,以此保障战略升级后的服务品质和用户的旅游体验。

4. 重点发力出发地战略、大交通战略

在出发地战略方面,同程旅游希望通过对本地化出发产品的深挖和本地供应商的深度合作,建立更加完善的本地化产品运营体系,提供更清晰的客户画像和贴身管家服务。为配合出发地战略和目的地战略的高效实施,同程旅游还计划在2016年设立华东、华北、华南、华西四大运营中心,目前华北和华南运营中心已基本筹建完成并开始运转。同程旅游大交通业务明年将继续作为一项战略级业务发展。在现有交通业务团队的基础上，同程会引进航空公司专业团队，在包机、切位的基础上成立虚拟航空公司，同时还将向中国民航局申请筹建同程航空，从最底层搭建同程旅游大交通体系。

5. 涉足金融保险打造旅游生态圈闭环

同程旅游发布了金融保险战略，以此弥补过去缺乏自身的旅游金融服务支持的短板。同程旅游于2015年投资设立了同程金服，计划于近期推出一款活期理财产品"同同宝"，消费者可以提前开始预约。而同程旅游注册的商业保理公司也获批，由此成为又一家拿到商业保理资质的OTA企业。未来，同程旅游计划投资15亿元，着眼于优化同程旅游上下游产业链以及同程金融生态圈打造，从而构建出供应链金融、小微金融、消费金融、财富金融、跨境金融等六大服务体系。同程旅游还计划参股消费金融公司和银证类公司，加大对金融的覆盖。此外，同程旅游还全资收购了天圆地方（北京）保险代理有限公司，为用户开发新型的更具场景化的旅游保险产品。同程涉足金融领域，是公司构建休闲旅游生态链的最新举措。主要着眼于为广大供应商和用户提供融资、理财、保险等多方面的服务，通过融合创新向他们提供更多的选择。

6. 密集签约品牌合作率先进入娱乐+时代

伴随着同程旅游新战略的推进，其品牌营销服务也将得到升级。同程旅游此次在品牌服务上动作连连，仅签约合作就有5项之多，分别是《世界辣么大》自制剧签约、《世界辣么大，Yi同去看看》活动签约、《世界，我来了》电视综艺投资签约、网络综艺项目投资签约，以及与旅游卫视的战略合作签约等。此次合作中，意味着同程旅游率先进入娱乐+营销时代，并开始全力打造旅游文化生态。

（二）企业解读

1. 线上+线下的服务创新

百旅会是同程旅游于2016年9月推出的中老年品质旅游和幸福生活社群，也是其在产品和服务创新方面的最新动作，旨在开拓前景广阔的银发游市场。"线上+线下+体验"是同程旅游创始人、CEO吴志祥对于旅游业未来发展趋势的基本判断，在他看来，线下的极致体验和线上的高效率都很重要，二者的有机融合将决定一家企业未来的竞争力。在完成了全国六大区域中心的线下布局后，同程旅游在线上和线下的融合方面走在了行业的前面，引发了全行业范围的线上、线下整合浪潮。线上+线下的布局为同程旅游拓展更多细分市场提供了前提条件，也使得在信息技术支持下依托线下服务能力的经营用户成为可能。百旅会正是同程旅游从经营产品到经营用户的首个成功案例，从产品设计到活动策划，再到为用户出书的创新之举，这一中老年社群的运营初步获得了市场的认可。未来，同程旅游将把百旅会的成功经验复制到更多细分市场上去，为其他细分人群提供定制化的产品和服务。

2. "零差评"目标背后的严苛追求

敢于提出"零差评"的目标，同程旅游的底气源自严密的质量控制体系和基于差评的服务改进闭环系统。任何一条差评都有专人跟进,从用户回访到责任倒查,每一步都有严密的控制,差评变成了悬在一线服务人员、项目负责人和平台供应商头上的一把利剑。经过努力,同程旅游正在快速接近"零差评"这一目标,周边跟团、国内游等率先实现了单日零差评,邮轮则连续多日零差评,导游领队项目更是连续一个月零差评。"零差评"的目标既是一种质量管理机制,也是对公司全员的长期警示——只有用户满意了,企业做的事情才有价值。

3. 简单团结

所有团队的问题首先是领导的问题;沟通是生产力,甚至是第一生产力;坦诚提出你的意见,我们对事不对人;我们都是普通人,成为一个团队,就一定可以做出一番不平凡的事业;拥抱变化,唯一不变的就是变化;不要用过去的方法解决现在的问题;有勇气改变你可以改变的,有胸怀接受你不可以改变的;相信自己,相信团队,拥抱变化,实现梦想。

四、发展布局

2017年,同程旅游将会对万达旅业旗下12家旅行社的名称保留,并继续支持这些旅行社独立发展,但同时也会将同程旅游在线下的业务与之进行更多协同,并会成立专门机构对后续整合工作进行业务管理。并抛出了一个新的发展目标:提出在2018年底实现500亿元营业收入,实现利润近10亿元,并成为中国最好的线上线下融合旅行社。而要在如此短的时间之内实现快速增长,万达旅业所带来的资源显然将起到极为积极的作用。此次合并重组完成后,同程旅游预期2017年将产生盈利,2018年营收超过500亿元,净利润超过20亿元。未来同程旅游将以南通兴东国际机场为主运营基地,注册资本10亿元,筹建成立同程捷运航空有限公司,作为扎根南通,服务南通的首家待批筹的基地航空公司。

第二节 欣欣旅游网

一、企业简介

厦门欣欣信息有限公司(以下简称"欣欣")创立于2009年,总部设在中国厦门,并在北京、苏州、青岛三个地区设立了区域运营中心,目前在职员  工超400人。欣欣旅游网是一家面向旅游行业提供一体化电子商务服务,帮助传统旅游企业实现在线化的互联网技术开发公司。欣欣旗下运营两大平台:欣欣旅游网

（B2C 平台），中国最大的旅游产品预订平台；欣欣同业（B2B 平台），中国旅游同业合作首选平台，国内首个实名制旅游同行交流社区。其独特的商业模式赢得了广泛认可，2014 年获得腾邦国际（股票代码：300178）1.95 亿元注资。

欣欣旅游网作为中国首创的旅游 P2C 平台，会集了上万名旅游顾问，为游客提供专属的、贴心的出行前、出行中、出行后的全方位服务。艾瑞市场咨询公布欣欣旅游网在旅行预订类网站排名国内前五，拥有最全的生活旅游出行实用查询工具平台；拥有中国最大的旅行社信息联盟体，全国 11 万多家分销商强势加盟；拥有中国最大的旅游产品库，荟萃 130 万条国内外的旅游线路和 70 万单项旅游服务信息，每天为 300 万以上游客提供最专业的旅游线路搜索、比较、预订服务。拥有全国 395 个一级城市的旅游门户阵群，提供中国所有地接市以上城市的最详尽的旅游信息服务。欣欣平台为旅游顾问对接旅游线路、机票、酒店、门票、用车等各类旅游要素，并保证这些产品真实可靠和服务质量。同时，还为旅游顾问提供多种便捷高效的分销工具和管理系统，结合移动分销，为旅游从业者和游客架起新型对接桥梁。目前欣欣平台聚集了超过 10 万家旅行社，在售旅游产品超过 200 万件，交易流水突破 25 亿元人民币，是中国最大的旅行社平台。未来这些旅行社从业者将逐渐转变为旅游顾问，为广大游客提供最贴心和专业的服务。

欣欣象形文化：①形：形为"象"，沉稳、大气，温和却具有力量，名副其实的百兽之王，象征欣欣平台形象；②神：神为"善"，目光有神，象鼻扬起，传递出欣欣友善、亲切、热情、周到的客户服务理念；③音：音通"祥"，亦通"向"，吉祥如意，欣欣向荣，寄托欣欣对于未来发展的美好愿景；④义：万象更新，推进旅游行业信息化进程，打造一番旅游欣气象。

二、欣欣历程

2013 年 7 月，欣内欣外 V2.0 全新上线，优化管理功能与模块，满足旅行社独立建站需求。

2013 年 5 月，手机客户端"同业小助手"上线，打造行业首个旅行社同行业务处理平台。

2013 年 4 月，荣获"iResearch Awards 金瑞奖"颁发的"中国旅行预订网站——最佳创新力奖"。

2013 年 2 月，与福建省旅游局达成战略合作。

2013 年 1 月 11 日，欣内欣外正式亮相，是帮助旅行社轻松建立自主品牌网站，实现双站数据共享、业务互通、同步经营，轻松打造一站式旅游电子商务 B2C 平台。

2012 年 12 月，荣获国家智慧旅游服务中心颁发的"2012 优秀旅游网络营销平台"称号。

2012 年 9 月，手机客户端"欣欣旅游线路"Android 版上线，正式进军移动互联网。

2012年7月，与山东省旅游局达成战略合作伙伴关系，就旅游目的地智慧营销领域展开深度合作。

2012年4月，推出国内最专业的旅行社即时询价软件"全国旅行社询价系统"。

2012年3月，"欣欣商城"正式上线，为游客提供更高品质的旅游产品服务。

2011年12月，与同程网达成战略合作，同程成为"欣欣旺铺"的唯一授权代理商。

2011年4月，成为中国旅行社协会战略合作伙伴。

2011年3月，荣获第一届中国SEO排行榜十强电子商务平台。

2011年1月，"'欣欣向荣'欣欣旅游大讲堂"旅游电子商务营销推广全国巡讲活动启动。

2010年11月，中国优秀旅游网站公益评选中荣获"2010年度优秀专业旅游网站"奖项。

2010年8月，艾瑞市场咨询（iResearch）公布欣欣旅游网位居国内旅游网站排名前五名。

2010年4月，全球最大的网址导航站hao123收录欣欣旅游网。

2010年3月，欣欣旅游网推出欣欣高级网店：欣欣旺铺。

2009年11月，欣欣旅游网推出旅游出行查询工具：旅行百宝箱。

2009年10月，旅行社联盟会员顺利突破3万人。

2009年8月，艾瑞市场咨询（iResearch）公布欣欣旅游网位居国内旅游网站排名前十名。

2009年7月，欣欣旅游网新版正式发布。

2009年6月，旅行社联盟会员顺利突破2万人。

2009年4月，旅行社联盟会员突破1万人。

2009年2月，欣欣旅游网的核心频道：旅行社联盟正式上线[①]。

三、2016年大事记

2016年3月，福建首届旅业采购节在厦门圆满落幕，交易总额逼近亿元；2016旅游同业采购节在厦门隆重开幕，旅业盛会凝聚近千同行。

2016年4月，腾邦欣欣旅游产业园二期项目开启，架海峡两岸旅游生态桥梁；厦门海峡两岸旅游集市盛大开市，宝岛梦工厂掀起"体验热"。

2016年6月，互联网+旅游O2O新模式，腾邦欣欣旅游产业园开园；腾邦欣欣旅游产业园开园，近万市民体验"旅游+"。

2016年8月，精准获客，聚焦消费升级，欣欣旅游亮相全国旅行社渠道运营商年会。

2016年9月，欣欣旅游战略升级，非常规业务或成差异化突破利器。

---

① 资料来源：百度百科。

2016年11月,欣欣将上线首个旅游同业之家。

2016年12月,中旅协第五届会员代表大会欣欣"亮剑"技术实力,提供一站式会议管理;"欣"动价到,欣欣携营销大礼包助力旅行社移动分销。

四、战略剖析与企业解读

（一）战略剖析

1. 助力传统旅行社转型升级

欣欣旅游网将围绕互联网、移动互联网时代旅行社用户的需求,做到产品更加丰富、赢得更多用户好评、以及PC和移动端的用户体验更加良好。与此同时,"欣欣·旅游同业管家"App4.0的发布,将让旅游从业者在网店管理体验中变得更加简单流畅。欣欣旅游网从创建之初至今,一直秉承着做全国旅行社忠实朋友的理念,沿袭平台化、网络化、移动化的发展战略,为传统旅行社打造方便快捷的旅游电商平台,致力为旅行社用户提供长期的优质服务。

2. 旅行社平台升级到旅游顾问平台

"欣方向 欣思路"——To B,从常规交易切入到非常规交易,推出同业尾单;To C,从原来的旅行社平台升级到旅游顾问平台（P2C）。这意味着,欣欣旅游迎来了八年来最大的一次升级。时值"导游自由执业"大力倡导之际,欣欣走在社交红利时代的前端,以P2C模式打造出一个旅游行业的Uber,其"旅游顾问"的服务优势更为显而易见。欣欣旅游网从旅行社平台升级到旅游顾问平台,从以企业为服务主体升级到以人为服务主体,给旅行社带去的不只是一套工具,而是一个跑赢行业服务的全新理念;给游客带去的不是简单的咨询与下单,而是更多的保障与贴心的定向服务。

（二）企业解读

1. 放心游商城打造品质旅行

欣欣放心游商城是欣欣旅游网旗下全新的一站式目的地旅游频道,由各地最优秀的供应商提供高品质的目的地跟团游、旅游度假、自由行、自助游、门票,以及主题特色旅游产品,以及当地一站式旅行服务。让游客轻松出行,选择放心,预订安心,享受不一样的品质旅游体验。作为欣欣旅游网旗下优质的旅游线路商城,放心游商城为消费者提供的差异化价值在于既有互联网的高效便捷,也充分享受线下服务的人性化,让放心游商城成为消费者优质友好的旅游线路预订平台。

2. 同业尾单,打造差异化突破利器

欣欣推出的"同业尾单"业务,为业内率先探索突围之路。欣欣平台目前已会聚了超过11万家旅行社会员,分销体系非常完善,且有很强的渠道归集能力,而库存积压、损耗又是旅游行业长期以来的一大痛点。这边小B缺少有核心竞争力的产品,另边产品临近"保质期"卖不出,因此欣欣此时推出同业尾单。与此前一些创业公司尝试的To C的旅游尾单项目不同,同业尾单缩短了链条,同业里的所有企业都可能是资源方,更适合做尾单。对于资源方而言,同业尾单解决了"腐烂"的产品库存问题,降低了损耗;对分销商而言,尾单产品可以重新包装成自由行产品,对其供应链的缺口是一个重大补充。该项目的载体落在同业助手 App 上,借助欣欣研发的微砍价、拼团、抽奖等 20 款应用及 CRM 管理系统、微店管理后台、订单数据移动办公功能等,更有助于打造精准、高效的移动分销通路。

3. 市场诊断

(1)需求旺盛,服务粗放

服务粗放是包括旅游服务的整个环节,涉及产品采购,产品包装,人员储备等。以当前大热的亲子游为例,目前国内"亲子游"仍处于粗放式发展阶段,缺乏针对性服务,"亲子游"不见亲子、只有游,或者只要涉及主题公园、农场、艺术场所等的景点,就能被贴上"亲子游"的标签。大量同质化的产品让"亲子游"徒有其名,甚至玩的时候小孩太多,组织过程效率不高,很耽误时间。归根结底,就是旅游市场需求旺盛,服务粗放导致的结果。

(2)团队建设:5 年相关工作经验是标配

每一位员工都至少有 5 年旅行社相关工作经验,同时每位员工每年都有多次外出踩线的机会,公司每周都有例会,大家坐下来共同探讨产品、服务等。欣欣旅游网的服务宗旨就是:走品质路线。坚持品质产品,要把旅途的幸福带给更多客户,要让自己的团队竖起行业的大旗。

(3)产品筛选:拒绝最低价,倡导最高性价比

欣欣旅游网的产品不是市场最低价,但性价比绝对最高。包括在选择供应商上,也有严格的产品审核机制。尽管旅游产品的好坏没有一个统一的定论,但有两点可以借鉴:第一,要重不要轻。要把产品做得足够重,这样游客选择的时候就可以很轻。不是功能多产品就重,而是内在的产品逻辑和内容是不是足够重,外在的海报、产品手册、服务流程是不是足够重。游客只需要带着问题来,马上就可以得到解答。第二,要专不要散。一家在线旅游电商的产品解决不了各个层次消费者的问题,因此更适合的产品策略就是集中火力,把最主要的用户群体的需求解决到位。

第四章
旅游攻略社区类电商介绍及企业解读

旅游攻略社区类电商是以内容为导向、以用户共享为核心，通过UGC的模式进行网站的运营，搭建旅行服务平台。随着自助游的兴起，旅游攻略成为出行必备，以LonelyPlanet为代表的旅游指南开创了旅游攻略先河。然而，随着互联网的快速发展，用户在线分享旅游经历意愿越来越强，互相沟通交流旅游心得的需求也越来越大，在线旅游攻略社区应运而生，传统付费形式旅游指南路书逐渐被在线旅游社区免费攻略内容取代。在线旅游攻略社区以众包形式的UGC攻略内容日益丰富，攻略社区功能日渐完善，马蜂窝、穷游及携程等旅游网站攻略频道等众多PC网站成为用户查找攻略的主要渠道。与此同时，攻略社区PC端的商业模式崭露头角，从广告费到导流佣金，再到推出酒店等产品预订，企业商业化逐步布局。随着移动互联网快速发展，攻略社区企业App逐一上线，同时纯移动端企业如面包旅行、淘在路上等也渐渐涌现，移动端更新迭代迅速。随着智能设备的普及，用户移动阅读已成习惯，移动端占据用户碎片化时间。用户由PC端向移动端转移，App逐渐成为出游或者计划出游用户设备里的查询攻略的必备利器。同时攻略社区商业模式逐渐成形，攻略社区企业纷纷推出移动端产品预订，根据海量信息抽离标准POI，接入自由行等资源，帮助用户完成消费决策，旅游攻略社区App端迅速崛起。

旅游攻略社区类电商拥有众多忠实用户，发展潜力巨大，但如何实现商业变现是其面临的最核心问题。穷游、马蜂窝从PC版开始的网站代表了国内第一代旅行UGC网站，第二代便是2013年前后逐渐兴起、主打移动端的UGC应用，比如淘在路上、面包旅行、蝉游记、游谱旅行等，多以照片为切入点，往轻游记的方向发展。游谱旅行的做法是招募旅行家制作PGC的攻略，在用户端构建图片社交，人均单日启动次数和使用时长很可观，提高转化率的方式是咬紧用户从内容到交易过程中的不同需求，尽量加速用户的决策，缩短内容到下单的距离。与此同时，携程、途牛、驴妈妈等已经拥有了大量交易的OTA也在推进社区及内容的建设，一方面增加用户黏性，另一方面帮助用户进行消费决策。总体而言，UGC和OTA的趋势是相互融合。比如现在阿里去啊、艺龙、同程上的不少酒店点评来自 Tripadvisor（猫途鹰），而在马蜂窝上也能预订到携程的产品[①]。

本部分旅游攻略社区类电商主要对以下企业进行介绍，一是以猫途鹰（原名到到网）为代表的社区点评类在线旅游服务平台，其次为以马蜂窝和穷游网为代表的社区攻略类在线旅游服务平台。两种皆是以 UGC 内容共享为导向。

一、社区点评类在线旅游服务平台：TripAdvisor（猫途鹰）

TripAdvisor 是全球领先的旅游网站，其中国官方站点为 tripadvisor.cn，官方中文名为"猫途鹰"。目前，TripAdvisor（猫途鹰）在全球 49 个国家和地区设有分站，每月有来自世界各地的直接访问者近 3.9 亿人，同时收录逾 5 亿条旅游点评及建议，覆盖超过 137 000 个旅游目的地，1 935 000 家酒店住宿和度假租屋，760 000 处景点，以及 4 300 000 间餐厅。Tripadvisor（猫途鹰）从酒店点评起家，在欧美国家的成功有代表性，这是早在 2003 年凭借酒店点评链接酒店预订赚取佣金而盈利的在线旅游商。Tripadvisor 为用户提供及时、可信的全球化旅游信息、周到客观的酒店评论、酒店索引、酒店选择工具、酒店房价比价搜索以及社会化的旅途图片分享、视频上传和在线驴友交流等服务。

同时，TripAdvisor（猫途鹰）还在中国发布了同名 App 及官方微信公众号，用户可在手机或平板电脑上随时随地获取全球最新旅行资讯，并进行点评查询和预订。不论是计划旅行或是旅行途中，TripAdvisor（猫途鹰）都会是用户的必备工具和得力助手[②]。

二、社区攻略类在线旅游服务平台：马蜂窝 + 穷游

马蜂窝（www.mafengwo.cn）是中国领先的自由行服务平台，通过良性的生态和数据循环，帮助用户做出最佳的旅游决策。UGC（用户创造内容）、旅游大数据、自由行交易平台成为马蜂窝的核心竞争力，基于旅游问答、点评、游记、攻略之上的社交基因特色鲜明。马蜂窝自 2006 年上线运营以来，马蜂窝注册用户量持续攀高，其中大部分用户来自北京、上海、广州、深圳、香港等一线大城市，也不乏海外旅居人士。马蜂窝的用户热爱户外旅行，钟情于自驾游，拥有专业的摄影技术，因此，马蜂窝凝聚的是一个高质量的旅游爱好者群体。凭借自身的优势，马蜂窝正吸引着更多的网友源源不断地加入马蜂窝旅游社区。穷游目前在原来核心产品"行程助手"的基础上新推出了企业端的定制工具和针对用户的免费定制服务，通过结构化的游记、攻略内容，帮助用户做出行程规划，并促成在平台上完成交易。产品交易、广告收入以及包括 JNE 装备品牌等周边产品收入，构成穷游目前收入的三个来源。

---

① 艾瑞咨询.中国旅游攻略社区移动出境市场研究报告 2015 年.
② 资料来源：comScore Media Metrix 对 TripAdvisor 网站的全球性分析，2016 年 11 月.

第一节　猫途鹰

一、企业简介

TripAdvisor（官方中文名猫途鹰）是一家旅游点评网站，拆分前的 Expedia 旗下子公司；2011 年 12 月 20 日拆分后以代码 TRIP 在纳斯达克独立上市交易。

酒店预订一直都是一个稳定的商业价值入口，Tripadvisor 的布局是在酒店核心利益来源外探索新的路径。此外，TripAdvisor 于 2015 年 7 月正式发布其全新中文名"猫途鹰"，推出中文手机应用，进一步深耕中国在线旅游市场，全面升级其中国品牌的发展战略。TripAdvisor（猫途鹰）及其旗下的网站组成了极具规模的全球化旅游社区，旨在帮助全球旅行者规划和预订行程，并享受优质的旅游体验。在中国，TripAdvisor（猫途鹰）的愿景是汇聚全球智慧，为中国旅行者带来极具参考价值的出境旅游点评及建议，展现全球各个目的地的酒店、景点和餐厅的真实情况，帮助中国旅行者以不同视野看世界，规划并预订完美的出境旅程。

TripAdvisor（猫途鹰）与国内外的旅游预订网站均建立了紧密合作，用户可根据地理位置、酒店星级、销售价格等条件搜索全球酒店信息；同时，网站的智能比价功能可快速查询同一家酒店在不同预订平台的最佳价格及房态信息，结合点评、评分及照片，让用户在计划行程时做出更好更明智的选择和决定。目前 TripAdvisor（猫途鹰）在中国的合作伙伴包括：携程（Ctrip）、艺龙（eLong）、同程、Hotels.com、Booking.com、Agoda.com、HRS.cn 及希尔顿（Hilton）、万豪（Marriott）、香格里拉（Shangri-la）、洲际（IHG）、港中旅维景（HKCTS）、格林豪泰（Greentree）等。

二、2016 年企业财报分析

表 4-1　猫途鹰 2016 年利润及资产负债表

单位：百万美元

	2016-12-31	2016-09-30	2016-06-30	2016-03-31
营收	372.00	316.00	421.00	391.00
其他营收总额	0.00	0.00	0.00	0.00

续表

	2016-12-31	2016-09-30	2016-06-30	2016-03-31
营收总额	372.00	316.00	421.00	391.00
营收成本总额	17.00	16.00	19.00	20.00
毛利	355.00	300.00	402.00	371.00
运营开支总额	345.00	306.00	355.00	343.00
运营利润	27.00	10.00	66.00	48.00
税后利润	13.00	1.00	55.00	34.00
净利润	13.00	1.00	55.00	34.00
短期投资	118.00	116.00	87.00	39.00
长期投资	16.00	29.00	38.00	17.00
资产总额	2238.00	2277.00	2385.00	2214.00
流动债务总额	423.00	450.00	575.00	432.00
长期债务总额	91.00	20.00	91.00	110.00
债务总额	171.00	96.00	92.00	111.00
权益总额	1502.00	1580.00	1505.00	1464.00
总负债及股东权益	2238.00	2277.00	2385.00	2214.00

资料来源：新浪网资讯

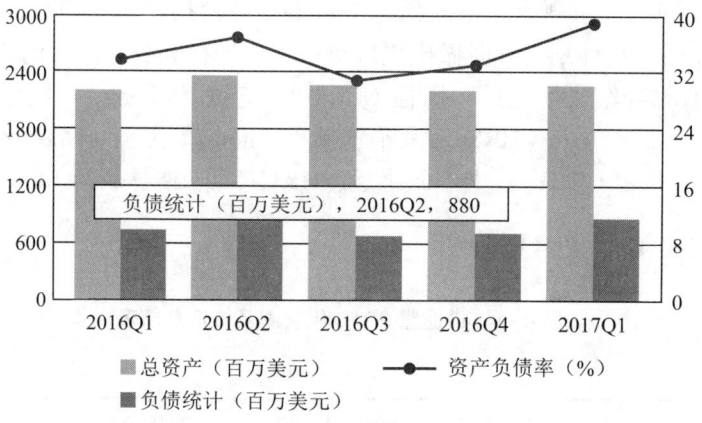

图 4-1　2016年猫途鹰总收入及营业利润

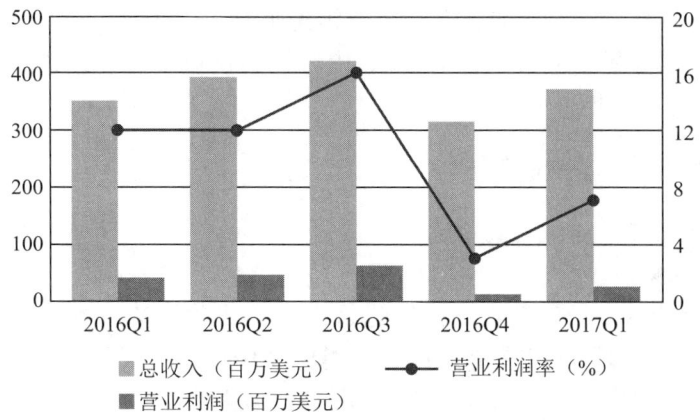

图 4-2 猫途鹰 2016 年资产统计

资料来源：新浪网资讯

三、企业大事记

2016 年 4 月，猫途鹰发布"赴澳旅游风向标"。27 日，TripAdvisor（猫途鹰）跨界联合 Kindle 在天猫旗舰店推出 2017 套限量联名版电子书阅读器套装。

2016 年 5 月，进入中国市场 7 年的猫途鹰又开始投放朋友圈广告、重塑品牌形象、开发独立 App、招募翻译志愿者，要做出境游的"大众点评"。

2016 年 8 月，猫途鹰联合 Uber、乐视视频、华为荣耀、小红书、Discovery Expedition 非凡探索、漫游宝等品牌发起了＃猫途鹰寻呆萌旅人＃线上征集活动。

2016 年 10 月，滴滴出行宣布与旅游平台 TripAdvisor 猫途鹰签署战略合作，通过线上平台开放合作、建立线下滴滴车站、拓展"酒店＋车""景区＋车"定制产品等合作形式，打造涵盖旅游资讯、行程安排、途中用车的旅游生态链；猫途鹰及其旗下的目的地活动预订网站 Viator 将停止销售涉及与被囚禁野生动物和珍稀物种接触的活动或景点门票，包括但不限于骑乘大象、近距离与老虎接触、与海豚游泳等。

2016 年 11 月 1 日，携手打造"出国游"城市旅游系列地图，旨在依托中国地图出版社专业权威的地图出版经验，以及 TripAdvisor（猫途鹰）上极具价值的海量旅行资讯和点评数据。

2016 年 12 月，全球领先的旅行计划和预订平台 TripAdvisor（猫途鹰）在苏州工业园区举办 2016 年 TripAdvisor（猫途鹰）苏州地区获奖业者颁奖活动，苏州联手 TripAdvisor"猫途鹰"打造国际旅游目的地。

2016 年 12 月，享誉全球的旅行业大奖 TripAdvisor（猫途鹰）"旅行者之选"正式落地中国，将为中国旅行者带去更多旅行灵感，传递一种新的旅行理念。27 日，在其中文版手机 App 推出新功能"旅行足迹"，此功能将帮助旅行者更轻松地记录和分享旅行。10日，同程旅游宣布与全球领先旅游平台TripAdvisor（猫途鹰）达成战略合作。双方将基于各自平台的UGC内容进行深度合作，以进一步提升中国出境游旅客的海外目的地体验。

四、战略剖析与企业解读

（一）战略剖析

1. 本土化策略

即把TripAdvisor的旅游点评内容进行中文本土化。2015年，猫途鹰宣布"全球点评志愿翻译工程"正式更新上线，针对中文用户持续优化阅读体验，不仅将最有价值的英文点评内容翻译成了中文，还将其中蕴含的西方文化也进行了本土化。为了确保翻译内容的可读性，项目中所有内容的本土化都是由来自全球各地的中文旅行者完成的。在翻译英文点评的同时，会站在旅行者的角度，仔细揣摩内容，力求让之后看到这条点评的中文用户能够快速获取其中的智慧与经验。配合本土化进程的进行，猫途鹰团队非常看重猫途鹰品牌推广，一方面积极在中国热门社交网络上展开深度口碑营销，另一方面也在寻求与包括中国国家旅游局在内的中国本土合作伙伴的合作，共同拓展市场。

2. 抢滩中国出境游市场

全球领先旅游平台TripAdvisor（猫途鹰）宣布与同程旅游达成战略合作。双方将基于各自平台的UGC内容进行深度合作，以进一步提升中国出境游旅客的海外目的地体验。TripAdvisor（猫途鹰）作为全球最有影响力的在线旅游平台，覆盖超过123 000个旅游目的地，收录了逾2.9亿条旅游点评及建议，以中文显示的点评数量已超过300万条，而这一数字也在通过其"海外点评翻译工程"迅猛增长中。基于本次合作，TripAdvisor（猫途鹰）将向同程旅游的网站及手机App授权其在海外目的地的酒店、景点及当地娱乐活动的中文点评、排名以及评分内容，以及TripAdvisor（猫途鹰）发布的年度"旅行者之选"获奖目的地、酒店、景点、餐厅等榜单等信息。同程用户在预订境外酒店、出境游线路时可以参考来自猫途鹰真实旅行者的点评，在计划旅行时提前了解目的地真实情况，从而提升每一次出境游体验。

（二）企业解读

在TripAdvisor中国区总部办公区里，会议室以丝绸之路沿途风情为主题进行了不同风格的设计和陈列。猫途鹰领导深谙市场潮流，对于新兴的传播策略和营销方式，也有着超前的见识。对于当下方兴未艾的网红经济，都展现了敏锐的洞察力。网红和旅游之间是有很多机会和关联的，用户需要意见领袖的建议，未来不排除会利用与网红的合作来推广猫途鹰，让猫途鹰更接地气。

五、20 年发展布局

猫途鹰未来计划上线自运营旅游产品，与巨头开展深度合作。在过去一年里，猫途鹰飞速地在中国开展了各项业务，并取得了夺目的业绩。对于接下来的战略计划，会继续延伸去年发布的战略，一脉相传。一是坚持移动化的步伐，借鉴国外互联网的优秀方法，吸取中国互联网先进的思维。二是进一步在中国进行商业化的尝试，对此林松着重强调，"独立、公正、可信"是猫途鹰品牌的第一优先级，一切都是服务于它。在符合这一条件之上，也希望能够在中国提供好的产品，直接为消费者提供预订。三是持续的品牌推广。四是坚定不移地继续进行战略合作。几乎中国所有的旅游行业巨头都在与猫途鹰合作以及更深的战略合作。比如：携程、阿里、同程、艺龙所有酒店方面的点评以及评分都是来源于猫途鹰的数据。借用猫途鹰用户点评内容的中国旅游平台上也会露出其品牌标识。"TripAdvisor 有一个独特的定位，就是一个非常中立的身份。猫途鹰能够做的，第一是要让用户得到最好的服务，但是从一家企业的长远发展考虑，一定是需要盈利的。对于盈利的问题，其实很多行业最开始都不是盈利的，不止旅游行业。由于出境游处于高速增长的阶段，竞争激烈，预先的投资是必要的，所以很多情况下亏损属于企业在一定时期内的战略选择。在未来十年、二十年通过市场的自行调整状态，来逐步获得收益。

第二节 马蜂窝

一、企业简介

马蜂窝（www.mafengwo.cn）是旅行分享网站，提供全球旅游攻略、旅行点评等综合服务，并帮助过亿旅行者制订旅游方案。2010 年正式成立公司投入运营。自 2006 年上线运营以来，马蜂窝注册用户量持续攀高，其中大部分用户来自北京、上海、广州、深圳、香港等一线大城市，也不乏海外旅居人士。马蜂窝旅行网站在自由行消费者的角度，帮助用户做出最佳的旅游消费决策。UGC（用户创造内容）、旅游大数据、自由行交易平台是马蜂窝的三大核心竞争力，社交基因是马蜂窝区别于其他在线旅游网站的本质特征。马蜂窝的用户热爱户外旅行，钟情于自驾游，拥有专业的摄影技术，因此，马蜂窝凝聚的是一个高质量的旅游爱好者群体。凭借自身的优势，马蜂窝正吸引着更多的网友源源不断地加入马蜂窝旅游社区。马蜂窝已经收录了国内外众多旅游目的地。依靠注册用户提供的大量一手信息，马蜂窝已先后制作推出了各类目的地旅游攻略路书，路书设计精致、新颖，路书内容涵盖当地吃住行游购娱等各方面丰富翔实的旅游信息，给无数自助游爱好者提供了方便快捷的旅行指南，受到了用户的普遍欢迎。

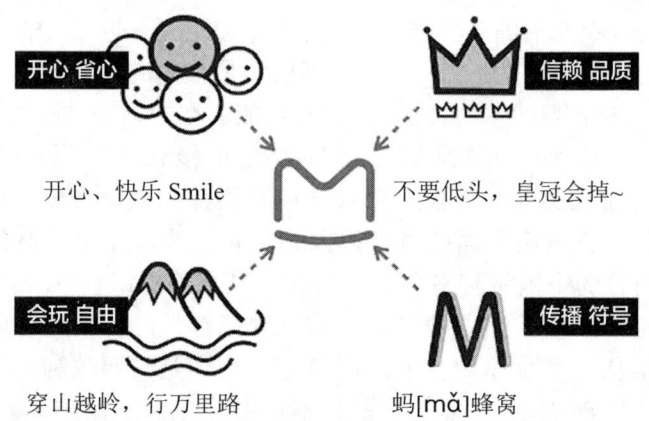

在2015年7月22日举行的中国互联网大会上，马蜂窝旅行网推出了全新的"马蜂窝自由行"品牌LOGO。新的品牌LOGO设计风格简洁明快，如同一幅山水简笔画，同时蕴含多重寓意：意指穿越千山万水，崇尚自由的状态；一抹笑脸象征着自由行更开心、更省心；标志像王冠，表示值得信赖的、高品质的旅行产品；大写的M，让品牌符号化，是主流的国际化表达。马蜂窝希望通过全新的视觉形象，拉近与用户的距离，提升自由行品牌调性。蜂窝发布全新的品牌LOGO和视觉系统，也意味着其自由行战略的进一步升级，2015年8月6日，马蜂窝旅行网也正式发布了"小蚂""小蜂"两款自由行吉祥物。

二、2016年大事记

2016年1月，马蜂窝推体育旅游产品。

2016年2月，马蜂窝旅行网携手滴滴专车，推出了"美好出行，任性旅行"活动。

2016年3月18日，澳大利亚昆士兰州旅游及活动推广局与马蜂窝旅行网在北京签署战略合作备忘录，双方将会在专题合作、目的地信息优化、UGC内容等多方面展开合作；租租车联合马蜂窝发布《2015中国出境自驾游报告》；2016年3月12日，马蜂窝旅行网携手"银杏基金会"，在甘肃民勤开启了一场"梭梭行动"，邀请中国1亿旅行者参与到拯救绿洲、对抗沙漠的"梭梭树计划"中来。

2016年5月，700Bike近日宣布与中国领先的自由行服务平台马蜂窝旅行网联合打造全新的"蛙跳旅行"服务；30日，遵义市人民政府与马蜂窝旅行网宣布战略合作，双方将基于现有旅游资源，借助移动互联网、自由行大数据等技术，共同推动遵义全域旅游产业升级和智慧旅游建设；马蜂窝旅行网与痛仰乐队"旅行＋音乐"

共同打造的"摩登乐旅"——英伦摇滚乐探寻之旅正式上线。

2016年8月，马蜂窝联合创始人、CEO陈罡第一次向外界公开了马蜂窝的"攻略2.0"系统——这也是这家业内领先的旅游网站在去年3月正式宣布抢占自由行品类后，第一次将这一战略级秘密对外曝光。

2016年9月7日，马蜂窝曾发起一场人性实验，以"用未知旅行检验未知感情"为主题，用27个神秘的旅行产品，测试人们尝试未知的勇气；马蜂窝的"未知旅行实验室"在十一长假期间发起了一场覆盖全球的"Tripmon GO"活动。

2016年10月29日，马蜂窝举办秋季旅行者大会，旅游红人云集"秋酷大趴"。

2016年11月30日，新加坡旅游局与中国领先的自由行服务平台马蜂窝在北京举办了"新加坡国家旅行馆启动仪式"，借力大数据开拓中国市场，新加坡国家旅行馆入驻马蜂窝。

2016年12月，马蜂窝发布《全球自由行报告2016》，全面解读2016年中国自由行市场和自由行游客行为习惯的变化。马蜂窝旅行网发起国以"造梦空间"为主题的大型促销活动，"旅行与梦想的关系"迅速成为年轻旅行爱好者之间广泛讨论的话题。

三、战略剖析与企业解读

（一）战略剖析

1. 从卖情怀到卖产品

2011年左右，马蜂窝主要在做用户关系。在马蜂窝上，优质的内容会有更高权重，广告与内容清楚区分，用户有等级评定和激励制度，通过维系一个"纯粹"的社区，维系马蜂窝用户的忠实情感。这一阶段，8264、绿野网逐渐转变为户外领域的电商，马蜂窝、穷游摸索着自己的商业化方式，并获得资本市场的支持。马蜂窝被对标为"中国的Tripadvisor"。其发展的第一阶段，2010—2012年，成为中国最大的旅游社区，用户突破千万。2012—2014年是其发展的第二阶段。在2013年之前马蜂窝主要靠旅游局、航空公司等广告获得收入，并且收入不错。之后马蜂窝对接了携程、booking、agoda等酒店预订网站，收取佣金或点击费用，并发展到每季度给Airbnb带去超过2万的订单量。2015年，马蜂窝宣布其酒店平台全年售出间夜量达到360万，而对马蜂窝来说，酒店交易是其切入自由行产品的一次试水。马蜂窝从2015年开始往下滚雪球。马蜂窝全面上线自由行产品，转型做自由行的交易平台。在2016年，不论在营销层面还是对外接受采访的口径，马蜂窝现在都把自己定义为一个"自由行交易平台"。这个定位看上去比穷游更有战略野心。

2. 与租租车联合发起境外租车3.0时代

持中国驾照已可在全世界近180个国家和地区租车自驾，出境自驾游成为高层次旅游需求群体的出行风潮。据统计，2015年中国互联网境外租车市场交易规模达到131.3亿元人民币，2016年交易规模将环比增长88.6%。境外租车从传统的门店租车到跨境在线预订,再到租租车、马蜂窝旅行网等一站式出境自驾游/自由行服务平台的出现,标志自由行出境自驾游租车进入3.0时代。如今出国玩租车预订、行程安排,甚至是回国后保障都可以在租车服务平台一站式搞定。

图4-3 租车服务平台

资料来源:马蜂窝数据研究中心 & 租租车

3. 马蜂窝牵手 OneAPM

现在市面上各种各样的监控工具层出不穷,但随之而来的告警通知,也很容易将运维人员的邮箱挤爆。诚然,企业确实需要各种监控工具来确保系统的稳定运行,但是很多时候,80%的告警信息对运维人员来说都是无用的,对马蜂窝来说,首先运维团队希望能把所有的告警都集中到一个平台上进行处理,这样就不会把时间浪费在各个平台间切换、适应各种界面、了解各种术语上了等。其次,马蜂窝希望把这些告警统一成一个格式,即标准化和结构化。然后,运维人员也希望把所有有关系的告警合并成为一个事件,这样的话,他们每处理一个事件就等于处理了一串的告警,通过这种方式,80%的告警噪声就会被消除。对比国内外的多款监控产品之后,马蜂窝将目光聚焦在国内首个 SaaS 模式的云告警平台 OneAlert 之上。

OneAlert 是国内 ITOM 管理平台 OneAPM 旗下的子产品,它不仅集成了国内外主流监控/支撑系统,而且实现了在一个平台上集中处理所有 IT 事件,提升 IT 的可靠性。而且通过使用 OneAlert 产品,可以使用多种方式的告警通知,强大的告警压缩和升级机制,个性化通知和分派,告警分析,团队协作等功能,真正将运维工作整合到了一起,大大提升了马蜂窝团队整体的工作效率和质量,所以很快就得到了马蜂窝运维团队的高度认可。

图 4-4 在一个平台上处理所有的 IT 事件

（二）企业解读

1. 敢于尝试和创新

马蜂窝作为旅行灵感与旅行产品的提供者，本质上具有一个造梦者的身份。马蜂窝利用大数据技术实现了千人千面的精准推荐，拥有不同特征与爱好的旅行者，能在会场看到个性化的目的地展示页，系统也会自动为不同定位城市的用户匹配不同出发地的产品。9 月初，马蜂窝在线上发起了一场"用未知旅行检验未知感情"的人性实验，在今年双十一期间马蜂窝打出以"逆时光大促·带你重返 1996"的促销主题，再次以创意与情怀从惯常的甩卖中脱颖而出。2016 年起，低调的马蜂窝开始动作频频，显示出不甘平庸的一面。人性、人生、梦想、情感这些关键词，常常成为马蜂窝营销的出发点。上半年，马蜂窝联合众多明星打造了一系列"旅游＋×"的主题旅行线路。下半年，"马蜂窝黄"地铁广告铺天盖地，去伏尔加国开坦克、去监狱酒店住一晚等新奇特旅行体验，吸引了年轻旅行者的眼球。通过海量的用户原创内容加上大数据分析，以及不断的创新，让马蜂窝有效弥补了搜索框和货架模式的不足，将新鲜旅行体验与用户需求更好地连接起来。

2. 技术改变生活方式的理念

技术改变商业世界，技术本身也在改变自己。不同时代的互联网企业也拥有着不尽相同的基因，它们也在不断进化，用个性的方式，演绎着生动的戏剧。在基因的进化中，在线旅游正迎来新的纪元——整个行业开始经历从B2C到C2B的思维转变。马蜂窝是具有大数据基因的创新型企业，正通过大量的真实数据分析，帮助旅行者挑选出最适合的酒店、最有特色的餐厅、最好玩的目的地，提供最有价值的信息，并帮助他们完成在线购买、实现即时预订。而更为重要的是，马蜂窝高层认为：在2016年，技术将彻底变革人们的出行方式，让人们能更加自由地旅行。

四、马蜂窝2016年全球自由行报告分析及预测

2016年作为赛事大年，体育旅游也进入了发展的加速赛道。近日，中国领先的自由行服务平台马蜂窝发布的《全球自由行报告2016》（以下简称"报告"），显示出体育旅游发展的强劲势头：越来越多的中国人将体育活动视作一项重要的旅行主题，体育与旅行共同成为当代人的一种生活方式，体育旅游背后两大朝阳产业的相互融合、促进，正不断扩宽这片蓝海市场的想象边界。不再"买逛吃"，中国人开始"找刺激"。

马蜂窝数据显示，通过分析2016年马蜂窝用户游记可以发现，自由行游客提及"马拉松""滑雪""潜水""跳伞""世界杯""奥运会"等关键的游记数量明显上升。其中，有关"潜水"主题的游记数量就达到20 522篇，成为最受自由行游客关注的体育旅游方式，其次则是"滑雪"。

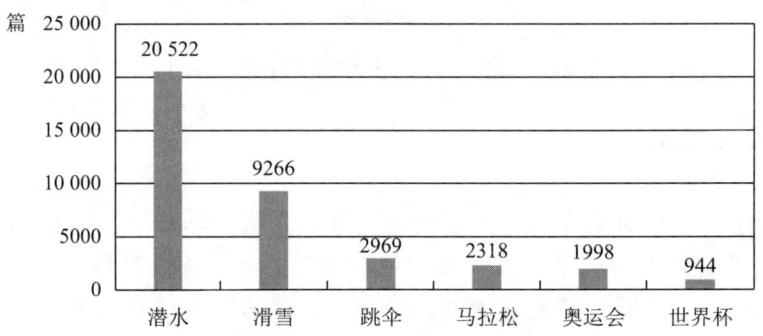

图4-5　2016年体育旅游相关游记数量

资料来源：马蜂窝《全球自由行报告2016》

报告数据显示，2016年大众最感兴趣的15个旅游主题依次是自然、美食、购物、草原、动物、温泉、古镇、海岛、登山、赏花、潜水、星空、滑雪、人文历史、极限运动。其中，关于体育旅游的主题达到4个。同时，马蜂窝通过统计2016年1—10月内自由行游客所提出的问答内容发现，高空跳伞、深海潜水等能够"体验刺激"的旅行，成为当下游客最感兴趣的内容之一。

而在马蜂窝评选出的"2016年最难忘的当地玩乐"中,体育旅游类的"高空滑翔伞""鲨鱼伴游""徒步"更是占据了前五名中的三席,由此可见,体育旅游尤其是极限运动,更能为旅行带来刺激的难忘体验,为旅行增添更丰富的价值与意义。

No.1 极光 ★★★★★
推荐体验目的地:芬兰罗瓦涅米

No.2 高山滑翔伞 ★★★★★
推荐体验目的地:尼泊尔

No.3 鲨鱼伴游 ★★★★★
推荐体验目的地:澳大利亚悉尼

No.4 徒步 ★★★★
推荐体验目的地:新西兰福克斯冰川

No.5 热气球 ★★★★
推荐体验目的地:土耳其卡帕多奇亚

No.6 观鲸 ★★★★
推荐体验目的地:冰岛雷克雅未克

No.7 直升飞机 ★★★
推荐体验目的地:美国大峡谷

No.8 萤火虫 ★★★
推荐体验目的地:马来西亚红树林

图 4-6 2016 最难忘的当地玩乐

资料来源:马蜂窝《全球自由行报告 2016》

与 2015 年不同,人们不再将"买逛吃"作为旅行的唯一主题,中国人"旅购"的热度也在 2016 年进入冷却期。与之相反,更能带来正能量与刺激体验的体育旅游,成为游客新宠。人们开始发现,与其用消费满足欲望,不如在大自然中感受自身。

在此背景之下,体育旅游无疑成为潜力巨大的蓝海市场。业内普遍认为,体育旅游可划分为"观赛旅游"与"参与性旅游"两种类型,前者专指为了观看奥运会、世界杯、联赛而特意前往某一目的地的旅行,后者则指包含了马拉松、滑雪、潜水、徒步、跳伞等运动体验的旅行。

在人们越来越重视旅行品质、自由行日益成为主流的背景之下,两种体育旅游类型都在高速成长。但与观赛游相比,健身类的体育旅游,游客的参与度、体验度更高,人群相对更广,平均花费相对更低;而包括跳伞、滑雪等比较刺激的极限旅游,专业性更强,难度系数更大,是中高端消费人群的最爱。

世界旅游组织数据显示,当整体旅游产业的增长率在 2%~3% 浮动时,全球体育旅游产业每年增长率可达 14%,至 2020 年,体育旅游产业的产值将超过每年 4500 亿欧元。无论从世界范围还是国内市场来看,体育旅游都是旅游产业中成长最为迅速的一个细分行业。

从我国的情况来看,根据国家旅游局发布的《2015 年全国旅游业投资报告》,在冬奥会、消费需求和国家政策的多重推动之下,我国体育旅游不断受到重视并得到快速发展，2015年，体育旅游实际完成投资791亿元，同比增长71.9%。登山、滑雪、探险、潜水等体育旅游新业态成为投资新亮点。但需要注意的是，在发达国家，体育旅游产值可占到全国旅游收入的25%，而我国体育旅游产值目前仅占5%，仍属于蓝海市场。随着消费升级与旅行消费的升级，中国人的旅行方式正逐渐从传统的观赏型旅游向体验式旅游发展，体育旅游必定是未来旅行方式之一。

第三节 穷游网

一、企业简介

穷游2004年成立于欧洲的留学生宿舍，是国内最大的出境游一站式平台，为用户提供原创实用的出境游旅行指南和旅游攻略、旅行社区和问答交流平台，核心产品行程助手和穷游折扣帮助用户在旅行的行前制定行程，完成机票、酒店预订、签订、租车等服务。2014年，穷游着力移动端穷游App，以优质内容和服务贯穿用户的旅行全过程。穷游的服务宗旨是"让中国人的出境旅行更加容易，帮助大家获得更好的旅行以及生命体验"。穷游网由肖异创立，至今已经发展为国内领先的出境旅服务平台。2008年，肖异回国，穷游网回归。回国的肖异与一位神交已久的好友"周扒皮"，现任穷游副总裁的周彤，也是穷游的第1000个用户，决定一起壮大穷游网。2008年，北京穷游天下科技发展有限公司正式在北京成立，原网址成为永久镜像。当时，除肖异与周彤以外仅有两名员工，短短的一年，公司就实现盈利70万元。

穷游"鼓励和帮助中国旅行者以自己的视角和方式体验世界"，经过10多年的积累和沉淀，穷游建立了从旅行灵感、旅行指南、游记攻略、行程计划，到预订产品的一整套完整生态体系，具有极佳的发展优势。穷游核心产品主要有穷游社区、穷游锦囊、行程助手、"最世界自由行"商城、JNE、穷游海外之家Q-Home。旗下共拥有四款移动端App：穷游App，穷游锦囊App，穷游行程助手App，穷游最世界App。覆盖各类旅行场景。总下载量超过6000万次[①]。

二、发展历程

2004年2月，穷游在德国汉堡市中国留学生宿舍诞生，最初网站名称：穷欧洲，

---

① 穷游网，百度百科，http://dwz.cn/4DXWBL http://dwz.cn/4DXWBL.

域名：go2eu.com。主要内容涉及在欧洲的自助游，用户来自欧洲华人及留学生。

2006年2月，网站由"穷游欧洲"改名为"穷游"，加入了其他各大洲的自助游内容，使其旅游信息量覆盖到了全球。开始受到中国大陆旅游爱好者的关注。

2006年7月3日，中央电视台国际频道"环球360"栏目对"穷游"做了专题报道，"穷游"在中国大陆的影响力进一步扩大。

2006年9月4日，穷游被《三联生活周刊》评为"对华人最有用的旅游网站"之一。

2007年2月5日，穷游被《互联网周刊》评为中国30个酷网站之一。

2008年8月6日，穷游站发起主办的《One World，One Card》活动受到媒体高度关注。

2009年2月26日，央视2套财经频道《财富故事会》对穷游详尽的报道，以创办者肖异的创业经历启示人们从网络上寻找商机的灵感。

2010年5月，穷游推出免费、国人原创的中文旅行指南《穷游锦囊》，受到出境自助游客热烈反响。

2012年3月20日，穷游启用全新域名qyer.com，正式开始规模化商业运作。

2012年6月，穷游完成挚信资本投资的数百万美元A轮融资。

2013年3月，穷游推出聚合出境游供应商尾单的平台"穷游折扣"。

2013年6月，穷游完成阿里巴巴领投，挚信资本跟投的千万美元B轮融资。

2013年8月，穷游推出核心产品"行程助手"，帮助出境游用户最方便的制订旅行计划。

2013年12月，穷游被"新浪科技"评为"2013年最佳创业公司"。

2014年2月，穷游创始人肖异被《第一财经周刊》评为"2014年度中国商业创新50人"。

2014年5月，穷游推出基于全部PC端内容的整合型移动应用——穷游App。

2014年5月，穷游与全球最大退税公司环球蓝联（Global Blue）达成合作，推出环球蓝联穷游联名卡，合作旨在为中国出境游人群购物退税便捷更进一步。

2014年6月，穷游与短租鼻祖Airbnb达成独家战略合作，通过这次合作完善其出境游相关业务。

2016年1月，穷游COO表示与阿里合作顺利，正考虑上市，未来不局限旅行范畴。

三、穷游网产品介绍

1. 穷游App

穷游App是一款针对出国自助旅行者量身定做的综合实用旅行应用，内含最专业的出境旅行指南，最新海外目的地信息，最新最全的出境旅行折扣精选，汇总千万旅行者精华游记，随手查看自定义行程计划。并提供签证、保险、机票、酒店预订、租车等服务。

2. 穷游锦囊

穷游至今为止锦囊总数达 300 多份，涵盖 300 多个境外目的地，穷游锦囊全平台总下载量已过亿次。

3. 行程助手

通过智能推荐引擎，帮助旅行者最快捷制订旅行计划并完成相关产品预订的工具，并可以实时同步到 App 且支持导出 PDF。基于千万穷游人的旅行经验，智能推荐全球 20 万目的地，一键添加推荐线路，景点和酒店。基于强大的地图功能查找好玩的景点和美食以及最符合行程。

4. 穷游折扣

穷游折扣是针对穷游用户推出的出境游尾货聚合平台。汇集全球最给力优惠的旅行特价机票、酒店、邮轮等出境游超值折扣精选[①]。

四、2016 年大事记

2016 年 1 月，众信旅游称将通过子公司向穷游网投资 1.62 亿元，交易完成后，子公司将持有标的公司 5.499% 股权；穷游网宣布完成 D 轮融资，获投近 6000 万美元。

2016 年 5 月，穷游网推出旅行生活美学品牌——JNE，同时，穷游出品的文化周边产品将启用这一新的品牌身份；穷游网宣布联合摩登天空、V 电影、科幻星云网 3 家知名品牌，共同启动 2016 "轻年计划" 校园奖学金项目。

2016 年 6 月，穷游网宣布在泰国清迈 Q-Home 开设一家主打 "泰北美食" 的厨艺学校 Q-School，进一步丰富当地互动式体验产品。

2016 年 8 月，穷游网继在清迈开设首家海外中心 Q-Home（穷游海外之家）之后，其在京都的升级版 Q-Home 也于 8 月落户祇园花见小路；咦哈旅行与穷游网完成了深度合作协议的签署，咦哈旅行作为穷游网 "唯一" 的小交通特约商户，已经入驻穷游，正在为穷游的用户提供：海外接机、送机、包车、包车线路等产品的高品质服务；穷游网推出免费 "私人定制" 业务，为出境自由行旅客提供行程规划、低价机票酒店及当地玩乐产品代定、旅行咨询等服务。

2016 年 9 月，穷游网联合多家热门目的地旅游局持续发布各国为中国自助游游客量身定制的 "上瘾当地的 10 大理由"；穷游网宣布旅游行业资深分析师薛蓓蓓正式加盟穷游网，出任穷游网首席战略官，薛蓓蓓上任后将向穷游 CEO 肖异述职。

2016 年 10 月，穷游网 2016JumpDay 大型主题活动在上海开幕，以 "对世界上瘾" 为主题，结合科技、艺术、社交等形式呈现出新奇的旅行体验场景；穷游网与西澳大利亚州旅游局、中国南方航空公司、珀斯机场联合推出 "西澳就是这么非同寻常" 市场活动，旨在将西澳独特非凡的旅游体验展示给更多中国游客。

2016 年 11 月，穷游旗下的 PGC 产品——《穷游锦囊》将与《米其林指南》在

---

① 专访穷游 COO：与阿里合作顺利. 腾讯网. 2016-1-11.

内容、品牌宣传、线下推广活动等多个方面开展深度合作，共同推荐更丰富的"旅行＋美食"新玩法；穷游网与领英（LinkedIn）联合发布《2016中国职场人出境游行为报告》。

2016年12月，穷游网旗下的旅行生活美学品牌JNE发布了与新晋高端运动品牌Particle Fever（粒子狂热）合作打造的联名款系列——JNE×Particle Fever新年限量版男女运动礼盒，这是双方共同开启的一场功能性与运动美学再定义的跨界合作，完美诠释了"让旅行与运动回归生活"的理念。

五、企业解读

1. 多款App满足多样需求

穷游和国内其他的旅游公司不太一样[①]：穷游从成立那天起就专注于出境游。对于出境游业务我们的门槛相对来说高一些，无论是从产品角度还是对于用户体验的打造。穷游的方方面面都围绕"国人旅行者"展开。在产品层面，穷游相继推出"穷游锦囊""穷游""最世界"以及单独App形式推出的"行程助手"，这些产品都是基于中国旅行者在海外自由行过程中的不同需求而针对性推出的。从公司层面来说，主要为出境游的用户提供各方面的咨询和购买方案，相对来说App也是这样的，业务比较复杂。几款App分别有不同的功能，"穷游"整合了网站核心的业务，帮助用户解决行前以及行中的需求；"穷游最世界"提供酒店、机票、签证，当地玩乐产品等折扣信息以及预订购买服务；"行程助手"则是帮助用户做行前规划，复杂性可想而知。

图4-7 多款App界面

[①] 资料来源：网易财经。

2. 业务的复杂性决定需要 APM

业务的复杂性必然会给管理提出更高要求，因为移动 App 不像普通的 Web 在上线后也能实时修复那么简单，对于 App 来说一旦上线后风险就变得非常不可控，尤其是有这么多不同的 App 的情况下，因此就需要用监控的手段对性能问题进行严格把控。

3. API 接口、错误率

App 的核心在于接口。穷游 App 首先最关注的便是 API 接口的响应速度以及错误率。作为一款全球性的 App，用户可能会在日本、东欧、柬埔寨等各种地方使用它，而这其中穷游关心的是用户所处的网络情况以及穷游 App 的接口在各个国家的响应情况，这些因素综合起来会影响 App 自身的性能，像因为接口的问题导致的界面卡顿，网络状况导致的其他问题，甚至是 App 的崩溃，等等。

4. 听云 App 进行保障

网络请求与错误分析

①对当前 App 应用的各类 HTTP 请求提供详细的分析数据，全面了解主机网络性能情况，定位网络性能问题。

②分析应用错误并进行深层追踪，准确展现错误发生的应用环境，快速定位修复问题。

通过听云 App 监控，能看出部分接口在哪块出现了问题，响应时间慢的出处以及原因，这样就可以协助我们优化性能，调试网络。

①可以添加多个核心业务的 url 做为关键元素，单独监控不同环境下的响应时间，吞吐量等性能指标。

②可以精准监控 App 应用程序中关键的业务过程性能，发生性能问题时及时告警。

图 4-8　听云 App——关键元素分析崩溃分析

在不断调试中解决了大部分接口问题后,接入听云 App 的关键元素分析,根据二八原则,将重要的 20% 的接口加入关键元素分析的监控。然后设置一定的阈值,如果出现了问题,听云 App 的报警会第一时间推送给我们,我们就可以及时地去关注和处理这些重要的问题。

①捕获应用崩溃时的异常信息,记录崩溃发生前用户操作轨迹和上下文信息,综合判断崩溃原因。

②融入崩溃管理思想,按照不同的 BUG 类型将崩溃归类,并可以对修复状态加以标注。

对于穷游 App 本身性能的问题,交互轨迹复现的功能能更专注地解决:通过界面的展现可以发现某个时间点内发生的 BUG 与崩溃情况,还原该时段内真实用户使用 App 时触发崩溃的场景,发现引发崩溃的代码,进而可以逐步修复。

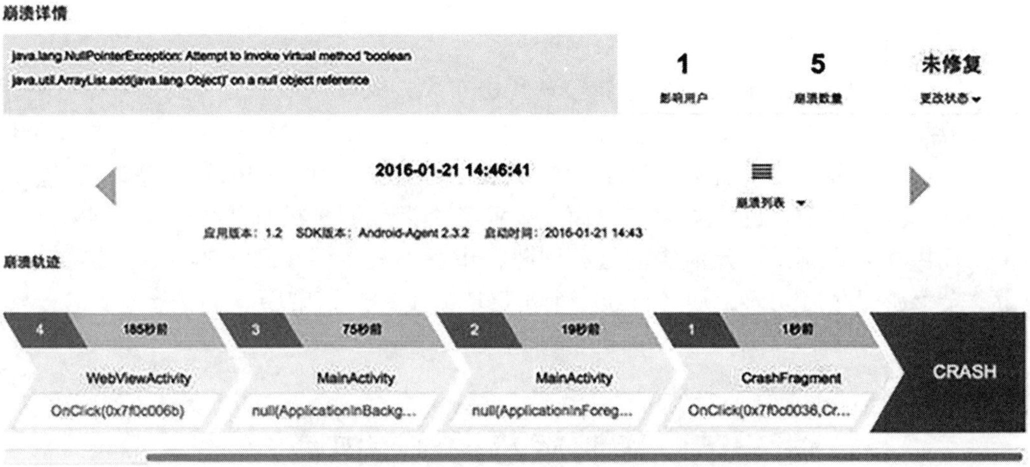

图 4-9 听云 App——崩溃交互轨迹复现

资料来源:网易财经,http://money.163.com/16/0311/14/BHSP4IA400253B0H.html.

第五章
垂直细分型旅游电商介绍及企业解读

"互联网+"时代背景下,旅游公司积极布局,探索新型商业模式。本报告将垂直细分型旅游电商单独划出,主要包括三类:定制旅游类、垂直搜索引擎类及市场细分类。其中垂直搜索引擎类应与传统OTA相并列,但由于国内发展势头较弱,因此一同归为本章节。此大类旅游电商主要业务类型或服务模式较为专一,如定制类主要提供私人定制或半定制类的旅游服务,市场细分专门从酒店或景区门票或亲子游、全家游等角度切入,通过打通一个卖点挖掘用户开拓市场。

第一节 定制旅游类旅游电商介绍

私人定制旅游是一种国外非常流行的旅游方式,是根据旅游者的需求,以旅游者为主导进行旅游行动流程的设计。通俗地说就是根据自己的喜好和需求定制行程的旅行方式。这种模式在业界的特点就是弱化了或者去除了中间商。能够给旅游者带来最个性化的服务。其已经引入中国,处于发展阶段。

目前定制游衍生出一种更高形态的旅行方式,创意高端私人定制旅游。早期的定制游对游客有较高的要求,一般需要游客对旅行目的地有一定的了解和认识,并自行提出初步的旅行方案。而目前欧美主流的创意定制游则更加地注重享受。游客并不需要对目的地有太多的了解,甚至可以不明确目的地,创意定制的服务机构了解游客的个体特征,如兴趣爱好,出行人的情况和预算,即可为出行人创造出一系列极具特色的创意行程。比如针对喜欢冒险的游客,设计出007新邦德角色真实体验之旅;针对单身出行的男女,设计出莎翁式英伦浪漫交友之旅;针对全家出行的群体，设计出爸爸去哪儿之英国站的亲子行程[①]等。

目前国内各大定制旅行网可以定制的主题有：豪华游艇之旅、直升机旅游、摄影之旅、极地之旅、环保之旅、海岛蜜月、婚礼假期、古堡会议、高尔夫假期、酒庄品酒之旅、奢华钟表之旅、时尚之旅等，囊括了海陆空三维一体化的专业私人定制旅行。相较于传统的旅游方式，私人定制旅游更舒心、更方便，但由于从前期的行程安排到后期的出行对服务水平均有较高要求，定制旅游模式较重，因此较难切入市场。现定制旅游类电商代表企业主要有6人游旅行网、指南猫、哈达旅行等，本章节以6人游旅行网为案例进行介绍。

第二节　6人游

一、6人游旅行网介绍

2013年6月6日，6人游旅行网正式上线运营。6人游旅行网隶属于北京六人游国际旅行社有限公司。打造"为爱出行"：专为家庭，朋友，情侣间的旅行，提供私家小团精品游。打造高品质的旅行产品，解决传统跟团游和自由行存在的问题，将旅行服务做到臻善臻美。6人游旅行网将资源进行整合开发，设计定制专属6人游旅行网：标准化，半标准化和特色旅行产品。让6人游的用户可以自主选择旅行产品，也可以1对1量身定制。6人游旅行网，拥有大量互联网精准旅游类用户流量，代运营酷讯、搜狗、金山的度假业务以及搜狐线路频道、360旅游频道等部分业务。

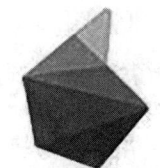

2014年7月7日，6人游旅行网品牌视觉、理念全面升级，LOGO形态结构灵动，布局均衡。相互支撑，相互联系。即棱角分明，又圆润流畅。新LOGO外形主体为抽象的数字6，由不同颜色，大小的板块组成；6是3+3，也是2+2+2更是6个1，象征着两对家庭、三对情侣、六个个体，他们相互联系，相互依存，共同构成组成了6人游；6个板块颜色近似但各自又不同，好像一个完整的人。他的生活就是由亲情、友情、爱情相互交织在一起。而每个个体的自己，又是年龄、性别、性格的共同体；LOGO颜色为绿色的渐变，代表了从广袤的草原，到苍翠的森林，从无限的蓝天，到深邃的大海。不同角度的三角板块，象征着错落的高山、交织的天际、蔚蓝的海岸，生命的绿色贯穿始终，生命的深度不断延展。绿色的主体，代表了生活纯粹的本质，丰富的渐变，代表了多元化的生活；整体看来，数字6的造型

---

① 资料来源：私人定制_定制旅游_自由行—旅行帮。

中，没有一条线是水平的，但是他的整体却稳定而平和。代表了一种饱满的个性。这是自由独立的精神释放，也是新的生活方式的演绎。是在矛盾与个性中追求完美的平衡。标识中，六个大小、颜色不同的板块，巧妙地组合成数字6。相互衬托，相互联系。代表了6人游的专业团队，完美组合，密切合作，共同托起6人游的未来。

二、2016年企业事件

2016年1月，6人游在App上线不到一个月宣布获得了达晨创投新一轮融资；原搜狐旅游主编李妍加盟并负责6人游的用户运营等工作。

2016年2月，6人游旅行网发布2015年定制旅游报告。

2016年3月，定制旅游网站6人游旅行网联合多家出品方拍摄的真人秀《伴旅》第一季迪拜站已制作完成；联合互联网证券方向的创业公司牛股王，联合招募全球限量版的定制之旅——巴菲特股东大会。

2016年4月，6人游旅行网受邀参加了首届宜信财富尊享年会；6人游旅行网旗下独立同业品牌——新定制（www.newdingzhi.com）上线；6人游旅行网推出以非标准化需求为导向的B2B（商务对商务）"订单管理系统"。

2016年5月，"6人游旅行网"对外宣布完成天使轮股份回购，险峰华兴和泰山兄弟最终以1~3倍的回报退出。6人游从2015年7月开始拆除VIE结构回归国内市场进行回购谈判，得到了美元投资人的大力支持；6人游旅行网联合腾讯视频展开战略合作，前往戛纳电影节进行全方位的视频直播报道。

2016年7月，6人游《伴旅》第二季收官 以真人秀换取品牌效应。

2016年8月，6人游推海德路达前进号前往南极 实现大众极地梦想。

2016年9月，由北京青眼文化传媒有限公司，同"定制旅游 就找6人游"的定制旅游网站6人游旅行网联合出品，腾讯视频独播的《美丽帮》第二季上线发布会在京召开。

2016年10月，6人游登录新三板在即，资本寒冬下获2500万融资。

2016年11月，耗资千万打造品牌广告，旨在凸显6人游解决跟团游痛点的能力，让更多游客认同定制旅游概念，并享受到6人游提供的贴心服务。

2016年12月，6人游"送加班妹子回家"，零成本打造现象级营销。

三、企业分析

1. 不打价格战

6人游定制旅游作为以用户需求为导向的非标准化旅游服务，首先就把旅游服务定为核心竞争力，在定制旅行体验中所涉及的所有价格也在系统中更加透明，在为用户提供高品质旅游服务的前提下收取合理的服务费。因此6人游的每一个订单都不会做任何贴补，也不会参与价格战，价格战只会降低服务品质。

2. 对公司价值进行合理评估

美国资本市场相对更看中高速成长型业务，纯互联网或者互联网信息服务，而6人游属于服务型公司，通过互联网改善定制旅行行业效率和服务标准，商业的本质依然还是传统旅游服务。从另外一方面，6人游是面对大众富裕阶层的消费升级，和中国资本市场的投资者也非常匹配。回归国内市场可以将估值调整到更加理性的范围，为投资者提供更大的增长空间。在完成两家天使轮股份回购后，6人游的核心团队持股比例接近70%，对公司发展方向和资本对接的控制力大大加强。此外，人民币市场对公司估值的合理性以及盈利预期更加看中，在2015年10月，完成达晨创投的B轮融资后，6人游估值确定为1.7亿元人民币，相对很多初创在线旅游公司更加理性。

第六章 垂直搜索引擎类旅游电商

第一节 旅游垂直搜索引擎平台简介

垂直搜索是针对某一个行业的专业搜索引擎,是搜索引擎的细分和延伸,是对网页库中的某类专门的信息进行一次整合,定向分字段抽取出需要的数据进行处理后再以某种形式返回给用户。垂直搜索引擎和普通的网页搜索引擎的最大区别是对网页信息进行了结构化信息抽取,也就是将网页的非结构化数据抽取成特定的结构化信息数据,好比网页搜索是以网页为最小单位,基于视觉的网页块分析是以网页块为最小单位,而垂直搜索是以结构化数据为最小单位。然后将这些数据存储到数据库,进行进一步的加工处理,如:去重、分类等,最后分词、索引再以搜索的方式满足用户的需求。

旅游垂直搜索引擎类在线旅游服务平台是利用搜索引擎技术,使游客通过旅游产品的比对,根据对旅游产品的需求链接到相关网站完成交易,有效降低了游客获取信息的时间成本。旅游垂直搜索引擎同时也面临着发展问题。其一,垂直搜索在与综合搜索的竞争中并不占优势,往往被收购或只是在一些细分领域占有一隅之地。其二,垂直搜索的进入门槛很低,缺乏技术优势。其三,面临着大型OTA的市场掠夺,生存力较弱,单纯的垂直搜索模式或将面临成长瓶颈,需要进行模式拓展或依附于强势平台。以去哪儿为代表,其早已向综合性OTA成功转型,酷讯旅游凭借国内领先的垂直搜索技术,为旅行消费者提供国内外机票、酒店、火车票、度假和旅游指南的专业搜索服务,并利用先进的数据挖掘和智能推荐等技术手段,通过实时整合、辨识、处理海量旅行产品数据,为用户提供最新最准确的旅行产品价格和信息,从而帮助用户高效地比较选择适合自己的旅行产品。

第二节　酷讯旅游网

一、企业简介

酷讯旅游网是中国领先的在线旅游媒体，是全球最大在线旅游媒体 TripAdvisor 旗下企业。公司创立于 2006 年初，总部位于北京。酷讯旅游网（www.kuxun.cn）是中国领先的在线旅游媒体。公司创立于 2006 年初，总部位于北京。酷讯旅游网凭借国内领先的垂直搜索技术，为旅行消费者提供国内外机票、酒店、度假和火车票的专业搜索服务，并利用先进的数据挖掘和智能推荐等技术手段，为用户提供最新、最准确的旅行产品价格和信息，从而帮助用户一站式高效地比较选择适合自己的旅行产品。酷讯旅游网可以实时搜索全部航空公司官网，覆盖全国的最便宜的机票，超过千万的酒店评论，还有火车票产品，帮助用户一站式获取全方位有效的旅游产品信息，目前，酷讯旅游月度访问量已突破 5500 万。

伴随着互联网应用以及中国旅游产业的蓬勃发展，酷讯旅游网作为中国领先的旅游媒体网站，已经被亿万旅游消费者广泛接受并喜爱，也逐渐成为众多旅行人士的首选互联网站点，帮助用户得到更好的旅行体验。同时，作为中国最具影响力的在线旅游媒体之一，酷讯旅游网同样得到来自航空公司、大型酒店集团、各地旅游局及景区广泛赞誉，他们将酷讯旅游网视为其拓宽业务以及吸引消费者最有效的平台[①]。

二、发展历程

2011 年 12 月，酷讯旅游网母公司 TripAdvisor 在纳斯达克成功上市[②]。

2011 年 4 月，首家推出新兴职业——旅游体验师，体现构建意见领袖为核心的社会化价值。

2011 年 1 月，发布 2011 全新策略，启用了新的"游鱼"企业标识，由"酷讯网"更名为"酷讯旅游网"，旨在强化在线旅游媒体定位，帮助用户更轻松地识别及使用酷讯的产品与服务。

---

① 资料来源：http://home.kuxun.cn/about/。
② 资料来源：百度百科。

2009年10月，酷讯旅游网成为最大的在线旅游服务公司Expedia及全球最大旅游社区TripAdvisor旗下企业。

2009年3月，酷讯旅游网购得kuxun域名，同期发布新的企业标识。

2007年12月，与北京大学共同合建"中国人生活搜索行为研究中心"，这是即微软、Intel、TCL、百度之后，北大的第5位合作伙伴，也是中国垂直搜索第一位代表，至此全面奠定了酷讯在中国垂直搜索暨生活搜索领域无可动摇的领军地位。

2007年7月，Kooxoo推出国内第一个全旅游搜索引擎。

2006年3月，成立北京酷讯科技有限公司。

2006年1月，Kooxoo上线，推出第一个产品"火车票转让信息搜索"。

2015年8月19日，美团完成整体收购TripAdvisor旗下的酷讯旅游网。

三、产品介绍

酷讯旅游网以不断创新的产品和技术，凸显旅游新媒体的价值定位；以"人人都是旅游体验师"构建意见领袖为核心的社会化媒体价值，坚持垂直搜索，围绕用户需求，提供机票、酒店、度假等旅游信息服务。

1. 酷讯机票（经济、便捷、安全）

酷讯机票搜索是目前国内最先进的专业机票搜索引擎，可以实时搜索国内所有航空公司官网，以及数百家具备合法资质的航空代理服务商网站，帮助用户快速找到最便宜最安全的特价机票。

价格趋势——帮你预先掌握未来机票价格走势。

特价预约——随时随地告诉你最便宜的价格。

服务保障联盟——保证让你买票过程安全顺利。

航班动态跟踪——随时掌握航班动态变化。

2. 酷讯酒店

酷讯酒店搜索是国内酒店信息数据量最大的酒店查询工具，可以实时搜索国内近10万家酒店，数百万酒店促销、位置、图片以及用户评论信息。帮助用户全方位了解各地酒店，并且帮助其做出最佳选择。

酒店评论——汇聚数百万消费评价。

360度全景图——最真实的虚拟酒店展示。

酒店地图——酒店周边及交通一览无余。

智能筛选——帮助你最快找到你要的酒店。

3. 酷讯火车票

酷讯火车票搜索是目前国内用户量最大的火车票查询工具，每年查询用户量超过1亿。酷讯火车票搜索可以提供最新最准确的列车时刻表信息。

4. 酷讯一起玩

酷讯"一起玩"社区全方位整合了机票、酒店、度假等旅游资源，在制订旅行计划的同时，还能让拥有旅游经验的酷讯旅游体验师给您的旅行提旅游建议，充分体现社会化媒体价值。"一起玩"社区倡导人人都是旅游体验师的理念,构建意见领袖为核心的社会化价值,传播旅游文化,通过旅游基金、免费住宿、免费门票、甚至全程免费旅游的支持,鼓励网友分享旅游行程,给更多旅游爱好者提供最真实最有价值的参考。每天,60万用户在"一起玩"社区查看旅游攻略,制订旅行计划;可以一键备忘重要信息,还能让旅游体验师给您提供专业建议。有超过两万名用户通过一起玩社区制订了超过 14 000 份旅行计划,有超过 2 万名网友在一起玩社区分享了超过 16 000 份非常实用的旅游攻略。这里已经认证 2 千名旅游体验师,向你分享他们的旅游智慧;这里每年有 1000 万的旅游基金。

5. 酷讯旅游指南

酷讯旅游指南实时搜索数百万驴友的旅游日志以及旅游攻略,可以让用户最直接最深入最真实地了解国内外旅游目的地的风土人情,从而帮助用户更好地计划和设计自己的旅行。

目的地排行——分析数百万驴友感受的真实榜单。

每日游礼——天天送出去的惊喜。

6. 酷讯度假

酷讯度假汇集了数百家知名旅行社的最新旅游线路信息,包括自由行、旅行团路线,数千条各具特色的旅游线路为用户提供了丰富的选择;酷讯度假还为用户提供线路筛选和比较工具以便锁定最适合自己、性价比最高的旅游线路。

旅游流行趋势——为用户提供最新潮、最好玩的旅游趋势。

游特惠——提供最后库存、反季节、促销等特价旅游产品。

主推线路——提供旅行社主推线路,享受最佳旅游体验。

7. 酷讯手机客户端

酷讯手机客户端致力于为手机用户提供更便捷更有效的旅游外出软件,支持 iPhone、Android 两大手机平台。

目前的产品有:旅游宝典、酷讯机票、超级火车票、一起玩客户端、经济连锁酒店、墨尔本攻略。

第七章 市场细分类旅游电商

第一节 市场细分类旅游电商

国内在线旅游网站是从 300 多家的混战，发展到今天互联网巨头携程系、阿里巴巴、新美大的三足鼎立。携程先后参股或收购了途牛、同程、艺龙、去哪儿等，一举拿下行业第一；阿里自建平台——去啊，吸引途牛、驴妈妈等第三阵营 OTA 加入，同时拉拢传统旅行社，从酒店上游、机票的销售模式等切入；而美团与大众点评的合并，未来必将在酒店、旅游、交通票务业务发力追赶。在线旅游高速发展的同时也存在着不少的问题，如产品服务同质化，缺乏明显特色，用户黏性不高。在线旅游地域发展不平衡，国际化进程缓慢等问题同样存在。此外，在线旅游平台普遍存在商业化困难，网站盈利问题一直如鲠在喉，营收问题应尽快解决；以及互联网企业本身的技术开发及更迭也是重要影响因素，技术的完善会带来整合资讯和产品方面的提升，给用户带来更好的使用体验。旅游行业进入门槛较低，随着更多的资本注入，越来越多的新兴旅游平台出现，且多以细分类市场切入，此类企业的模式也大多为与线下达成协议，赚取佣金进行盈利。如专注于住宿业的途家、小猪短租，以韩国住宿切入的喊你玩旅行网，专注周边游的要出发网；专注于境外海岛游的趣旅网等。本章节以途家为案例进行介绍。

第二节 途家网介绍

一、途家网介绍

途家网，系全球公寓民宿预订平台，于 2011 年 12 月 1 日正式上线。作为中国民宅分享的引领者，途家致力于为房客提供丰富优质的、更具家庭氛围的出行住宿体验，又为房东提供高收益且有保障的闲置房屋分享平台。提供服务公寓、度假公寓、别墅、客栈、民宿等各类度假租赁产品的在线搜索、查询和交易服务。2011年12月初，高端度假公寓平台途家网正式开通三亚业务，途家网通过国际领先的O2O模式，线上提供旅游地高端度假公寓和别墅的在线查询和预订服务；呼叫中心提供7×24小时客户服务；线下提供五星级酒店标准的分布式度假公寓服务。

途家网是为游客提供高品质度假公寓的在线平台。游客可以通过途家网站搜索知名旅游城市的度假公寓，在线查询周边情况并成功预订。途家的度假公寓范围广、位置好、数量多、房型多样、信息翔实，并可为游客提供当地细心专业的管家式服务，满足不同游客的个性化需求，适合全家出行、自由行、深度旅行和休闲养老。途家网在游客和业主之间搭起了一个诚信可靠、灵活透明的电子商务平台。通过实时管理房屋的系统，为业主提供房屋养护服务的在线实时查询；为游客提供了在线查询、预订度假公寓等其他旅行服务的平台。途家网首期上线的房源主要是来自亚龙湾、大东海、三亚湾的别墅和海景公寓，一线海景房为主，客房内全部五星级酒店标准配置；房间统一优化，配套设施高档齐全周边环境优雅，满足中高端家庭度假需要。

二、发展历程

2011年12月1日，国内首家中高端度假公寓预订平台途家网正式上线。
2011年12月7日，途家网与携程网战略合作正式上线。
2011年12月28日，途家网业主网站上线。
2012年1月16日，三亚和泓假日阳光携手途家签订战略合作协议。
2012年1月17日，"三亚中铁伲悦薹"成功签约途家。
2012年2月10日，途家网除三亚外多个城市上线。
2012年4月1日，旅游地产巨头世茂集团与途家战略合作签约启动全国扩张计划。
2012年4月5日，途家网获2011最佳旅行服务商大奖。
2012年4月26日，南京久大集团成功签约途家首家自营品牌温泉度假公寓项目。
2012年5月16日，途家网获全球四家著名机构联合注资。
2012年5月17日，途家青岛推介会：暨青岛世茂、天泰两巨头签约途家。
2012年5月18日，"途家"登录烟台"金钥匙"，打开旅游地产新大门。
2012年5月20日，途家威海推介会：旅游地产的"金钥匙"。
2012年5月22日，重量级房产开发集团龙湖地产成功签约途家。

2012年7月9日，途家联合主办博鳌21世纪房产论坛，点亮2012地产"奥斯卡"。
2012年7月9日，途家海南推介：扬帆旅游地产，引领高品质度假生活。
2012年7月9日，金都眠尚国际在福建率先引进途家服务。
2012年7月16日，途家度假公寓酒店管理系统上线。
2012年7月25日，杭州推介会：途家模式助推浙江旅游度假地产。
2012年7月28日，福建招商地产愠达凯斯成功签约途家。
2012年8月4日，途家与广西保利签署战略合作协议。
2012年8月18日，途家与杭州中天缠城纪签署管家、托管合作协议。
2012年8月20日，途家与大连远洋广场签署管家、托管合作协议。
2012年8月25日，途家与富力 & 世茂威尼斯湾项目在深圳举行签约仪式。
2012年9月1日，途家与首创澜茵山项目在北京举行签约仪式。
2012年9月5日，途家与江苏金沙（商务）广场签署管家、托管合作协议。
2012年9月8日，途家与南宁嘉和集团举行签约仪式。
2012年9月11日，玩赚不动产，引爆新旅游。途家上海推介会成功举办。
2012年9月12日，途家与烟台栖霞苹果高尔夫观澜酒店签署战略合作协议。
2012年9月19日，途家与青岛海上明月城项目签署管家合作协议。
2012年9月20日，途家与海南长滩雨林项目签署托管合作协议。
2012年9月20日，途家与龙湖时代天街签署托管合作协议。
2012年9月25日，帝景湾与途家强强联手，开启不动产财富新篇章。
2012年10月16日，途家网关注社会公益事业积极助力慈善。
2012年10月17日，环球网中国旅游暨养生地产联盟成立。
2012年10月18日，途家签约首创置业，提升房产售后增值服务。
2012年10月19日，方圆明月山溪牵手途家打造专业托管高端度假公寓。
2012年10月22日，东兴地产签约途家，实现旅游地产全面升级。
2012年10月23日，"好客山东到途家"品牌"诞生"。
2012年11月6日，途家荣获CVAwards 2012年度最具潜力企业100榜。
2012年12月4日，途家网入选《创业邦》年度创新成长企业100强。
2012年12月5日，途家网海外房源上线。
2012年12月24日，途家IOS版手机App上线。
2013年9月12日，途家体验房活动隆重上线。
2015年1月17日，极客公园2015年度最佳技术风尚大奖。
2015年1月17日，途家当选世界O2O博览会理事单位。
2015年2月6日，陕西省旅游局与途家达成战略合作。
2015年4月10日，途家网CEO罗军入选2015年中国最具影响力50位商界领袖。
2015年4月27日，海南航空"途家号"首飞。
2015年4月28日，途家入选GMIC全球移动互联网大会最佳应用TOP50。
2015年5月8日，途家助力第十一届海峡旅游博览会，启动"招募百名台湾店长"计划。

2015年5月21日,途家携手三亚市旅游委、旅游协会成立三亚市旅游协会度假租赁专业委员会。

2015年7月8日,途家参与无忧我房A轮融资,加速布局"非标准住宿"生态链。

2015年8月3日,途家完成D及D+轮3亿美元融资,估值步入10亿美元俱乐部。

2015年8月10日,途家启用全新LOGO形象,诠释"分享与家"理念。

2015年11月16日,云南省旅发委与途家网达成战略合作。

2015年11月18日,"途家号"高铁福州启程。

2015年11月18日,途家网与首开集团达成战略合作。

2015年12月13日,途家荣膺智联招聘2015中国年度最具发展潜力雇主奖。

三、2016年企业事件

2016年2月,途家在日本成立了全额出资子公司日本途家,将进驻日本市场,资本金为500万日元。

2016年3月,雅诗阁携手途家网开创大众旅游时代,合资品牌"途家盛捷"揭幕。

2016年5月,家纺行业巨头梦洁家纺旗下的梦洁宝贝牵手途家网,双方将在10个城市打造100多个主题空间,并在销售、渠道、营销等多个层面进行全方位的牵手,为用户的旅途提供安全、舒适、特色的家一般的体验。

2016年6月,途家网全资收购蚂蚁短租,58同城成为前者股东。

2016年9月,途家网携手东方网打造短租经营者孵化平台"先途";同程旅游与途家网达成战略合作,共拓中老年旅游市场。

2016年10月,途家网宣布与携程旅行网、去哪儿网达成战略协议,并购携程旅行网、去哪儿网旗下公寓民宿业务;途家网联合创始人兼CEO罗军在内部信中宣布成立"一大机构、两大运营公司"及多项人事任命,新任公司管理层成员将负责公司战略规划、整体运营、财务预算、品牌营销、资源调配及人事激励制度。

2016年11月,途家受邀亮相第三届世界互联网大会,并向全世界展现了中国的住宿分享理念;光大银行与途家网联合推出光大途家联名信用卡。

2016年12月,首开股份与途家网签订了《集团战略合作框架协议》。双方将进行全国性战略联盟,公司可将旗下房地产项目与途家网全面开展合作。

四、融资情况

A轮融资[①]

2012年5月,上线仅5个月的国内首家中高端度假公寓预订平台途家网宣布

---

① 资料来源:百度百科。

A轮融资已完成，领投方为光速创投，鼎晖、携程网以及全球度假公寓行业巨头 HomeAway 参与投资，具体金额并未透露。

B 轮融资

2013 年 2 月，途家网已完成了 B 轮融资，融资方主要来自纪源资本、光速创投、鼎晖投资、启明创投和宽带资本，以及携程网和全球度假公寓行业巨头 HomeAway，其中，华兴资本担任本次融资的独家财务顾问。不过，其并未透露具体的融资金额，但称 A、B 两轮融资合计金额为 4 亿元人民币。

C 轮融资

2014 年 6 月，度假租赁平台途家网宣布已完成 1 亿美元 C 轮融资。此次途家网 C 轮融资有超过 100 多家投资机构共同投资，前两轮的 7 家投资机构，包括纪源资本、光速安振、鼎晖投资、启明创投和宽带资本，以及携程网、HomeAway 均跟进投资。本轮融资用于途家网战略性业务拓展与布局。

D 轮融资

2015 年 8 月，途家网完成 D 及 D+ 轮融资，新一轮融资 3 亿美元，估值超 10 亿美元。本轮融资由 All-Stars Investment 领投。

五、产品服务

途家业主产品主要有途家·管家和途家·托管。

1. 途家·管家

途家·管家服务采用美国斯维登（Sweetome）酒店管理体系，由诸多来自五星级酒店客房管理经验的行政总管组成的专业团队现场运营，提供先进、高效、完善标准化的服务，为异地不动产持有者提供入户管家服务，并实现维护照片实时在线更新，成为业主贴心的房屋保姆，使身在异地的业主随时掌握房屋及周边环境动态。同时，途家·管家为业主及其亲朋好友的入住提供了一系列贴心的定制服务。如房间特色布置、机场接送、保姆家政、物品代购、设备维修等。

途家·管家采用透明化管理模式，为业主提供基于互联网的个性化专属平台。此外，途家·管家秉承传统管家理念，绝对保护业主的私人信息不受侵犯。

2. 途家·托管

途家·托管服务是在不改变业主房屋产权的情况下，将房屋按照斯维登（Sweetome）五星级酒店客房标准整理、优化，专业的管家服务，保持房屋最佳状态，常住常新。并凭借成熟稳定的电子商务平台大量专业的市场推广，将不动产价值发挥到最大，短期获得可观回报。同时，途家定期提供专业的市场监控、经营报告和增值营销建议，实现业主闲置的房屋灵活增值。途家网领先的技术平台，公开透明，业主可随时掌握房屋托管的最新状况，自住、出租，方便灵活，不受任何限制，可充分享受物业。房屋托管的业主，也可以通过途家在线平台交换其他旅游地的度假公寓的居住权，轻松出行。

六、企业优势

1. 高性价比

所有公寓或者别墅均位于高档社区,无敌海景精装,价值几百万甚至千万的房子,而游客每晚房费只有几百元。

2. "门对门"式接机服务

在机场设置了酒店大堂,途家专车,方便直达房间。

3. 快速退房

游客入住途家网旗下的斯维登酒店度假公寓,在机场或斯维登总部前台即可办理入住和退房手续,无须等候查房。

4. 智能门锁

所有度假公寓或别墅,统一采用智能化电子门锁,让游客更加放心入住。

5. 详尽的客房指南

在所有房间配备详细的小区介绍、周边服务推荐、房间所在地区的衣、食、住、行指南。

6. 居家式度假体验

中高端度假公寓室内设备齐全,方便洗衣、做饭,随时可以为家人烹调海鲜大餐。

7. 个性化服务

为游客提供了贴心专业的管家式服务,包括:保姆家政、全程专职司机陪同、厨师上门服务等[1]。

---

[1] 资料来源:http://baike.baidu.com/link?url=fFkAIZsVEFhJ6Od-QZE2xMvGojajz6e5boBgR2mRRYKHMac8bFmnrhIrbkJA1DUkf_rvaqizXEuG0byIVSjBZ5JaD1URUbh-1-tn6AK0Oc1VdQYB-0ASZNjp4TtdRZRZ.

第八章 传统旅行社在线发展篇

2016年,旅行服务业供给侧改革持续深化,现代服务业特征凸显。旅行服务业在资本、技术双重驱动下,行业结构持续演化,通过资本重组谋求转型升级,供给侧结构性改革进一步深化。旅行服务新业态特点是"互联网+旅游",线上线下融合、全球供应链整合,旅游产业链进一步优化,现代服务业特征凸显。市场规模稳步增长、结构趋于优化,大众旅游市场基础更加厚实。根据国家旅游局数据中心数据,2016年全年实现国内旅游44.4亿人次,比上年同期增长11%;入出境旅游2.6亿人次,增长3.9%;全年实现旅游总收入4.69万亿元,增长13.6%[1]。国内旅游需求持续释放潜能,旅游人均花费稳步上升,旅行社组织国内游客占比不断下滑,散客化、自由行趋势更加明显。

自2015年起,旅游产业线上与线下企业渗透与融合加剧,不少互联网旅游企业加速落地,与此同时不少传统的旅行社巨头也在积极拥抱线上。线下方面,目前来看,旅游产业线上线下加速融合可分为三种模式:①线下资源+线上平台;②综合资源+线上平台;③线上渠道+线下渠道[2]。互联网旅游在经历了2014年的市场发酵,2015年的大爆发,2016年的持续发展后,未来旅游企业线上线下的双向互动及融合依旧是必然趋势。

第一节 2016年传统旅行社发展概况

一、2016年全国旅行社行业发展概况

产业规模方面,近十年来,我国旅行社规模不断扩大,但增长趋势变缓。2005—2016年全国旅行社数量见图8-1。国家旅游局《2016年中国旅游业统计公报》数据

---

[1] 2016年中国旅游业统计公报. http://www.cnta.gov.cn/zwgk/lysj/201711/t20171108_846343.shtml,2017-11-08.

[2] 2016年"互联网+旅游"行业八大趋势. http://www.traveldaily.cn/article/97475,2015-12-07.

显示，截至2016年底，全国旅行社总数为27 939家，比上年末增长1.2%。全国旅行社资产总额1277.9亿元，比上年下降4.8%；各类旅行社共实现营业收入4643.1亿元，比上年增长10.8%；营业税金及附加10.4亿元，比上年下降35.4%。从旅行社业务经营主体（包括以旅行社部门、办事处等形式存在的旅行社企业组织，及会展机构、网站、俱乐部等未取得旅行社经营权的经营实体）的角度来看，目前全国实际的旅行社业务经营主体超过7万家，这些产业组织共同构成了现代旅行服务业的主体[①]。

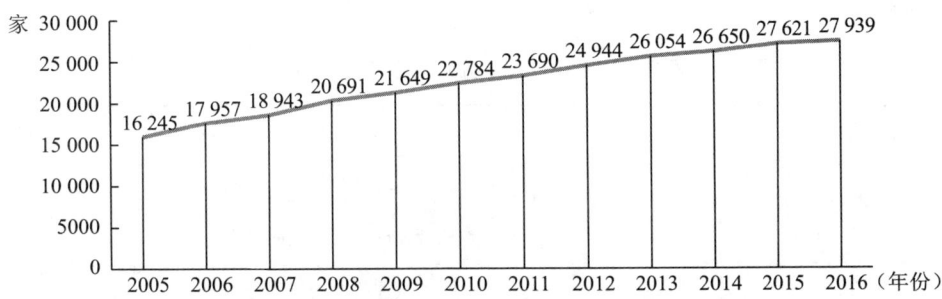

图 8-1　2005—2016年全国旅行社数量

资料来源：国家旅游局官网

产业绩效方面，近十年，我国旅行社收入额总体呈上升趋势。截至2016年底，2015年年报已披露完毕。报告显示，旅行社行业共有5家上市公司，2015年全国旅行社营业收入达4189.01亿元，同比增长3.96%；营业成本为3901.77亿元，同比增长2.08%；营业利润为18.60亿元，同比减少29.41%；利润总额为21.88亿元，同比减少34.14%；营业税金及附加16.12亿元，同比减少2.89%；所得税为8.58亿元，同比增长13.49%；旅游业务营业收入为3747.77亿元，同比增长10.29%；旅游业务利润为198.79亿元，同比增长16.72%。2005—2015年全国旅行社营业收入总额如图8-2。

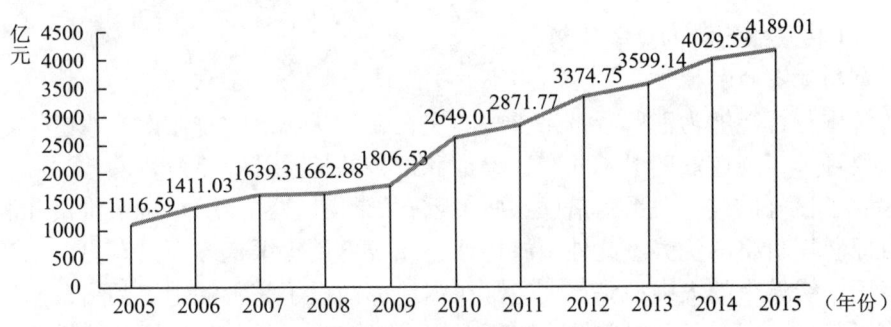

图 8-2　2005—2015年全国旅行社营业收入总额

资料来源：国家旅游局官网

---

① 中国旅行服务业年度报告. http://travel.sohu.com/20151110/n425873776.shtml，2015-11-10.

按营业收入排名，五大上市旅行社中，中国国旅2015年营业收入达212.92亿元，位居行业第一；中青旅和众信旅游分别以105.77亿元和83.70亿元，分列第二、第三位。

2016年12月，国家旅游局公布了2015年全国百强旅行社和2015年全国入境三十强旅行社名单。众信、春秋国旅、中青旅、凯撒旅游等传统旅行社分别进入前十名，而OTA在前十名中只有携程一个席位。纵观整个百强名单，传统旅行社占据了大部分席位。

表8-1　2015年全国百强旅行社TOP10

位次	旅行社名称
1	北京众信国际旅行社股份有限公司
2	上海春秋国际旅行社（集团）有限公司
3	中青旅控股股份有限公司
4	北京凯撒国际旅行社有限责任公司
5	上海携程国际旅行社有限公司
6	竹园国际旅行社有限公司
7	广州广之旅国际旅行社股份有限公司
8	中青博联整合营销顾问股份有限公司
9	中国国际旅行社总社有限公司
10	广东省中国旅行社股份有限公司

二、"互联网+"时代，传统旅行社优劣势分析

（一）传统旅行社的竞争优势

1. 市场资源的掌控

传统旅行社能够为消费者带来更多实实在在的优惠。它是旅游产业链中承上启下的重要环节，与产业链上游的交通渠道和下游的地接社、旅游目的地酒店等供应商都建立了良好的合作关系，借助这些关系，旅行社往往能够在机票价格和酒店价格等方面获得价格的优势。此外，旅行社还在线下销售渠道方面具有更大的竞争优势。我国一线城市的大中型旅行社通常在本地都铺设了完善的销售网络，与客户面对面沟通甚至上门服务，提前解决旅行过程中可能出现的各种问题，能够为本地客户提供更好的服务。

2. 品牌力量

传统旅行社与新兴的挑战对手相比，在其市场范围内拥有更高的品牌认知度，通过前几十年发展积累下来的良好口碑和资源为传统旅行社在市场竞争中奠定了坚

实的品牌信任度，树立了信赖的品牌形象。

3. 人才优势

传统旅行社的旅游人才资源较在线旅游运营商更为雄厚，而旅游产品的关键还是人，包括线路设计、操作、销售等方面的人才是传统旅行社在市场竞争中重要的资本之一。

（二）传统旅行社的竞争劣势

与新兴的在线旅游运营商相比，传统旅行社的竞争劣势也很明显。

1. 运营成本的上涨

旅行社目前仍然以传统的门店销售为主要销售渠道，门店人员数量必定增加，而人力成本和门店租金成本会随着经济的发展不断上涨。这就导致了旅行社运营成本的不断增加，挤压了旅行社的盈利空间。

2. 经营模式的僵化

传统旅行社办公地点固定，办公程序和经营模式僵硬，在讲究速度与变革的现代社会，一成不变的业务操作模式使其流失大量年轻人的旅游消费市场。

3. 宣传效果不理想

因为传统旅行社的作业模式僵化，旅游产品的宣传与介绍多基于传统模式。较少地利用互联网等信息系统来辅助业务的宣传，产品宣传投放率较在线旅游运营商要低，进而导致收客情况不理想。

（三）传统旅行社的"互联网 +"之路

旅游市场的发展离不开传统旅行社，传统旅行社多年来的市场价值与地位举足轻重。在如今这个资源共享的信息时代，传统旅行社首先要和互联网接轨，运用智能优化的应用软件，方便快捷地为消费者提供最及时的旅游信息，更好地满足消费者需要。但在互联网营销上，需做到网上信息与实际的旅游产品保持高度一致。线下服务有专人跟进，服务及时，准确。传统旅行社在市场中成功转型需要充分利用前几十年所积累的资源和经验，通过与全国各地旅行社和地接代理商的合作，使服务延伸到全世界各地，让消费者感受到跨地域的贴心服务。

三、2016年传统旅行社在线发展概况

（一）传统旅行社的发展困境与革新

近十几年来，随着互联网和移动网络等新技术广泛应用、旅游业市场化程度的加深以及竞争手段的不断更新，旅游业无论是在前端的旅游消费需求，还是后端的资源供给，都在快速发生改变。一个游客的旅游全过程，包括"咨询、决策、报名、参团、支付、旅途、反馈"等一系列环节。传统旅行社，本是一个不创建景点也不拥有酒店的中间服务机构，提供出行信息和服务，靠门店与消费者联系起来，游客出游的所有环节都与旅行社门店直接接触。旅行社遇上了互联网时代的OTA，曾经的营收壁垒被互联网攻破。信息化的演进，智能终端的普及，使传统旅行社依赖基础信息不对称获利的经营模式被瓦解、分裂，市场存在的合法性逐渐消失殆

尽。受在线旅游的冲击，传统旅行社处于市场份额被挤压、利润缩减的窘境。互联网的本质是去中间化，"互联网+"出现在旅游中，在游前、游中、游后发挥独特优势，通过线上信息展示、营销、互动、决策、预订、支付等作用，形成线上线下服务体验的闭环过程。过去人们通过门市—组团社—销售公司—地接社—导游5个渠道来实现旅行，现在借助互联网就优化了前面4个步骤，而且让信息更加对称。

如今，同程、途牛等在线旅游企业抢滩线下市场，积极布局线下门店。同程已布局线下门店近100家，途牛则已在多座城市设立了百余家服务中心。传统旅行社一直以来都采用线下经营的模式，在互联网思潮向全行业渗透的背景下，走向"互联网+旅行社"的路是必然选择。凯撒国旅推出旅游体验店，用O2O的运营模式拓展业务，推动旅游服务业发展，用品质赢得客户，在行业中处于领先地位。春秋旅游网接入定制游、签证、机票等服务，不断完善传统线上模式，发力行业转型，起到标杆的作用。众信旅游全面布局线上，还推出了特卖会等亮点内容，与纯互联网出身的OTA一战高下，赢得了口碑和赞誉。携程用10年的时间对跟团游产品实现信息化改造，而不只是从线下搬到线上，获"最佳旅游服务创新奖"，成为旅游创新的典范。在此背景下，一些相对体系庞大的传统旅行社，如中国国际旅行社总社、中国旅行社总社等，也积极布局线上管理系统，传统旅行社加快升级、革新迫在眉睫。

1. 加快升级，扩大市场份额

"互联网+"旅行社，使旅游服务商可以跨地域限制，挣多方的钱，是一种新的商业模式。互联网使分散的用户人多势众，把分散的组群也连接起来。把很多零散的需求聚合在一起。当互联网平台的客户端壮大到一定程度，控制了市场较大的份额，将拥有更强的议价定价能力，更大的话语权。目前，越来越多的旅行社开始布局"互联网+"，智慧旅游建设的步伐加快。然而，互联网+旅行社并不只把线下的产品搬到互联网上，而是要通过技术和服务的创新对旅行社进行革新。网络与旅游的融合，旅行社是旅游业的中间商，它应以熟练的业务技能介入网络。以网络平台为办公室，进行"虚拟经营"，打造旅行社旅游电子产品，供游客体验。旅行社与网络的结合，目的就是要推出能满足游客个性化需求的产品，以抢占市场。这也是电子商务时代旅游市场对旅行社的要求。传统旅行社如何更好地与互联网相结合，开拓新的营销渠道，扩大市场份额，是它们迫切需要应对的。传统旅行社的优势在于门店，离用户更近，对用户更了解，让用户更放心，能满足用户更加个性化的服务。传统旅游企业要成功实现O2O转型，需尽快打造两种能力：体验足够好的线上系统，即在宽度上具备"一站式"服务体验，涵盖机票、酒店、线路、自助游、价格对比、支付等一系列功能，同时，在深度上必须有足够多的选择，以满足消费者的不同需求。O2O的定义急需从传统的"线上+线下"转变成"线上+线下+效率"，提升透明度，并接受用户体验的考核。

2. 立足生存根基，打造服务品牌

国家旅游局统计数据显示，2016年，全域旅游推动旅游经济实现较快增长。旅游市场规模稳步扩大，继续领跑宏观经济。国内旅游人数44.4亿人次，收入3.94万亿元，分别比上年增长11%和15.2%；入境旅游人数1.38亿人次，实现国际旅游收入1200亿美元，分别比上年增长3.5%和5.6%。全年全国旅游业对GDP的综合贡献为8.19万亿元，占GDP总量的11.01%。旅游直接就业2813万人，旅游直接和间接就业7962万人，占全国就业总人口的10.26%[①]。虽然旅游市场规模在扩大，但是大批的团队客人在流失，散客、自由行、自助游客人不断涌入景区。互联网+时代，传统旅行社很难立足，互联网+旅行社虽有一定优势，但竞争渐渐加剧，传统旅行社想要在与电商的激烈竞争中站稳脚跟，打造服务品牌是关键。

旅行社品牌战略的形成是旅行社应对市场经济不断发展完善、竞争日趋激烈的必然结果。旅行社品牌战略作为旅行社最为重要的战略资源，通过资源的累积效应发挥作用，间接影响旅行社经济效益的提升。旅行社品牌意识不强往往导致旅行社战略制定缺乏科学依据和科学论证，大大降低了旅行社品牌战略在旅行社发展中的效能。不少旅行社的管理者忙于常规性和事务性的管理工作。特别是对中小旅行社而言，能在激烈的市场经济环境下生存下来已属不易，没有时间关注旅行社的长远发展。因此，做强品牌是旅行社发展生存的关键。

（二）传统旅行社的在线运营情况

1. 旅行社涉入电子商务的三种模式

旅行社最大的"敌人"不是旅行社行业的竞争，而是新型的商业模式，整体性替代传统旅行社。目前。旅行社涉及电子商务的模式大概有三种[②]。第一种模式，和携程、途牛、同程等这种在线OTA或者一些团购平台签约合作，成为他们的产品提供商，这个模式的好处是投入成本低，关联业务，能够快速部署。但缺点是没有品牌展示机会、利润较低、竞争大、资金周转压力大，而这其实是一种伪电子商务，因为落实电子商务的主体，不是旅行社本身，而是这些合作平台。

第二种模式，借助开展旅游业务的第三方网站或平台。第三方平台是以第三方身份为各类旅游企业搭建营销平台、从事旅游产品在线交易业务的，包含旅游产品B2B平台网站、旅游产品垂直搜索网站、旅游产品团购网站、部分旅游目的地旅游资讯网、旅游App等，以及开展与旅游产品服务相关的非旅游类平台，如会员服务平台（如电信运营商的会员增值服务平台、银行会员商旅服务平台、旅游天气服务平台）、电子商务平台（如淘宝网、京东商城）、特殊旅游产品平台（如中国乡村旅游产品平台）等[③]。例如，入驻淘宝旅行或欣欣旅游网，这种模式的好处是开发周期短，能够快速实现，而且投入低、流量高、快速享受平台红利，较容易赢得消费者的信任，转化情况比较理想。缺点是品牌独立性不强，用户需与全平台共享，而且受各种平台进入门槛和规则限制[④]。借助第三方平台也可按服务市场划分为两种：第

---

① 国家旅游局官网. http://www.cnta.gov.cn/zwgk/lysj/201711/t20171108_846343.shtml, 2017-11-08.
② 传统旅行社如何迈入旅游电商. http://lxs.cncn.com/74006/n303572，2016-10-04.
③ 旅游第三方交易平台等标准建设. http://www.uuidea.com/2012/0702/14183.html 2012-07-02.
④ 赖润星：传统旅行社如何迈入旅游电商. http://sanwen8.cn/p/194utmy.html 2016-06-12.

一种服务于旅游前端市场（专注于旅行社、组团社的信息化建设），像八爪鱼，欣旅通。第二种服务于旅游后端市场（即游客到达地接社之后致力于帮助地接社管理"食、住、行、游、购、娱"等六元素的信息化系统建设），例如火柴头等①。

第三种模式，自建网站+渠道推广，这个模式的好处是可以自创品牌或者延续品牌，并且可以展开自有用户积累；缺点是需大量资金注入和人力投入、开发周期长，并且可能还要忍受前期流量低、转化低的开局情况。但即使如此，这个模式目前看来是较为理想的旅行社电子商务形式。

总的来看，旅行社开展电子商务大概可以分五个阶段。第一个阶段是开始，从企业的业务衍生体介入；第二个阶段是部署落实自己独立的电子商务平台，并开始团队搭建，进行相应的培训；第三个阶段是电子商务平台推出并试运营，进行初步的业务推广；第四阶段是进入稳定发展期，这时可以根据实际情况对系统和业务进行二次优化；第五阶段是电子商务体系相对完整，进入成熟收获期。

2. 旅行社+互联网模式的进一步发展

2015年9月，国家旅游局发布的《"旅游+互联网"行动计划》显示，至2018年，我国旅游业各个领域与互联网深度融合发展；互联网成为我国旅游产品创新和业态创新的重要动力，成为我国旅游公共服务和行业监管的重要平台；在线旅游投资占全国旅游直接投资的10%，在线旅游消费支出占国民旅游消费支出的15%。尽管在线旅游市场竞争激烈，传统旅行社的在线代理业务仍存在着较大的发展机遇。传统旅行社正逐步接轨互联网，朝着"旅行社+互联网"模式转型②。

2016年"互联网+国内旅行社"TOP10排行榜见表8-2，此排名是从关键词搜索量、网站收录量、旅游行业评级（即iBrand、iSite、iPower）三方面进行考量，一方面看传统旅行社接轨互联网的现状，另一方面看消费者对旅行社服务的认可程度③。排名前三的分别是北京凯撒国际旅行社责任有限公司、北京众信国际旅行社股份有限公司和上海携程国际旅行社有限公司。

表8-2 2016年互联网+国内旅行社排行榜TOP10

排名	企业名称	iBrand	iSite	iPower	综合得分
1	北京凯撒国际旅行社责任有限公司	73.98	92.11	98.16	93.63
2	北京众信国际旅行社股份有限公司	66.64	91.23	97.95	92.25
3	上海携程国际旅行社有限公司	71.97	84.45	97.95	92.03
4	上海春秋国际旅行社有限公司	81.22	84.03	95.64	91.74
5	北京携程国际旅行社有限公司	81.84	91.29	93.75	91.59

---

① 传统旅行社互联网+时代如何转型升级？. http://tech.163.com/15/0810/09/B0L92UHS00094P40.html，2015-08-10.

② 2015年中国旅行服务业年度概述. http://www.199it.com/archives/404625.html，2015-11-12.

③ 2015互联网+旅行社 Top100. http://www.weixinla.com/document/2579922，2015-08-27.

续表

排名	企业名称	iBrand	iSite	iPower	综合得分
6	中山中国国际旅行社有限公司	84.19	73.35	96.69	91.31
7	中国国际旅行社总社有限公司	91.27	61.14	97.74	91.28
8	上海驴妈妈兴旅国际旅行社有限公司	62.40	96.25	96.27	91.19
9	中国康辉旅行社集团有限责任公司	82.38	72.39	96.69	90.90
10	福建省中国旅行社	95.81	71.31	93.96	90.84

资料来源：2016 年 11 月《互联网周刊》

第二节　大型传统旅行社在线发展进程回顾

在线旅游发展迅速的背景下，大型旅行社开始在自己传统资源优势的基础上积极进行线上平台的建设或背靠第三方平台，如：中青旅＋遨游网、众信＋悠哉＋穷游网、凯撒＋途牛＋京东、春秋国旅＋春秋旅游等。目前，自建平台的传统旅行社并不在少数，类似春秋国旅、中青旅、众信等，但是取得不错的成绩的平台还是少数，国旅、中青旅、中旅、春秋、众信等线上平台发展较为成功的原因更多的是资源优势。与技术成熟的旅游电商相比，很多旅行社在开发技术上存在明显不足，与开发系统相去甚远。

中青旅

一、中国青年旅行社简介

中国青年旅行社（CYTS）为共青团中央下属机构，1980 年成立于北京市。1997 年组建了我国旅游行业第一家以完整的旅游概念上市的中青旅控股股份有限公司。并于同年 12 月在上海证券交易所上市，是我国旅行社行业首家 A 股上市公司（股票代码：600138）、北京市首批 5A 级旅行社。中青旅坚持以创新为发展的根本推动力，不断推进旅游价值链的整合与延伸，在观光旅游、度假旅游、会奖旅游、差旅管理、景区开发、酒店运营等领域具有卓越的竞争优势。30 多年来，青旅总社在团中央书记处的领导下，凭借改革开放政策和自身优势，勇于改革，不断开拓，迅速发展起来，成为我国旅游行业的骨干企业。目前，中青旅已达到年接待游客突破 150 万人次，营业收入 80 多亿元的经营规模，正矢志成为一家具有卓越品牌形象、拥有领先市场份额、跨地域、跨产业链运营的国际化现代旅游集团。

图 8-3　中青旅标志

资料来源：百度百科

早在 2000 年，中青旅就开始了线上旅游业务的尝试，但没有做出气候。原因主要是：市场还处于培育期，没有一个大的基数；自身的产品和品牌还处于传统业务的再造和变更期，难以与线上业务形成共振；当时消费习惯、技术水平、金融系统都难以对线上旅游形成足够支持；2005 年，遨游网首版网站正式建立；2009 年开始，中青旅打破了按出境、入境、国内游划分的传统方式，将业务细分为 B2B 和 B2C 两类，并据此成立了会展公司、度假公司等板块；2014 年，中青旅斥资 3 亿元打造升级版遨游网，强化线上平台建设；2015 年，中青旅年报显示，公司上半年开设了 300 多家遨游网 +O2O 服务中心和城市体验店，推出旅游产品比对功能和微信支付功能。2016 年，伴随旅游消费需求加速升级，旅游市场格局出现诸多变化，新的行业热点不断凸显，产业投资和创新更加活跃。2016 年年报显示，公司坚持推进"控股型、多平台、营造旅游生态圈"的发展战略，旅行社业务主动适应新业态、新要素的发展，精心打造"旅游+"系列产品，不断实现品牌自我迭代；整合营销业务、山水酒店业务成功挂牌新三板，借助资本市场力量开启发展新阶段；景区业务在保持高速增长的基础上，积极挖掘新的业绩增长点，强化公司在景区投资运营领域的竞争优势。2016 年，公司实现营业收入 103.3 亿元，同比下降 2.36%，实现净利润 4.84 亿元，同比增长 63.83%。

二、主要业务和发展模式

（一）主营业务

中青旅致力于成为国际化大型旅游运营商，继续坚持"控股型、多平台、营造旅游生态圈"的战略定位，着手培育旅游+体育、旅游+教育、旅游+康养等新业态。公司现有业务包括以观光旅游、度假旅游、入境旅游、高端旅游为主要内容的旅行社业务；涵盖活动管理、公关传播、体育赛事、博览会运营等多板块的整合营销业务；以乌镇、古北水镇为代表的景区业务；中青旅山水运营的酒店业务；以 IT 硬件代理和系统集成业务、云贵川三省福利彩票技术服务业务及中青旅大厦租赁业务为主的策略性投资业务。

旅行社业务是公司传统核心业务。公司通过集采、直采获取航空机票、酒店客房、目的地餐饮、当地玩乐等旅游要素资源，再将这些旅游要素打包组合成不同的旅游产品、旅游路线提供给游客。整合营销业务是在原会展业务基础上发展而成的业务板块集群，通过为客户提供活动管理、公关传播、体育营销、博览会运营等专业服务，创新营销渠道，致力于推动服务品质和内容整合的持续变革和创新。景区业务通过对景区的开发、经营和管理，不断丰富景区内容，提供景区内全产业链业务服务，致力于打造文化型旅游目的地。酒店业务基于中档酒店定位，突出"创意、品位、超值"的品牌理念，坚持"直营、加盟和托管并重"的商业模式，致力于发展成为特色鲜明、模式领先的中档连锁酒店集团。策略性投资业务为公司高科技产品总代理业务、云贵川三省福利彩票发行技术服务业务以及公司自有物业中青旅大厦的租赁业务，每年为公司贡献稳定的净利润。

（二）发展模式

目前公司已按照控股型架构打造了旅游服务平台、整合营销平台、景区投资平台、酒店运营平台，并在"点"的布局基础上发挥协同效应，构建旅游生态圈，在世界互联网大会、目的地营销业务等方面已体现出相应的协同效应。公司积极推动各业务板块实现资本与资源快速嫁接，2016年公司旗下整合营销板块、酒店板块均实现新三板挂牌。

2016年年报显示[①]，遨游网以"互联网+旅游+影视"模式打造的《宝岛情旅》大电影项目、联合一下（北京）科技有限公司打造旅游视频联盟、在北京地区30多家直营连锁门店全线引入VR（虚拟现实）设备，为消费者提供更有创意的互动体验，引领了旅游连锁领域的变革创新。中青旅耀悦坚持在"主题游""私人定制"领域深耕市场，发挥产品创新优势，效果显著，荣获加拿大BC省旅游局颁发的金牌线路规划师奖杯、南非旅游局颁发的优秀南非路线主题规划师及塞舌尔旅游局颁发的中国最佳精品旅行社等称号，品牌竞争力不断增强。公司在对传统业务积极变更的同时着力培育新的业务增长点，在"旅游+教育""旅游+体育""旅游+康养"等产业融合领域寻求突破。

三、在线发展概况

（一）线上遨游网网站优化及App设计

遨游网是中青旅控股股份有限公司旗下专业度假网站，向消费者提供全方位值得信赖和高品质的旅游度假预订、资讯及专业服务。依托上市公司中青旅30多年的行业领先优势，拥有享誉全国的中青旅联盟逾10年的全国网络和旅游服务资源，遨游网提供旅游产品预订及度假服务，包括出境旅游度假、国内旅游度假、海岛旅游度假、抢游惠等丰富线路及领先服务，已拥有百万遨游网会员。"遨游网"依托技术手段，立足标准化产品体系，建立在线预订、在线支付平台；致力于建立以中青旅品牌为依托和保证，具备开放性、全国性的旅游度假产品预订及旅行服务网站；遨游网既是中青旅公民旅游产品的在线销售渠道，也是公民旅游业务面向"新市场、新需求、新业态"的创新业务事业部；既是现有主业的有力支撑，也是面向未来创新型组织。

---

① 中青旅2016年年度报告。

图 8-4 遨游网主页

资料来源：遨游网官方网站

2014年8月，中青旅斥资3亿元打造升级版遨游网，沿袭平台化、网络化、移动化的发展战略，同时宣布了四大品牌升级的重磅举措，包括发布遨游网的新LOGO，上线遨游网的新版主页，推出移动端"遨游旅行"App3.0。改版后的遨游网在设计上最大限度地为用户考虑，去掉任何多余的设计和元素，减少干扰，呈现给用户一个简洁明快又舒适的页面。在板块设置上，提供更丰富的单项产品供用户选择，包括：特价机票、签证、门票、当地游等；新增内容版块，图文并茂地展示精选的达人游记，使遨游网不再是单一售卖旅游产品的网站，而是给旅游者提供全方位服务的功能性旅游电商网站。此次推出的新版遨游网LOGO，进一步强化了互联网元素，核心字母AoYou的设计突出了遨游网追求"更好"、不断勇攀高峰、蜕变进取的互联网精神，也集中展示了遨游网对品质、服务至上的价值主张[①]。"好旅游，上遨游"，2016年，在旅游产业与互联网产业进一步融合的发展趋势下，中青旅遨游网总部主动拥抱旅游消费升级趋势，深入调查研究客源状况与消费结构，一方面不断优化网站及手机App设计，根据中高端消费群体不断变化的消费习惯及消费需求推出创新产品；另一方面坚持创新，不断丰富产品内涵，提升服务质量，全方位满足消费者旅游体验，打造中高端品牌形象。

图 8-5 中青旅遨游网 LOGO

资料来源：遨游网官方网站

---

① 中青旅斥资3亿打造升级版遨游网. http://fashion.ifeng.com/travel/news/china/detail_2014_08/29/38561326_0.shtml，2014-08-29。

1. 遨游网发展历史及现状

遨游网首版网站于2005年5月31日正式上线，当时定位于休闲游在线服务商；2006年12月，遨游网上海站正式上线；2007年8月与中青旅官网进行了合并，定位改为"专业度假网站与在线旅游一线品牌"；2010年10月1日，遨游网成立事业部，正式独立运营；2011年2月遨游网的宣传语确定为"度假就上遨游网"；2013年，遨游网的订单数量已经超过30%的占比，组织结构已经调整到位，良好的网站基础也已经具备；2014年开始遨游由渠道向平台转化。2014年9月，遨游网定制频道正式上线，两月期间该频道带来订单金额超300万元。2015年，中青旅全面启动"遨游网+"战略，通过一系列融合创新的组合拳，中青旅遨游网打造了中国旅游行业特色的、从O2O服务到在线旅游新生态的新模式，利用互联网技术和传统旅行社专业服务能力的整合，把中青旅以及全国2万多家传统旅行社、全球范围内数千种的地接服务、亿万旅游消费者动员起来，以此挖掘潜在性的消费需求。在遨游网的平台上，已有将近200家优质的旅行社合作伙伴。2015年9月，中青旅成立中青旅遨游网总部，同时，中青旅观光旅游分公司、度假旅游分公司、遨游网事业部、中青旅控股股份有限公司信息技术中心和市场推广部，以及中青旅观光、度假旅游分公司异地所属各分子公司，全部并入中青旅遨游网总部。

2. 遨游网O2O倒逼旅游产品加速迭代创新

基于对移动互联网迅猛发展趋势的把握，遨游网实现了传统网站、移动客户端、移动网站全方位支持在线预订、在线支付，消费者可以在路上、家里和办公室无缝连接。同时，遨游网投入了专门人力和物力，在库存管理、智能推荐、人机交互等方面进行了多项人性化的创新，显著提升了运营效率和消费者体验。旅游业终极的竞争，在于创意、产品和服务。因此，仅仅在2015年上半年，中青旅便在产品服务端相继推出中高端旅游在线定制、产品对比、微信支付等，并以"用心杯"产品设计大赛为平台，推出200余条"创意旅游产品"，通过网络评选和大众评审，让消费者的意见成为产品创新的决策力；同时，在服务链条延伸上大展拳脚，以遨游网为孵化和对接平台，收购专业全球旅拍公司、高端海外摄影领导品牌本色视觉、推出专业户外旅行品牌如是户外，战略投资出境目的地特色旅游服务预订网站七洲网。而所有这些，都是基于消费者需求，着眼于培植新业务[①]。

（二）"智慧会展+数字营销"的发展战略

2016年，中青博联成功挂牌新三板，同时发布全新品牌主张——"博创精彩，联接共赢"，确立了"智慧会展+数字营销"的发展战略，中青博联通过业态、区域、行业内的资源整合，线上线下的服务整合，前中后台的管理整合，实现互联互通、共生共享，依靠协同整合的独特模式和高水平运营管理能力保持了市场竞争优势，保障了业务的持续、稳定和快速增长。报告期内，中青博联继续显示出对世界级大会的卓越运营能力，成功承接第三届世界互联网大会、世界月季洲际大会等项

---

① 中青旅遨游网总部成立对旅游业有何启示？. http://www.traveldaily.cn/article/95983，2015-10-02.

目并为 G20 国际峰会提供服务；目的地营销板块表现出良好的成长性，黑龙江、内蒙古、新疆等地业务发展迅速，并与贵州、厦门等地旅游局建立合作关系；积极探索新技术、新业态与客户需求的融合，推出 We Meeting 小微会议管理系统，并与神州专车深度合作，致力于共建移动互联网时代会议出行新模式，通过用车数据整合会议系统，进一步提高会议执行的便捷性，有效进行数据化管控。2016 年，公司在成熟型业务平稳发展的同时，成长型和创新型业务也取得了跨越式的发展，实现营业收入同比增长 9.56%，净利润同比增长 21.83%。

四、企业解读

（一）坚持以遨游网为龙头的 O2O 模式，打造 O2O 闭环

在中青旅打造 O2O 闭环的链条中，遨游网、呼叫中心、连锁店三大渠道缺一不可。正是因为其自营连锁店的存在，线上用户才能感受到线下服务的安全与保障。2015 年中青旅继续建设支撑遨游网多品类全国化的呼叫中心、自营与开放的 CRM 订单流转体系，遨游网网站、移动端、手机 WAP 网站将持续进行迭代改版以提升用户体验，同时扩大口碑传播；在全国布局中，大同遨游网与各地旅行社子公司的业务链条，逐步落地各地区域中心，加快推进 O2O "百城千店"的三年规划建设；在平台开放建设中，邀约 100 家旅游产业优质运营商在遨游网上线其产品，将遨游网打造成旅游品牌正品＋行货集散地。当然，同样是因为遨游网的出色，线下用户也能享受到线上渠道的快捷与便利。互联网时代，中青旅坚持以互联网为工具，加速企业的升级与转型。真正的互联网精神是互联网工具化后的全景渗透和数字经济引导。坚持以遨游网为龙头、致力于线上线下协同发展的 O2O 模式。

（二）坚持服务为最核心根本点

多年以来，中青旅无论线下还是线上的创新，无不是围绕着消费者需求展开，而服务正是其最根本的落脚点。服务是旅行社的优势，同时我们也看到，OTA 同样越来越在服务上殚精竭虑。对于任何一个旅游企业来说，服务都是其最核心最根本的价值所在。

（三）中青旅发展大事记

1979 年，中共中央办公厅秘书局第 7 号文件批复共青团中央开办青旅事业。

1980 年 6 月，共青团中央创办了中国青年旅行社。

1997 年 12 月 3 日，中青旅股份有限公司在上海证券交易所上市。

2004 年 11 月 1 日，遨游网筹备工作正式启动。

2005 年 5 月 31 日，遨游网首版网站正式上线，定位于休闲游在线服务商。

2007 年 12 月 5 日，中青旅在钓鱼台国宾馆举办招待会，隆重纪念公司上市十周年。共青团中央书记处第一书记胡春华出席会议并发表重要讲话。

2010 年 10 月 1 日，遨游网成立事业部，正式独立运营。

2011 年 3 月 15 日，遨游网建立 4 个重点目的地市场：马尔代夫、巴厘岛、港澳和内地。

2014年2月17日，遨游网入选2013十大推荐旅游网站。
2014年2月18日，遨游网手机站全新上线。
2014年5月6日，公司与银联国际全面业务合作协议签约仪式举行。
2014年5月21日，遨游旅行新版App2.5上线。
2014年8月18日，遨游旅行3.0上线，标志着中青旅移动互联布局迈出了重要一步。
2014年9月11日，遨游网定制频道正式上线，两月期间该频道带来订单金额超300万元。
2014年9月18日，遨游网新版论坛上线。
2014年9月26日，遨游网完成向百度申请"青旅"相关品牌保护。
2014年10月10日，遨游网与费加罗私享巴黎网达成合作。
2014年10月12日，"遨游旅行"App安卓版正式上线。
2014年10月16日，遨游网国际机票频道正式上线。
2014年10月23日，遨游网首次亮相电影《热血男人帮》。
2014年11月26日，遨游网微信管理后台上线。
2014年11月28日，遨游网App3.0上线。
2014年12月12日，遨游网携手银联、建设银行、加州旅游局联合推出万人美国游。
2014年12月24日，遨游网与北京文化创新工场签署战略合作框架协议。
2015年3月，遨游网连续被CCTV财经频道第一时间报道。
2015年9月，中青旅遨游网总部宣告成立。

众信旅游

一、北京众信国际旅行社简介

北京众信国际旅行社股份有限公司成立于1992年8月11日，是经国家旅游局、北京市工商行政管理局批准设立的具有独立法人资格的股份制企业，注册资本20 846.75万元，主要经营出境游批发、零售、商务会奖旅游业务，总部设在北京，并在上海、成都、沈阳、哈尔滨、西安、武汉、厦门、天津、重庆、杭州、昆明、青岛等地设有分公司。公司是中国旅行社协会、北京市旅游行业协会、亚太旅游协会（PATA）、国际航空运输协会（IATA）会员；2013年在国家旅游局公布的全国百强旅行社排名中，众信旅游位列第五；全国税收十强旅行社中位列第二；2013年被评为北京市5A级旅行社；2014年荣获由中国旅游研究院和中国旅游协会评选的中国旅游集团20强；2014年入选国家旅游局对口联系旅行社。2014年1月23日，众信旅游成功在深交所挂牌上市，成为A股市场上首家民营旅行社上市公司（股票代码：002707）。自成功上市以来，众信旅游凭借广阔的市场前景和出众的盈利能力，获得了投资者的广泛青睐，也缔造了IPO市场新的奇迹。2015年众信旅游加快布局产业链中游的步伐。2015年8月，众信旅游联合专业投资基金一起，战略投资以澳新线旅游产品批发见长的"行天下"。2015年10月，众信旅游投资建设巴黎明宇丽雅酒店，加快众信旅游的全产业链建设，加强对产业链上游稀缺资源的控制能力。2015年11月，众信旅游战略投资美国"天益游"，进一步布局产业链上游，提升众信旅游美国游产品零售毛利率，助力公司整体利润的提升。2016年7月，以北京众信国际旅行社股份有限公司为核心企业，联合旗下各分子公司，众信旅游集团正式组建，同时，北京众信国际旅行社股份有限公司正式更名为"众信旅游集团股份有限公司"。众信旅游正式更名后，将增强企业字号"众信"在全国范围内的保护力度，提高"众信旅游"品牌知名度，提升品牌价值；进一步强化已经实行的集团化运作和管理，加强旅游和各业务板块、各分子公司的协同发展，完善出境综合服务平台的建设，促进整体出境服务大生态的快速发展。

图 8-6　众信旅游标志

资料来源：百度百科

二、主要业务和发展模式

（一）主营业务

众信成立初期，只做旅游批发商，并不做面向消费者的零售业务。随着出境旅游的发展，消费者的需求越来越个性化，合作方提供的资源往往满足不了旅行社的需求，于是旅行社倾向于找更多批发商或者选择自己向上游发展，也开始与酒店、景区直接建立合作，众信开始进军零售做旅行社，并成立在线销售平台，从旅游批发商转变为面向消费者的旅行社。

在国内旅行社经营同质化较为普遍情况下，众信旅游走出了一条独特发展道路，并在出境游资源整合、产品研发、客户三大方面建立了优势。首先众信旅游实施集中采购、远期采购等政策，与上游供应商建立良好合作关系，使得在保证上游资源供应的同时，能够取得优惠价格，获得成本优势。在旅游产品的设计上，公司针对不同需求，最大限度地发挥整合旅游产业链各供应商资源的优势。同时，众信旅游同全国近2000家代理商建立了长期稳定的合作关系。并且，商务会奖业务拥有联想、惠普、工行、平安、VISA等多家知名客户。自2014年上市以来，众信旅游将业务由出境游衍生至国际教育、移民置业、出境金融等出境服务，逐步形成了出境服务大生态的业务布局。2016 年 9 月正式组建众信集团，正是为了适应业务的场景化、生态化布局，在保持各业务板块相对独立的基础上加强协同运作。集团化运作模式建立后，众信旅游将利用集团化发展模式的规模效应、协同效应，加速该公司在出境游及出境服务产业链布局，增强企业的整体竞争能力，助力企业持续、健康发展，业务布局如图 8-7。

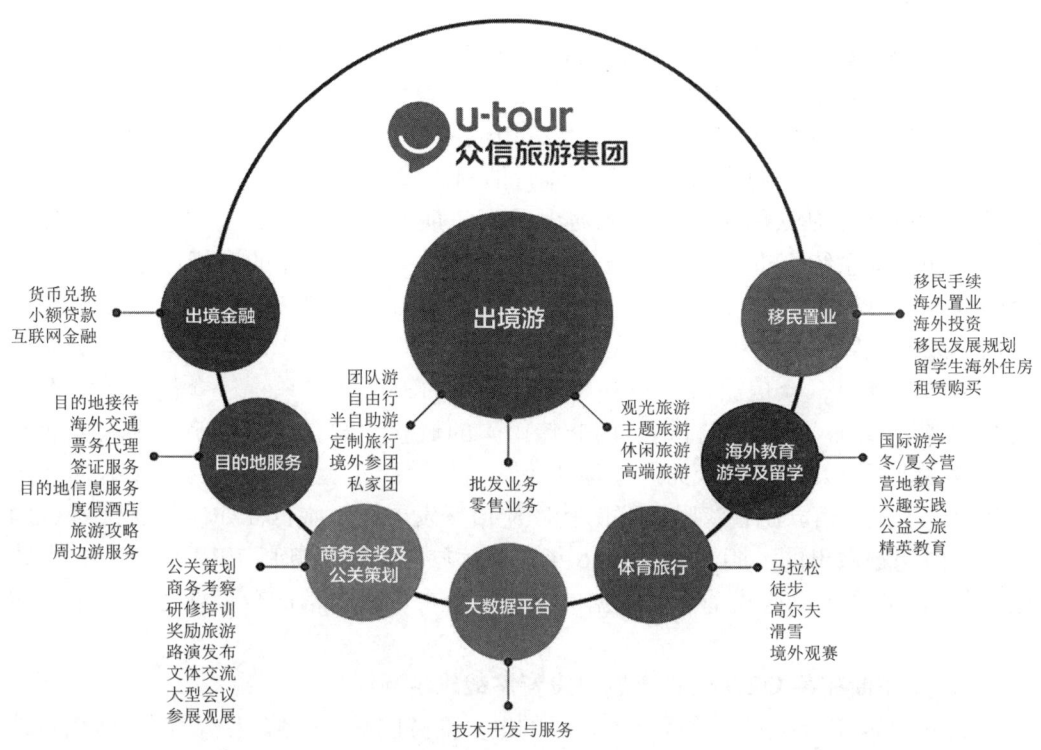

图 8-7 众信旅游集团业务布局

资料来源：环球旅讯

（二）发展模式

目前，众信旅游确立了"一纵一横"的发展模式[①]。在纵向上，该公司致力于完善出境游业务的上、中、下游，实现产业链一体化，逐步提高出境游业务的壁垒，强化能力圈。该公司与竹园国旅、华远国旅进行战略重组，战略投资 Club Med、德国开元、世界玖玖等，并进一步拓展 C 端与 B 端渠道，在天津、上海、河北、云南、武汉、广州等多地设有分公司。在横向上，大力布局国际教育、移民、出境金融等业务板块，打造由出境游服务平台、目的地生活服务平台、海外教育服务平台、移民置业服务平台、出境互联网金融服务平台以及"出境云"大数据管理分析平台等子平台组成的全方位出境综合服务大生态。战略投资来跑吧、异乡好居，成立众信

---

① 众信旅游集团正式组建，布局旅游全产业链. http://finance.sina.com.cn/roll/2016-07-29/doc-ifxunyxy5952708.shtml，2016-07-29。

体育、众信游学子品牌;战略投资杭州四达等,开展移民等业务;并购设立旅游行业首个货币兑换公司悠联货币,成立小贷公司,布局出境金融业务。众信旅游出境游及出境服务业务集团化发展模式已经逐步成型。

三、在线发展概况

(一)积极涉入互联网,谨慎布局线上业务

2008年,众信国旅ERP系统第一期B2B同业分销系统上线使用,形成以众信旅游网、B2B分销平台和呼叫中心等部分组成的线上电子商务平台,也有自己的移动App和技术团队,初步形成线下实体营销网络和线上电子商务相结合的O2O业务模式。2014年是众信旅游实施旅游电子商务项目的第一年,公司在ERP、分销等业务和管理系统上进行了大量投入,对ERP系统进行整体的升级改造,2015年全面投入使用。同时,2014年通过网站及微信的方式,不断推出促销活动,如IPO大促、520大促、双十一大促等大型促销活动,官网访问量和预订量均有明显提升。2015年4月,众信旅游发布基于微信平台的独立开发系统"众信旅游掌上店铺"。"掌上店铺"利用了直销(而非传销)的概念,融合分享经济,个人创业的大环境,让每个人都可以轻而易举地成为众信旅游的"卖家",在微信上开店,赚取佣金。这是众信旅游在移动互联时代顺应市场发展,对旅行社如何打通营销O2O这一业内课题做出的大胆尝试。2016年,众信旅游上线了新版ERP系统、BI大数据和分销3.0系统。这些基于大数据的销售系统可以为众信的分销业务提供更好的服务。

(二)不断完善O2O模式,战略投资悠哉旅游网

早在2004年众信旅游就成立了自己的电子商务网站——悠哉旅游网,悠哉旅游网是中国第一家专注于旅游度假产品的B2C网站,拥有丰富的线上旅游产品运营经验和成熟完善的电商系统。2014年12月,众信旅游战略投资悠哉旅游网,2015年双方进一步展开全面线上线下O2O合作,众信旅游与悠哉进一步实现对接,共同开拓线上旅游市场。为了同时满足日益增长的C端消费者需求,2016年3月,众信旅游将零售产品业务正式迁至众信旅游悠哉网(www.uzai.com),从而能够更好地为客户提供便捷全面的各类出境产品及服务。2016年6月,众信旅游悠哉网宣布正式使用金山云服务器,以便用户获得更高效、更灵活、更安全的上网体验。2016年11月,众信旅游悠哉网携手铂金智慧(Ptmind)、九章云极、宣布三方将就数据营销平台建设达成合作。众信旅游悠哉网将借由此次合作更好地了解客户的消费习惯,同时建设统一的营销、运营数据平台,从而进一步提升在线电商渠道的数字营销及个性化服务能力[①]。

---

① 2016年,众信旅游大事记. http://www.dotour.cn/article/26732.html,2016-12-29.

第八章　传统旅行社在线发展篇

图 8-8　众信旅游悠哉网页面

资料来源：众信旅游悠哉网官方网站

（三）携手第三方平台，探索电商新模式

1. 合作电视平台探索 T2O 从电视到电商的新模式

2014 年 8 月，众信旅游与中国唯一的旅游类专业卫星电视平台——旅游卫视旗下"年假旅行"合作，共同探索 T2O 从电视到电商的新模式。与此同时，旅游卫视年假旅行的 App 应用程序也正式上线。T2O 即 Television TO Online，是指将电视平台的商务机会与互联网结合，让电视节目成为在线交易的前端，让消费者购买看得见的商品。众信旅游在入股旅游卫视年假旅行后，将全方位地投入专业团队，为旅游卫视年假旅行从产品到服务保驾护航①。

2. 携手今日头条对旅游用户进行大数据分析

2016 年 10 月，众信旅游与超过 6 亿用户选择的新闻资讯 App 今日头条强强联手，基于各自庞大且专业的数据资源，共同推出《中国家庭出境游消费趋势报告》，对中国家庭游客的消费行为做出权威解读，包括出境游的人物画像、决策因素分析、出游方式及主题分析、目的地及产品分析、消费偏好分析等。

3. 战略收购穷游网，加码自由行和线上业务

2016 年 1 月，众信旅游旗下子公司香港众信国际旅行社有限公司通过增资股权转让的方式以 2500 万美元（折合人民币 1.62 亿元）收购穷游网股权，交易完成后，香港众信将持有穷游网 5.499% 股权。穷游网为旅游攻略网站，成立于 2004 年，2012 年开始进行商业化运作。作为国内规模较大的旅游攻略网站，穷游网拥有 6000 万自由行用户。众信为国内老牌出境游旅行社，旗下有对 B 端的批发业务，及对 C 端的零售业务两大板块。对穷游而言，在商业化探索仍未取得显著成绩的背景下，与众信合作能够得到众信的产品资源支撑，能够更好地转化其多年积累下的优

---

① 众信旅游 2015 年度大事记. http://www.traveldaily.cn/article/98102，2015-12-31.

质用户和内容;而对众信而言,穷游积累下的优质用户与内容,能够带动其出境游产品的销售,也能在营销与传播上对其进行支持。借助穷游网庞大的用户和数据基础,能够提升众信旅游产品和服务的质量,增强众信旅游定制游及自由行板块产品丰富度,加强线上业务。另外,2016年3月,众信豪掷26亿元收购华远国旅,通过该并购和携程联姻,使携程成为众信的重要股东。

四、企业解读

(一)打造V2O沉浸式营销新模式

众信旅游在旅游营销上提出"新四化"理念,所谓营销"新四化",是指传统企业在"互联网+"大趋势下对营销方式的反思和总结。具体来说,就是变化常态化、品牌人格化、营销娱乐化和营销精准化。其中,"变化常态化"是从心态和思维方式上提出的"以万变应万变"的应对之道。"品牌人格化、营销娱乐化和营销精准化",是众信营销工作的核心思路[1]。

近年来,影视作品带火拍摄地效果明显,"影视+旅游+OTA"已成热门趋势。已有OTA推出近百条热播影视剧同名旅游线路,游客以80后、90后年轻人居多,粉丝效应十分明显。2015年7月,众信旅游与华谊兄弟合作,享受华谊兄弟旗下以境外为主要拍摄地电影的同款旅游线路的独家研发销售和宣传权。在出国游高速增长和影视作品粉丝效应的带动下,众信旅游利用合作契机,把握华谊兄弟优质的电影作品带来的亿万级粉丝,增强其在出国游产品的品牌影响,提高产品销量[2]。

(二)加速跨界合作,服务延伸至产业融合领域

2015年1月,众信旅游携手"易到用车",为游客提供便捷的接送机服务。随着打车软件在市场上的不断完善,游客的乘车习惯也在慢慢地发生变化。此番和"易到用车"进行合作,延伸了众信旅游的服务范围与深度,验证了众信旅游"以服务品质为前提"的经营服务理念。

2015年5月,众信旅游开设首家由旅游从业者自主经营的咖啡店"U Coffee 悠咖啡",使"咖啡+旅游"产业达成有机融合。咖啡爱好者与旅游爱好者本质上是热爱生活的人,目标客户群重合度高。同时,"U Coffee 悠咖啡"肩负销售、展示、休闲餐饮、交流等多方功能。

2015年7月,众信旅游与国内首屈一指的娱乐文化传媒公司华谊兄弟达成战略合作,推出电影《命中注定》同款意大利旅游产品,通过影视作品对旅游目的地的强大宣传作用。同年11月,众信旅游再度开拓"影视旅游"板块,组织华谊兄弟旗下电影《坏蛋必须死》线下观影活动,通过活动进一步渗透众信旅游品牌。

(三)众信旅游发展大事记

1992年,众信天下成立,主营业务为国内旅游服务。

---

[1] 众信旅游的营销"新四化". http://www.traveldaily.cn/article/93458,2015-06-29.
[2] 众信旅游:打造V2O沉浸式营销新模式. http://finance.ifeng.com/a/20150728/13872618_0.shtml,2015-07-28.

2002年，公司获得出境旅游经营权。

2005年，"众信天下"正式更名为"众信国旅"。

2006年，企业以邮轮和海岛为主题进军东南亚出境市场。

2007年，众信旅游开始实施"批发零售一体，线上线下结合"的发展战略，拓展出境游零售业务。

2008年，完成公司股份制改造，正式更名为"北京众信国际旅行社股份有限公司"。

2013年，北京市场以外的第一家零售门店——众信旅游天津总店开业。

2014年1月23日，众信旅游在深圳证券交易所挂牌上市，成为A股市场上首家民营旅行社上市公司。

2014年5月8日，公司旗下高端旅行品牌"奇迹旅行"正式在京发布。

2014年6月12日，公司与中国国际旅行社总社有限公司在京签署战略合作协议。

2014年9月12日，公司宣布参与复星国际要约收购CLUBMED地中海俱乐部股权事项，此为公司进入境外目的地资源市场的首次尝试。

2014年9月26日，众信旅游宣布与出境旅游行业领先批发商之一的竹园国旅进行资产重组。

2014年10月10日，国家旅游局下发《关于与旅游企业集团建立对口联系工作的通知》（旅办发〔2014〕186号），众信旅游成为国家旅游局对口联系旅行社。

2014年12月3日，众信旅游与悠哉旅游网宣布进行全面战略合作，众信旅游将对悠哉旅游网进行战略投资。

2014年12月11日，中国旅游研究院与中国旅游协会联合发布了2014年中国旅游集团20强排行榜，众信旅游首次入围中国旅游集团20强。

2014年12月15日，众信旅游获得Club Med地中海俱乐部2014年度"卓越销售奖""最佳Club Med专家咨询点""MICE最佳销售奖""Club Med销售专家"四大奖项。

2015年7月，众信旅游与华谊兄弟合作，享受华谊兄弟旗下以境外为主要拍摄地电影的同款旅游线路的独家研发销售和宣传权。

2016年1月21日，众信旅游最大规模旗舰店——众信旅游上海淮海路旗舰店隆重开业。

2016年3月，众信旅游将零售产品业务正式迁至众信旅游悠哉网。

2016年6月，众信旅游悠哉网宣布正式使用金山云服务器，以便用户获得更高效、更灵活、更安全的上网体验。

2016年11月，众信旅游悠哉网携手铂金智慧（Ptmind）、九章云极，宣布三方将就数据营销平台建设达成合作。

2016年11月，众信旅游正式推出"众信游学"品牌。

2016年12月12日，众信旅游集团旗下控股子公司众信博睿整合营销咨询股份有限公司正式在新三板挂牌，成为集团旗下第一家新三板挂牌子公司。

凯撒旅游

一、凯撒旅游简介

德国凯撒旅游集团 1993 年创始于德国汉堡。2000 年，德国华龙旅行社和德国凯撒国际贸易展览有限公司合并成产德国凯撒旅游股份公司，简称德国凯撒旅游集团 /CAISSA Touristic（Group）AG。2003 年 8 月，德国凯撒旅游集团与保利集团联手对保利国旅进行重组，正式更名为北京凯撒国际旅行社。2008 年，凯撒旅游凭借先进的运营模式、领先的产品理念、强大的市场占有率等综合因素，被北京市旅行社等级评定委员会评为最高等级旅行社——5A 级旅行社。经过 20 多年的稳健发展，相继在汉堡、巴黎、伦敦、洛杉矶等 7 个海外核心城市设有分支机构，在中国的上海、广州、成都以及沈阳等 50 余个口岸及核心商业城市设有分公司。2013 年，凯撒旅游凭借先进的运营模式、领先的产品理念、强大的市场占有率等综合因素，再度被北京市旅行社等级评定委员会评为最高等级旅行社——5A 级旅行社，同期被北京市旅游发展委员会、北京市人力资源和社会保障局授予"第十五届首都旅游紫禁杯先进集体奖"。2015 年 10 月，凯撒旅游成功上市登陆 A 股市场。2016 年 12 月，凯撒旅游被国家旅游局确定为"全国旅游标准化示范企业"。

图 8-9　凯撒旅游标志

资料来源：百度百科

二、主要业务和发展模式

（一）主营业务

作为源自欧洲的凯撒旅游，深耕欧洲旅游市场 20 余年。凯撒旅游从 2004 年欧洲游开放起，就专注于赴欧产品的研发和服务升级，其打造的"境内外一体化零时差操作"成为欧洲出境游市场最具竞争力的优势。凯撒旅游以出境游为核心产品，其他产品包括：观光旅游、休闲度假、蜜月旅游、健康老年旅游、中小学生夏令营等，同时，擅长组织接待特殊旅游、各种规模的国际会议及为来华商务客人安排各种商业旅行活动；企业及用户量身定做个性化产品；为企业提供适合员工奖励制度需要的个性化产品，提供完善的接待服务。凯撒旅游凭借对旅游资源强大的整合运作优势、对消费者需求的准确把握以及完善的销售渠道，不断发展壮大，现已成为旅行社行业中的全产业链企业。

截至目前，凯撒旅游旗下拥有覆盖全球100多个国家和地区、超过10 000种服务于不同人群的高端旅游产品，同时，凯撒旅游将艺术、音乐、体育等文化内涵引入产品研发，对旅游产品进行品牌化包装，已经注册了包括"湖光山色""纯美海岛""双重美妙""爱琴海新娘"等在内的多个品牌商标。"我的海外婚礼""环球体验季"等系列产品和大型活动，均已持续推出8年以上，成为业内具有相当深远影响力的旅游产品品牌。与此同时，凯撒旅游始终以活跃的姿态、丰富的创意为公众奉献以旅游文化为核心的大型主题活动。2008年，凯撒旅游参与北京奥运会旅游接待服务，荣膺"服务奥运先锋集体"；2012年，凯撒旅游作为伦敦奥运会中国大陆地区独家票务代理商及接待服务供应商，引领数千名游客亲赴伦敦奥运赛场，见证了国际奥运大家庭的和平、友谊与拼搏；2013年，凯撒旅游针对旅游细分市场推出高端探险类南北极旅游产品，推出极点征途——"'50年胜利号'北极点19日巅峰破冰之旅"，引起了众多喜爱探险、探秘梦想游客等极大兴趣。2014年6月，凯撒旅游推出三大专业"徒步旅游"产品，精选亚洲、欧洲、美洲三条经典徒步线路，包括巴厘岛梯田火山人文徒步、法国勃朗峰大环线高山徒步以及美洲西部国家公园大峡谷徒步。2015年7月，凯撒联手北欧旅游局，加码欧洲包机线路；2015年9月，凯撒与滑遍天下成立了凯撒控股的合资公司，经营境外滑雪旅游产品；2015年10月，凯撒与地中海邮轮展开战略合作，后者将在中国设邮轮母港，拓展中国市场。2016年，凯撒旅游成为里约奥运会中国奥委会票务代理及接待服务供应商合作伙伴，全面推广里约奥运观赛系列产品。

（二）发展模式

近两年来，凯撒旅游凭借着"优质团队＋全产业链＋海航鼎力支持"这三大自身优势，凯撒旅游内生增速远超市场平均，业绩大幅增厚，竞争力也显著增强。近些年，中国陆续出台的一系列鼓励旅游业发展的政策，从不同方面对旅游发展形成综合助推力，国内的旅游业发展也因此呈现井喷的态势。在此背景下，凯撒旅游也继续加速全产业链布局中国市场。长期来看，航旅一体化以及全产业链布局是凯撒主要发展方向。凯撒旅游通过努力打通航旅消费闭环，并且在门店网络和邮轮平台的基础上通过航旅平台不断完善凯撒旅游全产业链商业模式，将有效提升凯撒旅游整体毛利率水平[①]。2016年9月，凯撒旅游公告重新调整后的定增方案，如拟投资34.90亿元用于凯撒邮轮线上、线下销售平台的建设；拟投资12.49亿元用于建设1183家不同类型的线下零售门店，包括体验店和社区店，形成覆盖全国的线下零售网络；拟投资10.59亿元用于公民海外即时服务保障系统，提升服务层面的用户体验，从而扩大凯撒旅游品牌影响力等，实现出境游的全产业链布局。此外，凯撒将技术投入也作为重点之一，把VR技术与旅游体验相结合，将使用7138

---

① 凯撒旅游：在谋一个局，一个很大的局. http://www.pinchain.com/article/93225，2016-09-30.

万元用于采购 VR 头盔、VR 体验舱（单 / 双人）、话题型道具等，用于升级线下体验店。2016 年 9 月，凯撒旅游对天天商旅的收购，可以看作凯撒旅游在华东市场力求站稳脚跟的又一布局。2016 年 10 月，凯撒旅游对于易生金服的投资，则是凯撒旅游在旅游金融领域的战略发展路径。2015 年 12 月，凯撒中国创始人陈小兵在接受环球旅讯采访中提到，全球旅行社基本可分为三种，零售商如 OTA，批发商如途易，以及提供地面服务的地接社。而凯撒目前三种类型均有涉足，这也被称为全产业链旅行社。近年来，凯撒一直按照产品、销售、目的地资源服务三个部分有计划地展开布局。凯撒的发展模式与其他类旅行社区别也在于销售渠道方面。目前，凯撒零售直销占比达到 80%~85%，凯撒更加注重零售以及直销渠道的布局。

三、在线发展概况

（一）线上拓展：凯撒旅游网 + 凯撒旅游 App

2009 年开始，凯撒内部已经确立了"线上线下一体化"的发展策略，这一策略后来有了更广为人知的名字"O2O"。近年来，凯撒旅游一直大力推动 O2O（实体门店和线上预订相结合）战略，加快布局 B2C 市场。2000 年成立凯撒旅游网，线上拓展还包括上线凯撒旅游 App 客户端；开通官方微博；在微信订阅号平台推出"凯撒到家"服务，可直接预约旅游顾问上门介绍线路、办理手续，开通了基于手机移动端的微商管理系统和基于订单的分段计提佣金管理系统，使线上与线下的结合更加顺畅，在全面提升了客户体验的同时也提升了零售渠道的运营效率，较好地控制了报告期内的市场营销费用。2015 年 11 月，凯撒投资 7.96 亿元红包投放到凯撒旅游 App 中。

图 8-10 凯撒旅游网官网

资料来源：凯撒旅游网官网

凯撒旅游网是凯撒旅游旗下为广大游客及会员朋友们精心打造的线上旅游资讯、交易及沟通平台，成立于 2000 年，2011 年进行全新改版。改版后的凯撒旅游网力争打造行业内最优秀的旅游电子商务平台。凯撒旅游网站内产品丰富，功能齐全。参团游、自由行产品查看预订简洁方便，大额在线支付快捷安全；个性定制功能满足特殊用户群体需求；机票预订、签证办理服务广大商旅客户；微博、论坛互动积极，粉丝忠诚活跃；不时推出给力的团购秒杀活动也为众多游客带来实惠；DMS 目的地指南系统和手机客户端，在方便客户了解旅游目的地的同时，将为更多客户提供在线互动交流的平台。

（二）信息化建设与合作

2015 年 10 月，海航集团旗下"易食集团股份有限公司"变更为"海航凯撒旅游集团股份有限公司"，凯撒旅游成功借壳易食股份实现上市，成为国内资本市场上继众信旅游后第二家上市的大型民营企业。同时，此次重组募集资金主要用于凯撒国内营销总部项目、凯撒信息化+电商平台升级项目、凯撒体育旅游项目和凯撒户外旅游项目①。2015 年 11 月，凯撒旅游出资亿元设立易启行网络科技有限公司，由凯撒同盛（北京）投资有限公司、网易乐得科技有限公司和凯撒世嘉网络技术有限公司共同出资组建。凯撒旅游在旅游板块具备优势，而网易有互联网方面的优势。此次与网易合作，加强了凯撒发展互联网+旅游的道路，"易启行"将帮助凯撒完善面向 C 端的在线交易，运用互联网技术优化用户体验②。

同时，为了加强凯撒与首都航空和海航酒店方面的业务联系，增加产品线上销售渠道，凯撒旅游出资 2000 万元参与设立首航假期网络科技有限公司。北京首航假期网络科技有限公司的经营范围包括航空公司在线销售以及航空互联网技术应用。"首航假期"将以航空资源为入口，构建 B2B 的交易平台。2017 年公司将继续加大信息技术研发力度，包括移动技术的应用研发与投入，通过新业务管理系统提升产品与客户端移动技术，提高客户体验和公司运营效率。未来公司会把信息化建设管理作为一个重要战略技术手段，重点培植孵化③。

（三）携手第三方电商平台

1. 凯撒旅游＋途牛＋京东拍拍

2015 年 11 月，海航旅游与途牛正式宣布战略结盟，海航旅游战略投资途牛 5 亿美元，交易完成后，海航旅游成为途牛第一大股东，持有途牛约 24.1% 的股份。凯撒借势途牛进行线上销售；而按照途牛分销与直采各占 50% 的计划，在跟团游产品方面也将获得凯撒更多的优质资源，以及产品优化方面的合作④。

2015 年 5 月，凯撒旅游宣布成为京东旗下移动社交电商平台"拍拍"的首个

---

① 凯撒旅游借壳上市，大力推动 O2O. http://b2b.toocle.com/detail6244905.html，2015-04-18.
② 凯撒旅游布局线上紧追众信一日成立两网络公司. http://stock.hexun.com/2015-11-04/180328465.html，2015-11-04.
③ 凯撒旅游 2016 年年度报告。
④ 凯撒旅游：我们更擅长面向市场的资源整合. http://www.traveldaily.cn/article/97467，2015-12-07.

旅游类战略合作伙伴，双方将以消费者需求为中心，将专业、优质的旅游服务通过庞大的社交网络广泛链接，为消费者提供全新的旅游消费体验——让专业的旅游顾问，依托专业的社交化电商平台，实现社会化的旅游营销，进而实现旅游顾问在移动互联网平台上与消费者的一对一对接。与拍拍小店大规模存在的个人店铺迥然不同的是，凯撒旅游是作为品牌商的身份进驻拍拍小店，首期 300 余名专业的旅游顾问已经同期入驻，未来，其全国近千名专业旅游顾问甚至是全体员工也将加入其中。旅游行业全新的线上生存形态正在被构建[①]。

2. 凯撒旅游战略投资欢逃游

2016 年 12 月，凯撒旅游战略投资境外目的地旅游供应与分销平台——"欢逃游"。欢逃游成立于 2014 年底，专注于通过技术与产品，加速境外目的地旅游"在线供应与销售"的总体效率，改造境外目的地旅游的供销手段。目前服务已覆盖全球 41 个国家与地区、263 个城市，可提供商品近 20 000 个，涵盖当地美食、景区门票、休闲娱乐、交通接驳、日游、特色住宿等多个类目，依托自有系统，高效服务于境外的资源供应端与国内的旅游企业，通过"垂直 B2B"服务，向中国业者提供全球的目的地旅游商品及服务。随着凯撒旅游规模的不断提升，对目的地资源的整合效率提出了更高要求，此次凯撒旅游战略投资欢逃游，后者垂直式的 B2B 服务体系也将加速凯撒旅游境外目的地资源的整合[②]。

四、企业解读

（一）加大信息化投入建设，提升互联网领域市场竞争力

加大对数据的研究和应用，升级会员管理体系。2017 年凯撒旅游将进行会员体系升级转型，在增加客户黏度的基础上，优化会员管理和服务水平。通过大数据、物联网、信息模块集成等手段，全面促进智慧旅游建设，更好地掌握客户的聚集信息及出行消费习惯分析，使产品的研发设计更加贴合会员实际需求，形成良性市场反馈需求，有效反哺指导市场布局规划。

（二）未来发展战略

凯撒旅游未来将继续以旅游业务为核心，快速拓展全球市场，倾力打造出境游全产业链服务运营商；同时兼顾食品业务，并寻求旅游与食品业务结合发展的机会。旅游业方面，公司将牢牢抓住我国出境旅游高速发展的战略契机，继续加大全球运营网络布局力度，构建以高品质产品为核心，高度信息化和国际化的线上线下一体化的营销及服务网络。与此同时，持续挖掘和掌控上游旅游资源，结合航空、互联网、金融等领域实现跨界创新，丰富产品结构，以满足不断升级的旅游消费需求。食品业方面，公司将保持航空、铁路配餐业务的持续发展，加强国内国际行业合作，通过高标准的产品、运营、安全管理，拓展餐饮服务市场；紧抓公司境外旅

---

① 凯撒旅游为什么选择了京东拍拍？. http://www.ce.cn/cysc/tech/07ityj/guonei/201505/29/t20150529_5502165.shtml，2015-05-29.

② 加速资源整合：凯撒旅游战略投资欢逃游. http://www.traveldaily.cn/article/109775，2016-12-13.

游资源，适时结合出境游业务打造以传统中国味为特色的创新产品，形成境外旅游服务亮点。

（三）凯撒旅游发展大事记

2000年，成立凯撒旅游网。

2003年，北京凯撒国际旅行社有限责任公司由德国凯撒旅游集团和保利集团联手对其原有的保利旅行社进行重组并更名。

2008年，实现5亿多元人民币的销售额。根据欧洲各国使馆统计的数据，凯撒占据这个细分市场上的第一名，在北京市场拥有超过40%的市场份额，在全国市场拥有17%的市场份额。

2009年，新的《旅行社条例》实施，打破了对旅行社地域的限制，这样一来有利于凯撒向全国各地的扩张。凯撒可以完善全国直营网点的布局，组织更多的国内旅客去欧洲旅游。

2011年底，海航旅业基本完成收购凯撒旅游，凯撒旅游网全新改版。

2012年2月，凯撒旅游正式宣布引入海航集团作为公司的战略投资者。

2013年，全球知名休闲旅游集团地中海俱乐部（Club Med）与大型综合旅游运营商凯撒旅游达成战略合作协议，2014年双方将进一步扩大合作领域，并携手进行市场营销以及合作推广等活动。与此同时，凯撒旅游还将携手Club Med增加"店中店"，并升级"店中店"经营模式，将"一价全包"式的精致度假理念分享给更多的游客。此次，凯撒旅游与Club Med将扩大合作范围，涉及多个精致海岛产品。

2014年5月，中青旅与凯撒旅游签署合作协议，首次互开销售平台，共享部分优质旅游产品。游客在凯撒旅游、中青旅的直营连锁店、网站上，可以咨询、购买对方的旅游产品和线路。

2014年7月，海航集团旗下两大企业——凯撒旅游和天津渤海通汇货币兑换有限公司（以下简称"通汇货币"）在出境旅游服务领域推出重大举措，双方将携手搭建国内退税"快速通道"。

2015年5月29日，凯撒旅游宣布成为京东旗下移动社交电商平台"拍拍"的首个旅游类战略合作伙伴。

2015年11月，凯撒旅游设立易启行网络科技有限公司和首航假期网络科技有限公司。

2015年12月22日，凯撒旅游联合北青社区传媒在京召开新闻发布会，宣布推出"凯撒到家"，全新打造社区旅游生态圈。

2016年3月，凯撒旅游与海航资本分别出资6亿元，共计12亿元投资乐视体育。

2016年3月，凯撒旅游出资2.5亿元，与民航投资、凯撒世嘉、大鹏航服等共同出资9.33亿元，投资航班管家。

2016年9月，凯撒旅游以1.48亿元购买股份并增资的方式对浙江天天商旅国际旅行社有限公司进行投资，取得其60%股权。

2016年12月，凯撒旅游战略投资境外目的地旅游供应与分销平台——"欢逃游"。

春秋国旅

一、上海春秋国际旅行社简介

上海春秋国际旅行社（集团）有限公司（以下简称"春秋国旅"）是春秋航空的母公司，成立于1981年，业务涉及旅游、航空、酒店预订、机票、会议、展览、商务、因私出入境、体育赛事等行业，是国际会议协会（ICCA）在中国旅行社中最早的会员。1994年以来，春秋国旅在经营中国公民境内旅游业上成绩显著，连续多年获国家旅游局排名的国内旅游全国第一。2013年起，营收超过百亿，2014年纳税列上海市民营企业第五位。有拥有"贵族之旅""春之旅""中外宾客同车游""纯玩团""自由人""爸妈之旅"等多种特色旅游产品。同时，春秋国旅已经在美国、英国、泰国、德国、日本、澳大利亚、中国香港7个国家和地区以及国内30多个大中城市设立分公司，形成了初具规模的"春秋联合体"。目前，公司拥有五千余名员工，业务涉及旅游、航空、酒店、机票、会议、展览、商务、车队、体育赛事、城市旅游观光巴士等，拥有境内43家全资分社和海外5家全资分公司，全国4000多家代理商，上海58家全资营业网点，是国内连锁经营最具规模的旅游批发商和包机批发商之一。2015年1月，春秋航空正式登陆上交所，成为航空业民营资本的"第一股"，从原股东处稀释了25%的股权，春秋国旅持股63%继续维持控股地位。

图8-11 春秋国旅标志

资料来源：百度百科

二、主要业务和发展模式

（一）主营业务

春秋国旅主要产品包括国内游、出境游、周边游、邮轮游和特卖路线等。春秋国旅一直坚持着旅游特卖线路，众多境内外热门旅游线路最低降至三折，最高不过七折，出发地覆盖包括北京、上海、广州、深圳、青岛、南京、杭州、成都等多个全国主要大中城市。目前拥有"春秋旅游""春秋假期""贵族之旅""春秋之旅"4个品牌，41条上海名牌线路。这些线路涵盖了海南、桂林、张家界、重庆、青岛、北京、中国香港、西班牙、法国、瑞士、意大利、新西兰、柬埔寨、俄罗斯等多个旅游目的地。近年来，春秋旅游自我革命，颠覆了春秋创立的"散客成团"。从传统的团队游,加速转型,利用包机、包位优势,并创新式包房、买断景区门票等方式,大力发展自由行。2014年7月,春秋国旅推出"行简住优"自由行品牌,该品牌结合航空、旅游为一体的优势,"行简"不仅惠民,更是降低了人均碳排放量,实现了绿色出行;"住优"则将出行省下的费用用于住宿品质的提升上,让游客在整个行程当中住得舒适、惬意。2014年,春秋国旅自由行产品有70%左右是线上销售[1]。目前春秋旅游网已经确定了以自由行业务为核心的思路,也已经打造出了一批极具性价比的自由行产品。2017年,春秋旅游自由行人数预计将突破100万大关[2]。

（二）发展模式

春秋国旅始终坚持立足于"航空+旅游"的产业定位,开展航旅结合的发展模式。利用早期游客基础开办独立的航空业务,进入旅游资源端占据优势,在巩固国内短线的基础上,积极研发中长线旅游产品,打造目的地生活服务区,走向平台化发展,提升旅游产品的多元化和竞争力。春秋集团航旅深度结合并互为流量入口,同时依靠领先的技术水平迅速拓展B端服务,作为民营航空第一股为整个集团在资本上带去前进的动力。2015年,春秋旅游宣布实施新战略计划,向旅游产业链上游延伸,涉足景区经营,与无锡荡口古镇签订5年战略合作协议。春秋旅游将全权负责荡口古镇门票销售工作,并实施广告、营销、市场活动等旅游推介工作。同时,春秋旅游还将参与配合荡口古镇实施景区及周边环境、交通、商业、服务等改造提升方案。

三、在线发展概况

春秋国旅集团作为我国民营旅游企业的开创者和领导者,从旅行社这一传统业态起步,不断通过战略调整适应市场变幻,从"航旅"战略联盟到探路"互联网+",打造线上线下协同互动平台,实现了互联网平台与传统旅行社业务的跨界融合。

（一）在线平台春秋旅游网的建立与发展

1999年,春秋旅游网正式建立。初期运营模式为春秋国旅的企业网站,以发布企业最新动态及线下产品的线上展销为主。2000年下半年起,春秋旅游网开始尝试电子商务运作模式,成立专门部门操作网上业务。经过一年多的探索与尝试,2002年起,网上业务交易量开始迅速攀升,网站以旅游包装产品的订购为主,兼营宾馆和机票的预订业务。2004年5月,春秋旅游网尝试推出新型旅游预订模式——旅游电子票,即专门开辟出部分旅游线路,以"网上支付即可享受30~500元优惠"的做法来吸引游客网上订购旅游。2005年5月,"网上支付即可享受30~500元优惠"的做法普及到春秋旅游网每一条旅游线路。一时间,网上支付总量较以前呈现10倍以上的攀升态势。2007年,春秋随着其电子商务的快速发展,入选2007年度

---

[1] 深度分析春秋旅行社如何反攻线上!.http://www.iyiou.com/p/16440/,2015-03-16.
[2] 带你看看"春秋旅游这五年".http://www.sohu.com/a/198520695_376259,2016-10-17.

"中国商业科技100强"，获得多项荣誉，并且充分利用电子商务信息系统，提升核心竞争力，实现单机营运成本最低，收益率最高，网上BTC销售比例高达70%。2011年，春秋航空旅游网拆分为春秋航空网（www.china-sss.com）与春秋旅游网（www.springtour.com）。2015年1月，春秋旅游网上线了全新的机票预订平台，用户在春秋旅游网上可预订到各大航空公司国内航线的机票[①]。春秋旅游网组建以来，一直作为春秋国旅的一个经营部门来发展，以此推动春秋国旅企业信息化改造。传统旅行社在向互联网转型的过程中不能受制于思维和定位上的瓶颈，真正的OTA不是只单纯地成为旅行社兜售线下产品的货架，而应该成为一个丰富而有特色的旅游产品在线平台。春秋旅游目前已经从旅游产品开发、目的地服务建设等各方面入手，摆脱陈旧思维，打造一个独具价值的在线旅游网站。

图8-12　春秋旅游网页面

资料来源：春秋旅游网官方网站

（二）技术领先拓展B端服务

春秋航空从创建之初就重视对于信息技术团队的培养，自主研发分销、订座、结算、离港系统和中后台核心运行管理系统，是国内唯一独立于中航信体系，依靠自己的团队研发系统的公司。技术水平不断提升，在公司内外都具有很强的技术溢出效应。从内部看，依靠过硬的技术，搭建自己的直销平台，采用纯零售的机票销售方式，吸引客户流量。技术的持续改进对于改善用户体验、增强客户黏性具有很大的作用。从外部看，公司目前拥有超过400人的IT人才，并在重庆成立了全资子公司重庆春之翼作为IT服务的总部，逐渐由向内部提供技术扩张为向国内其他航空公司输出具有自主知识产权的系统解决方案，不仅开发了另一条收入途径，更是提升了品牌影响力。

春秋国旅从1994年开始，建立自己的全国计算机销售网络——即时销售信息

---

① 深度分析春秋旅行社如何反攻线上！. http://mt.sohu.com/20150316/n409829918.shtml，2015-03-16.

共享系统。春秋总部、门店、分社、代理商之间的网络共分布有 1200 余个电脑网络终端,构成了一个"前台收客、后台处理"的庞大业务收揽及处理平台。1998 年春秋国内部门市员工率先使用由"春秋国旅"自己研制开发的 NOVEL 散客售票软件系统,告别了票板操作的传统,在国内首创科技兴旅先河。在信息技术的支持下在国内率先实现旅游产品的标准化和实时化分销,"春秋国旅"在江浙地区有 400 余家、全国有 3000 余家网络成员,成为中国最具规模的旅游批发商。200 多家代理店中电脑联网近百家,营收比上年增长近 3 倍。同年底加入了国际大会和协会联盟(ICCA),成为中国大陆同业中第一个正式成员。

四、企业解读

(一)巩固国内廉航地位,积极发展海外市场

在出境游日益火热的当下,春秋旅游也积极研发境外旅游产品,通过与其他航空公司建立合作关系,在旅游网对接其他航空机票的销售频道,并打造目的地生活服务区,走向平台化发展,提升旅游产品的多元化和竞争力。航空方面搭乘 A 股上市的"顺风车",继续利用廉航优势积极巩固国内的地位,并将目标瞄向国际市场,尤其重视对于周边国家市场的布局,例如日本方面,不仅拓宽航线市场,同时联合日本阳光地产经营酒店切入资源端[①]。2016 年,春秋阳光酒店 Spring Sunny Hotel 在日本名古屋正式开业。

(二)旅行社 + 大交通助力海外发展

春秋集团手握上游端的机票资源,利用廉价机票的市场优势,基于深厚的旅游消费客户资源,产生了显著的协同效应。一方面,旅游消费者的庞大客户群体提高了春秋航空的上座率,带动了航空的繁荣;另一方面,廉价航空线路的开通也提升了旅游产品的市场竞争力,促进了旅游的发展。旅行社在拓展欧洲、澳新等旅游长线市场时,注重与外部具有优势的航空企业合作,同时也善于利用春秋航空在国内尤其是上海的短线优势,例如通过采取"春秋航空→上海→其他航空→海外目的地"的策略对产品进行组合,从而充分调动航空的资源。

(三)春秋旅游网发展大事记

1981 年,上海春秋国际旅行社成立。

1999 年,春秋旅游网正式建立。

2000 年下半年起,春秋旅游网开始尝试电子商务运作模式,成立专门部门操作网上业务。

2004 年 5 月,春秋旅游网尝试推出新型旅游预订模式——旅游电子票,即专门开辟出部分旅游线路,以"网上支付即可享受 30~500 元优惠"的做法来吸引游客网上订购旅游。

2005 年 7 月 11 日,春秋旅游网(www.china-sss.com)与春秋航空网(www.

---

① 旅游研究:集团化发展 走向百年旅游老店之路. http://www.pinchain.com/article/85164,2016-08-04.

air-spring.com）合而为一，成立春秋航空网，并使用对外统一域名：www.china-sss.com。

2011年，春秋航空网，两网分离，分别使用春秋航空网（www.china-sss.com）与（www.springtour.com）的域名，着力发展春秋廉价航空，力求上市。春秋航空定位于低成本航空的优势显现。

2014年3月1日，春秋旅游国际旅行社集团旗下春秋旅游网推出"超级预售"的旅游产品在线销售模式。

2014年7月，春秋国旅推出"行简住优"自由行品牌。

2015年1月，春秋旅游网上线了全新的机票预订平台，用户在春秋旅游网上可预订到各大航空公司国内航线的机票。

2015年1月，春秋航空正式登陆上交所，成为航空业民营资本的"第一股"，从原股东处稀释了25%的股权，春秋国旅持股63%继续维持控股地位。

第三节 中小旅行社的在线化和市场营销变革

随着市场的不断开放，市场环境急剧变化。互联网企业资源的中控力度越来越大，传统旅行社为维持生存不得不采取恶性竞争手段，尤其是中小型旅行社开始面临日益严重的生存和发展危机。尴尬状况与OTA旅游业巨头的生意红火形成鲜明对比。一方面是中小旅行社规模小，跟不上市场节奏，呈小规模的分散经营状态，在捕捉全国市场趋势、服务特色、市场营销宣传等方面都不能与市场相适应；加之门店成本增长，利润下降。另一方面则是OTA旅游业巨头崛起和迅速发展，单体中小旅行社势单力薄，竞争压力很大。因而，对于缺少技术经验甚至缺少充足资金的中小型旅行社而言，实现在线化是一种挑战。在此背景下，借助第三方平台一定是传统旅行社，特别是中小旅行社实现在线化的绝佳选择[1]。中小型传统旅行社可以选择与一些优秀的第三方电商平台合作，实现旅游的信息化，借助第三方平台的最大的优势在于可以以最低的成本、最快的速度拥有最强大的功能[2]。

一、中小旅行社发展现状和痛点

据国家旅游局统计数据显示，截至2015年底，我国共有约2.7万多家正式注册的旅行社企业，加之承包或开设分社，预计总数在30万~40万家，其中，"散、弱、差、小"的中小型旅行社占大多数。许多中小旅行社面临着越来越多的发展困境，

---

[1] 互联网是传统旅行社最大的机遇. http://news.cncn.com/201632.html，2014-10-08.
[2] 互联网格局下传统旅行社如何转型升级. http://news.cncn.net/c_395856，2014-09-22.

相较于大型旅行社而言，中小型旅行社在产品资源采购、营销及信息化系统等方面存在明显痛点，其中二三线城市的中小旅行社表现尤为显著。"转型""掉头"已经成为中小旅行社必须面对的话题。中小旅行社的经营相对灵活，比较容易进行转型改革。

（一）产品资源不足

整个旅游销售链条中，旅游产品的采购是销售的基础，是首要的环节，也是决定性的环节。在散客化趋势下，旅行社需要品类丰富的产品库来满足游客零散、个性的出游需求。标准化的产品从前是旅行社的优势，现在已成为旅游电子商务OTA的优势。但在会展、商务、奖励、定制等非标准化、个性化的领域，旅行社仍然具有相当大的潜力。标准化的旅游产品具有极易复制的特性，但会展、商务旅游、定制旅游等是非标准化产品，需要个性化的服务，目前一部分旅行社专门从事高端定制旅游，取得了市场强烈反响。总体来看，中小旅行社现有的产品不够丰富、缺乏创新，客户选择余地比较少，而且产品、库存很难做到实时有效，因此在采购确认中效率较低。

（二）营销方式落后

面对营销，在传统旅行社领域里往往手足无措的其实是中小旅行社，品牌不如OTA、旅行大社在市场的渗透率高，资本也不够强大，所以很多营销方式都感到力不从心。对于中小旅行社来说，营销的成本过高，不适合大型旅游企业全年、全渠道广泛铺设。绝大中小旅行社有一种通病，淡季做宣传，旺季做市场。实际上，淡季时期这个时候是消费者策划、考虑黄金周该去哪里玩，选择哪家旅行社的决策时间，也正是旅行社推广品牌的有效期。旅行社要积极宣传自身品牌在社会上的价值和地位，比如公益活动或是社会活动，加深消费者印象。跟上互联网的潮流，开通更有效的渠道，也是中小型旅行社营销转型的出路。对此，旅行社在缺乏线上销售的渠道下，未必一定要自己构建电商平台，一是投入成本太高，运营和营销成本更是高，第二同时很难留住好的互联网人才。所以，中小旅行社应利用好第三方平台，把营销、服务、售后聚合才是关键，通过天然免费的流量平台，实现用户转化。另外，中小型旅行社应发挥线下消费场景的重要优势，借社群营销"圈粉"，紧紧握住门店周边的客户群体，利用社交媒体增强与客户黏性[1]。

（三）信息化系统缺陷

在网站知名度方面，大多数中小旅行社网站知晓度低，没有完善相关的网络内容以提高知名度，比如百度百科、百度知道、搜狗问问等，而且在购买后，建设得相当不完善，各个版面之间在运营一段时间后，看不到实际的效果后，逐渐放弃这块领地，而携程、同程、途牛趁机运用电商新技术的同时，加大投入逐渐占领。此外，多数中小旅行社网站信息更新慢甚至早已弃而不用。相比专门致力于开展电子商务网站的少数旅游企业而言，中小旅行社缺乏电子商务部门与旅游业务部门的整

---

[1] 中小旅行社营销怎么做？http://www.sohu.com/a/123886379_223299，2016-12-10。

合，几乎没有能力对网站的设计、运营、维护进行改动，导致在现阶段旅游信息化建设中逐渐失去立足之地[①]。

传统旅行社各自在积极运作线上的业务拓展，更多地会选择与在线旅行社进行合作的形式，而不是竞争。对于线上旅行社而言，也需要传统旅行社作为后台为其提供成熟的线路和产品。因而，虽然中小旅行社面临巨大的互联网的冲击，但还是有着巨大的发展空间。随着携程、欣欣旅游网等OTA平台的开放，中小旅行社应紧抓这些拥有巨大流量的平台。同时，垂直细分市场也给中小旅行社的发展提供了机遇。目前已有部分中小旅行社依托自己建立的微信、网站等线上平台，线下打造主题游、定制旅游产品，提供人性化及个性化的服务，也能够获得利润。另外，传统旅行社的地接业务还可延伸至海外，在一些尚未成熟的旅游目的地，传统旅行社的地接服务仍然十分必要。

二、中小旅行社触网革新

（一）成功转型靠模式

2016年3月，来自全国所有省、市、自治区的240多家中小旅行社的负责人齐聚北京，参加"龙之旅行业协会"成立二十周年的年会，商讨旅游业发展大计。这些参会的中小旅游企业正开始拥抱"互联网+"，线上线下抱团取暖，以期实现行业的转型升级。会上龙旅国际分享了摸索出的"传统旅游服务+旅游延伸服务+互联网+旅游金融"的"四合一"经营模式，并按照"统一品牌形象、统一管理、统一核算、统一标准、统一经营模式"五个统一原则进行渠道建设[②]。

龙旅国际是由全国80余家旅行社实际控制人与和德万嘉投资基金管理（北京）有限公司共同发起创建的大型国际旅游企业。借助公司独创的对中小旅行社持续发展产生深远影响的"龙旅模式"，全力建设集"互联网+渠道网+资源网+供应链金融"为一体的"三网一链"战略布局。目前，已先后在北京，天津，上海等重点城市成立分、子公司达70余家，覆盖全国主要经济区和城市群。计划于2018年底建成300家分子公司、6000个营业网点、100万名旅游分享家的巨大营销与服务网络。通过基于B端庞大销售网络及资源把控优势，优化供给侧，应用C端分享模式和提升游客消费升级需求的商业模式，打造龙旅旅游生态圈。

（二）背靠B2B平台

随着在线旅游化、散客化时代的到来，造就了旅游市场比以往任何时候都更需要旅游B2B平台，从2013年开始，B2B在旅游业中开始备受关注，也有越来越多的旅游同行参与进来，如欣旅通、旅游圈、八爪鱼、麦收网，等等。面对市场的需求，他们有着各自的特点和运营模式。相比电商，传统旅行社的产品丰富度欠缺、价格没有优势，传统旅行社受到电商猛烈的冲击，迫切需要平台供应商提供产品支

---

① 从定性角度分析中小旅行社应用电子商务的得与失. http://m.nibaku.com/zhishi/3939349/，2016-5-21.
② 传统旅游业面临挑战，中小旅行社"互联网+"抱团取暖. http://news.hangzhou.com.cn/jjxw/content/2016-03/19/content_6106815.htm，2016-03-18.

持。加之，传统旅行社不擅长互联网技术及营销，且自建系统需要很大资金和技术投入，中小企业极少去尝试，即使有也面临后期持续的人力物力投入。这一痛点需要专业的旅游B2B平台介入和支持，传统旅行社应结合B2B平台的供应链、资源信息、增值服务，在竞争中取得长足发展。作为转型的中小型旅行社，一定要从自身优势出发，将自身的优势与B2B中间商的优势相结合，寻求更大的发展。另外，旅游同业B2B平台能实现最大程度的开放，实现快速的、跨地域的信息发布，交易和采购，中立、公正，不参与到供应商与分销商的交易中，这才能真正成为供应商与分销商的高速公路。

（三）中小旅行社旅游电商发展路径

旅游电子商务行业发展迅速，在线旅游市场竞争愈演愈烈，未来旅游市场重心必将向互联网以及移动互联网上转移。中小旅行社都应该布局旅游电子商务，只是根据自身实力，实际操作方法可能不同。

传统中小旅行社要发展旅游电子商务必须要结合自身实际情况。首先，旅行社经营者要分析自身实际实力，想清楚要通过旅游电子商务达到一个什么样的效果？只是想有个旅游电子商务业务，还是要通过旅游电子商务在未来行业格局中放手一搏。中小旅行社只有想清楚了这些问题，才能制订好相应的旅游电商发展规划。

其次，中小旅行社发展旅游电子商务，不论是何种发展策略，都应该尽量避开那些现有的行业巨头，应该从小处着手，寻差异化发展。不能所有的旅行社一上来就想做平台。未来国内在线旅游市场可能只需要几个平台级的旅游电商，类似去哪儿、欣欣旅游网等。

当然，传统中小旅行社中也不乏有实力的中型旅行社，这些中型旅行社也有想二次创业，通过率先布局旅游电子商务在未来在线旅游市场占据一定份额。这样的中型旅行社可以考虑建设自有品牌的旅游商城，利用现有资源做好品牌延续。旅行社的旅游电商建设完全可以找专业的第三方旅游电商服务商合作，结合线上线下的优势做好旅游电子商务。

三、中小旅行社发展路径

（一）寻求加入大型实体旅行社，拓宽合作渠道

在当下互联网+旅游市场环境下，以大型实体旅游企业在尝试与互联网接轨的现象已然成为不可避免的趋势。那么，对于传统中小旅行社而言，寻求有实力的传统大型旅行社，加盟或者建立分公司的情况下，不但可以获得大型传统旅游企业的技术、人力甚至财力方面的援助，而且可以在丰富产品线方面，提供专业服务水平方面都会有较大的提升。另外在获得加盟或者建立分公司的情况下，还有机会获得各地分公司或者加盟公司的协助，尤其是在产品资源的获取渠道方面，将会有较大改善，当然也会对客户的来源有所跨度，彼此间合作更加紧密的提前下。当然加盟或者申请成为分公司也是有条件的，有些有实力的传统大型旅游企业，在这方面还是比较苛刻的，因为它既要考虑企业转型的成功，也要对加盟或者分公司的盈利

（存亡）负责，将会承担双重风险。在加盟大型实体旅行社，扩宽渠道方面还有另外的一种形式，那就是当地以市（或者省）为中心成立的旅游企业联盟，类似与抱团取暖的方式，也不失为一种在互联网+旅游的改革中共进退的方式，一起迎接变化，而不是故步自封，否则将是自取灭亡。

（二）积极入住OTA电子商务平台，实现资源共享

在当前以携程和阿里旅行主导的"互联网+旅游"模式激烈竞争中，传统中小旅行社应该是尽快协商入驻类似阿里旅行的电商平台，从2016年双十一到春节的战绩中不难看出，以阿里旅行依托阿里系所建立的生态圈显示了强大的竞争优势。从最初的淘宝旅行到现在独立出来建成航旅事业群，阿里旅行依托的是中小企业自建电商店铺的模式，在这里各个供应商之间可以实现资源共享，但是彼此之间竞争也是比较激烈的，优质的旅游产企业和旅游产品会脱颖而出，这是显而易见的。但是不入驻，中小旅行社将会失去自己的一片土地，而以阿里旅行所提供的旅游电商平台将很可能是下一个十年旅游企业发展的方向。

不论是针对目的地还是客源地都应该充分考虑用户需求的基础上做出适合旅行社自身的OTA进行入驻。在当下OTA竞争激烈的情况下，难以全部入驻，而且中小旅行社也没有那么多精力去应对这么多平台的产品，所以有选择性地入驻OTA就显得尤为重要了。

（三）完善构建自媒体体系，建立品牌营销

中小旅行社建立属于自己的自媒体体系也极为必要。这里所说的自媒体一般来说包括：中小旅行社的PC端、微博、微信、移动App等服务，具体而言主要集中在微信上。就中小旅行的PC端网站的建立，主要是做营销宣传为主，不一定要具备在线支付能力，但是要有专业人员，尤其是对旅游产品了解的人员进行产品的更新，同时注重网站在线咨询功能的建设，当消费者在网站浏览海量信息后，必然会有大量的问题需要咨询，只有问题得到解答，才有可能定制服务。

而对于微信方面，一方面是对企业微信公共平台的建立（服务号或者订阅号），并依次做好客户服务、媒体品牌宣传和在线销售。微信方面是建立品牌宣传的最好时机，对于内容的创造尤为重要，但是中小旅行这方面的专业人才缺乏。相比较微博，这种强关系可能会弱些，但从2015年末看到新浪在2016年的重新发力，对于旅行社建立UGC原创内容也会有一定的作用。另外，企业可根据自身需要使用传统媒体辅助进行品牌营销建立。

（四）开发建立"知识产权旅游产品体系"

以建立实体关系链的形式存在，即完善旅行社+景区+酒店+饭店+购物+生活服务，整体旅游产品服务链的开发。这种形式即要求旅行社需要具备自己独立操作完成整个旅游环节各个要素的开发或者与某些环节要素合作。因为旅行社在旅游环节中是中间者的形式存在，类似于中介，这与因信息不对称产生的种种阻碍极其相似。但是这种类似建立属于自己的"知识产品旅游产品体系"是有一定条件的，要求中小旅行在人力、物力、财力方面都有一定的储备。这种形式对于大型实体旅

行社并不难，比如中青旅的乌镇和古北水镇就是很好的案例，但对于中小旅行社是否真的能走这条路还不得而知[①]。

第四节 传统旅行社发展趋势

一、旅行社作为旅行服务单元的四个阶段

（一）旅行1.0版

第一个阶段：发挥组合、包装、配套和再加工等作用的传统旅行社，可以称之为旅行1.0版。旅游是一种特殊消费服务，具有服务的无形性、设施的不可移动性、产品的非存贮性等特点，这使得交易双方所掌握的价格、质量等信息不相同，即一方处于信息优势地位，另一方处于信息劣势地位。很少有其他领域能像旅游那样把信息收集、加工、传递和利用放到如此重要的地位。为了获取信息的对称，游客会通过多种渠道咨询了解，如果搜寻是没有成本的，游客会不断地搜寻，直到他们发现最便宜的价格，同时最符合自己需求的产品为止。但事实上，搜寻是有时间、机会等各种成本的，因此搜寻行为是有限的。这就给旅行社的存在提供了土壤与空间。旅行社作为连接旅游生产服务各个环节的纽带，作为沟通旅游生产、流通与消费的桥梁，应运而生。旅行社在"生产"与"消费"的连接过程中，不仅从旅游消费者那里获得收入和利润，同时通过发挥纽带作用合理合法地从各种旅游经营服务者那里获得收入和利润。

（二）旅行2.0版

携程、途牛等在线旅游企业，已经在逐渐蚕食取代传统旅行社，可以称之为旅行2.0版。一个游客的旅游全过程，包括"咨询、决策、报名、参团、支付、旅途、反馈"等一系列环节。传统旅行社是靠门店与消费者联系起来，游客出游的所有环节都与旅行社门店直接接触。互联网的本质是去中间化，"互联网+"出现在旅游中，在游前、游中、游后发挥独特优势，通过线上信息展示、营销、互动、决策、预订、支付等作用，形成线上线下服务体验的闭环过程。过去人们通过门市—组团社—销售公司—地接社—导游5个渠道来实现旅行，现在借助互联网就优化了前面4个步骤，而且让信息更加对称。信息化的演进，智能终端的普及，使传统旅行社依赖基础信息不对称获利的经营模式被瓦解、分裂，市场存在的合法性逐渐消失殆尽。受在线旅游的冲击，传统旅行社处于市场份额被挤压、利润缩减的窘境。"互联网+"旅行社，使旅游服务商可以跨地域限制，把分散的组群也连接起来，把很

[①] 中小旅行社将如何应对OTA的线下布局策略研究.http://www.pinchain.com/article/63873，2016-01-22.

多零散的需求聚合在一起,是一种新的商业模式。

(三)旅行3.0版

滴滴、优步等"交通+互联网"企业,可以称之为旅行3.0版。对一个游客来讲,旅游选择最被念叨的是——时间和花费,而不是景区、风光、美食。一个地方发展旅游业最核心的制约不是景观资源,而是交通;只有在交通同等条件下,景观资源才上升为主要竞争。同样,在旅游业的六要素,最核心的不应该是"游",而是"行","行"的长短度、便捷度,决定了旅游的时间、费用主要构成。异地观光、体验、休闲,始终存在地理空间的分割、交通便捷性的限制,这就使旅游的客源市场是有一个"有效半径"的。旅游效果影响要素中,与住宿、饮食、景点及其他服务消费等项目相比,60%左右的人将交通列为首位。互联网已经实现了"搜寻、预订、支付、反馈"等环节不受地理空间限制,在旅游出发前就能够通过网络完成,有效节约时间和成本,这一优势诞生了携程、途牛等在线旅游。但是,携程、途牛解决不了交通这一制约因素。"互联网+出行"的出现,极大地解放了交通要素,开始从出租车打车市场向出行各个领域快速渗透,包括专车、拼车等。"互联网+出行"同样可以实现"搜寻、预订、支付、反馈"等环节,与在线旅游企业具有同质性。同时,"互联网+"出行掌握了一个地方的客源端,掌握了旅游六要素中最核心的交通要素,极容易转型为旅游企业航母。

(四)旅行4.0版

大数据变革旅游经营模式,进行市场需求方向的精准预测,可以称之为旅行4.0版。大数据变革了传统的商业模式,比如百度搜索、12301投诉平台等,集合通信、网络搜索、游客消费等信息,开展大数据分析,可以预测游客的喜好、大众的情绪,市场的潮流、不同人群的关注点,进而为旅游产品设计、为游客精准服务,提供了依据。

以"12301旅游热线"为例。"12301旅游热线"是整合各种旅游资源、支持多种接入方式、全面服务于公众的信息服务平台。融合语音、网络、即时通信、传真、邮件和短信,主要服务内容包括咨询、宣传推广、旅游投诉、旅游紧急救援和政策发布等。"12301旅游热线"每年接受海量的旅游咨询、投诉,如果对这些数据进行分析、加工、提炼,就能挖掘出大价值。从游客咨询的大数据中,可以统计出某一个季节,某一个时段,哪些客源地游客,咨询了哪些热点地区,咨询的重点是酒店、景区还是交通,然后对这些信息进行分析,预测客源地游客的选择,出游的季节性热度,旅游产品热度。从游客投诉的大数据中,可以统计游客投诉集中的领域是什么?酒店、旅行服务商、景区、交通。投诉集中的旅游目的地、景区或城市是哪些?进而分析投诉集中的原因是什么,然后对游客进行精准营销,对城市进行精准提升,对旅游产品进行对位打造,对旅游要素进行精准提升,所有工作都是依托大数据而有根据开展的[①]。

---

① 旅行4.0版:互联网与大数据如何颠覆传统旅行社. http://www.pinchain.com/article/70315,2016-03-28.

综合来看，旅行社作为旅行服务单元的四个阶段，特别是数据变革旅游经营模式，未来将极大地颠覆传统旅行社。

二、传统旅行社发展趋势

（一）大型旅行社集团化

大型旅行社所要解决的重心问题是规模经济问题。因而，规模较大的旅行社会选择通过合并、兼并或其他方式重新组合，形成一定数量人、财、物一体化的紧密型旅行社集团。大型旅行社在实现集团化之后，其基本业务包括3方面，即产品（特别是适合大众旅游市场的标准化旅游产品）开发、市场开拓和旅游接待，而销售业务（这里限指国内旅游和出境旅游）则主要由数量众多的中小旅行社代理。这些举足轻重的旅行社集团把全部资源集中于三块相互联系的旅游业务中，势必会提高自身和整个行业产品开发和市场开拓的力度，提高总体接待质量，同时还会因为避免了很多分散的重复劳动和相应的竞争而减少资源耗费。

（二）中型旅行社专业化

中型旅行社的专业化主要体现在所经营的产品上。中型旅行社应针对某些细分市场，对某些产品进行深度开发，形成特色产品或特色服务。而且中等规模旅行社的专业化发展是一种必然的理性化选择。通过专业化经营集成本优势与产品专业化优势于一身，解决了中型旅行社因规模较小形不成规模经济，因而也难以直接与旅行社集团竞争的问题。而对行业来说，专业化的特色经营起到拾遗补阙的作用，中型旅行社的专业化开发会使旅游产品更加多样化，从而增强旅游产品的总体吸引力。

（三）小型旅行社代理实现网络化

随着大型旅行社实现集团化、中型旅行社实现专业化，我们众多小旅行社的调整是在全国范围内实现网络化，成为旅行社业面向旅游者的窗口。旅行社的网络化可以借鉴国外的经验，与代理制联合起来，即通过代理制来实现网络（这里的网络化还包括旅行社之间的业务联系这层含义）。而旅行社集团如果完全凭借自己的力量实现广泛布点无疑会大幅度提高其经营成本，而且会加大控制难度和经营风险。因此众多小旅行社如果能够实现向代理社的转变，就可以彻底摆脱举步艰难的局面[①]。

三、从 IT 时代转向 DT 时代下的传统旅行社发展趋势

"大数据"是需要新处理模式才能具有更强的、发现力和流程优化能力来适应海量、高增长率和多样化的信息。"大数据"一直以来就是热门话题，它标志着一个大规模生产、分享和应用数据的时代正在开启。旅游业大数据则具有明确的行业论点，即是指在旅游的"食、住、行、游、购、娱"六要素领域所产生的数量

---

① 2016 浅谈我国旅行社业发展趋势. http://www.kanzhun.com/zhichang/lunwen/541112.html，2016-04-21.

巨大、快速传播、类型多样相关（有结构和非结构的）、富有价值的数据集合，并且可以通过大数据技术（云计算、分布式存储、NOSQL数据库等）进行数据相关性分析和数据可视化，从而使游客消费者的决策更加有效便捷，提高满意度。如果说IT时代，传统旅行社还只是要成功拥抱互联网，重点强调商品的确定性。那么，DT（Data technology）时代对传统旅行社来说无亚于一场体验革命，它把用户的体验放在了发展的首要位置，极度重视用户体验的价值。传统旅行社线下资源丰富，更能从源头把控体验质量，但是痛点是线上的需求无法搜集。因此，利用最好的办法是"大数据"营销体系来帮助传统旅行社适应大数据时代的发展，从而达到理想的发展效果。首先大数据对旅游行业的影响是全方位的，是整个行业管理决策模式的转变，通过大数据应用对客户上网所产生的信息资源进行分析研究，从而进行产品营销，使得旅游产品有针对性地找到自己潜在的需求对象，且更富吸引力。其次，通过大数据可以帮助传统旅行社进行精准化营销，准确地投放顾客真正感兴趣的旅游产品和服务资讯，当然，此时复合型的旅游型人才在这里起到至关重要的作用。一方面，要求这些既懂行业又懂旅游的人通过专业化分析，整合市场资源，折射数据，另一方面，要求对增加数据的有效性和标准化影响，控制数据公开，从而有效把控数据安全[①]。

---

① 大数据时代下的传统旅游企业图什么. http://www.sohu.com/a/81611351_338078，2016-06-07.

第九章
2016年大型电商在线旅游市场发展态势

第一节 2016年大型电商在线旅游市场总体发展形势

2016年的在线旅游经济已经进入了激烈的拼杀阶段，OTA平台的同质化竞争不断，成本越来越高，国内互联网市场人口红利的逐渐消退、主要竞争领域市场格局的稳固，传统的价格战等营销、运营方式不能够有效获客，让OTA等综合在线旅游预订平台进入瓶颈期。如何取得进一步发展空间成了摆在国内互联网企业面前的新课题。

除了外部环境的改变，OTA内部的竞争也异常激烈。除了携程、途牛、同程和驴妈妈争夺的一塌糊涂，本身就已经很拥挤的在线旅游市场又加入阿里旅行、百度旅游等BAT巨头。BAT巨头和原有的OTA老大开启"贴身肉搏"的竞技赛，让市场竞争再度升级。

如果说同质是综合性旅游平台的短板，那么差异化的场景内容则是垂直性平台的武器。目前来看，在线旅游垂直性平台当属"万丈红海中的一抹蓝"，住宿、交通、旅游度假三大板块正朝着精细化的方向发展。

百度，中国无可争议的搜索领域领军企业，拥有携程25%的股份，同时也拥有去哪儿45%的股份和艺龙36%的股份。百度还像谷歌一样充分发挥了（但仅在中国地区）搜索垄断的优势，并且开通了网络论坛、线上支付、汽车租赁等业务，它还对优步中国进行了大规模的战略投资。

阿里巴巴早在2014年淘宝旅游App上线时就100%表明了其对旅游方面的认真态度。虽然阿里旅行的规模相对较小。然而，阿里旅行母公司的移动商务规模和中国最流行的支付平台（支付宝）已经建立了社会信用系统，这将在中国电子商务历史上扮演重要的角色。与国内旅游相比，阿里旅行已经决定将未来发展重心放在境外游方向，这在阿里巴巴旅游投资方面已有所反映（和携程相比还是稍弱）。百程（之前的佰程旅行网）、穷游和在路上都是专注境外旅游规划的网站，都通过与全球最热门的电商巨头阿里旅行的绑定来获取更强的交易量和数据资源。阿里巴巴同样已经涉足了专车服务App公司，以及团购、餐馆评价类App公司等。

腾讯通过微信主导了短消息和社交媒体，微信现在已经是最广泛应用的软件，并在国内占据了全球消息类App的前列。它在中国市场拥有强大的用户基础和消费黏性，平台内同样还拥有强健的生态系统：很多旅游供应方都托管在微信平台上，这些显著特征体现在购买航空和铁路机票以及打车软件时都可以用微信钱包来支付。此外，信用系统方面的竞争对手支付宝也开始在社交方面有所动作。但是2016年伊始，腾讯在旅游行业的地位略显尴尬，只要和垂直领域相关的它都想试水，而这片"水域"已经被竞争对手们"污染"得差不多了，比如艺龙、同程和途牛。

从各大互联网企业的实际行动来看，在努力进行技术革新之外，拥抱更为广阔的海外市场以获取进一步的发展、增长空间也成为大势所趋。

2016年，BTA旗下拳头产品（百度地图、支付宝和微信支付）在海外市场取得了颇为显著的成就。

百度地图：在2017百度地图生态大会上，百度搜索公司总裁向海龙表示，百度地图在2016年直抵南美、横跨欧亚，布局全球209个国家和地区，成为目前手机出行应用中唯一提供全球服务的中国品牌，开启了从"中国地图"到"世界地图"的蜕变之路。

支付宝：2016年国外市场形成了"填白东南亚，入俗欧美日韩"的市场格局，支付宝已经深入日韩、欧洲、东南亚等国的零售、机场、餐饮等终端支付场所，正朝着"未来10年用户量增至20亿，60%来自海外"的目标而奋斗。

微信支付：2016年在海外市场也形成了覆盖港澳台、东南亚、欧美、西亚、澳洲等20多个国家和地区，并在东南亚、日本、韩国以及中国香港、中国台湾市场表现抢眼。基本上是延续了国内市场的竞争势态，在海外市场对支付宝构成强大竞争压力。

对于百度地图而言：从数据来看，当下其已经基本完成了全球覆盖，算是走出了百度国际化三步走战略的第一步"为面向1亿的中国出境游用户提供地图服务"，而与部分国家旅游局达成的深度合作，算是在第二步"逐步实现本土化"上迈开了一脚。对于后续百度地图的发展，百度自身的战略规划也相当明显了，持续不断地与更多国家旅游局等权威机构达成深度合作，实现共享数据等，以丰富百度地图的海外地图数据信息，为境外游消费者提供更为丰富、更精确的数据信息，走一条从出境游市场逐步渗入海外华人生活市场的路。并且善用百度自家在人工智能诸如百度翻译技术等的优势，将百度地图打造成真正的全球地图，最终实现与谷歌地图的同台竞技。而对于支付宝和微信支付来说，则是需要进一步渗透海外市场的支付场景，占据更大的海外游购物市场的支付份额，从而通过上述的游客"利诱"商家实现与当地政府、金融机构达成合作。进一步地渗透进零售、出行、餐饮、酒店等支付场景，使移动支付成为水和电一样的基础设施的存在。当然，相对于支付宝、微信支付在海外市场可能还需要付出一点儿额外的努力。原因在于，在海外市场微信当下面临的非高频的沟通工具的现实，其社交属性反而会限制了微信的支付功能，微信在海外市场需要想办法摆脱社交固化思维带来的支付瓶颈。

第二节 2016年大型综合电商在线旅游市场发展动向

一、百度进军在线旅游市场新动向

（一）百度表示景区营销从传统媒体向互联网媒体转移

在2016年3月25日举办的2016劲旅景区峰会上，百度商业生态旅游行业资深顾问韩东出席并发表了以"景区营销——百度理解与实践"为主题的精彩演讲。他表示，随着互联网时代的到来，媒体的影响力已经逐步从传统媒体到互联网媒体进行转移。2015年在线旅游市场通过手机端包括通过OTA完成的交易占比为20%，可以看出目前大部分的景区的门票、二销，都是在线下进行完成的，真正在线上完成的实际上不多。从资本的角度来看，就是在线旅游的渗透率（除了机票、酒店）很低，说明目的地、资源持有方有很大的空间可以进行探索。同时，从资本投入角度来看，2016年不是景区的死亡元年，而是资源持有方的春天来了。过往的几年中资本方的钱基本给了OTA去打价格战，究其原因就是产品趋同质化很严重，但经过了三年四年的资本洗礼和互联网的洗礼，很多景区已经学会了如何去运用互联网，做自己的营销。

对景区来说，应通过分析数据，进行游客特征分析。百度通过数据与程序化的交易，每天对60亿人次的数据进行抓取和分析，清晰呈现客源分布，使景区可以对专门的市场进行更精准的营销。除了人群分析之外，百度还能够提供人群热点分析，利用手机LBS，通过统计景区中使用手机的人数，形成热力图，使景区能够通过一段时间的观察对未来进行预测，并可以提前发布。

（二）百度地图上线11个热门国家海外地图服务

随着假期出境游的升温，百度瞄准中国1.2亿出境游用户，百度地图开始发力海外中文地图布局。宣布上线亚太地区11个热门国家的海外地图服务，包括澳大利亚、新西兰、马来西亚、菲律宾、印度尼西亚、文莱、越南、马尔代夫、斯里兰卡、印度、尼泊尔等，并对泰国及新加坡两国进行了数据更新和功能优化，推出了热门旅游城市的离线服务。此外百度地图还将对海外版本进行汉化，并支持中文搜索。

百度地图在去年逐渐加重生活相关业务的布局，而这次服务的补充也是百度地图自2016年春节前夕上线日韩泰新四国服务以来，在国际化进程上又一次的加紧扩张。

（三）百度与韩国、泰国旅游局达成战略合作，推动百度地图国际化

2016年6月，泰国国家旅游局与中国搜索引擎百度公司13日在曼谷正式推出中文版百度泰国旅游地图，并签署旅游合作备忘录，为中国自由行游客提供手机导航服务。

据悉，这一新版地图将为中国游客提供泰国1.7万个景点、餐厅、购物场所和服务点的导航。据百度泰国办事处总经理陈国浩介绍，根据百度与泰方共享的中国游客消费行为、趋势等数据信息，人们只要在地图上输入泰国目的地，就能搜出前往的路线和周边热点区域；输入英文地名，搜索结果也能自动转换成中文。泰国国家旅游局副局长林萍说，百度地图将同时向游客推送相应的游览购物信息。双方还将合力开发智能向导服务，为游客提供泰国主要旅游点中文语音解说，并将通过推广"欢乐泰国假期提示"的视频，告诉游客泰国的风俗和禁忌，教授游客泰文日常用语。

2016年7月，百度宣布与韩国旅游发展局达成战略合作，韩国旅游发展局将为百度地图提供中韩文版本的景点、酒店、购物中心等权威地理数据，并将协调韩国旅游行业与百度地图开展合作。"THE MAP KOREA"将利用自身的中介系统提供中文、韩文版本旅游信息给百度地图。百度方面表示，希望借助韩国旅游发展局的优势资源，为中国人赴韩旅游提供更权威的信息、更便捷的服务、更实惠的活动，打造赴韩旅游新体验。

随着此次与韩国旅游发展局的合作，百度地图在亚洲市场将进入快速拓展阶段。百度地图未来将积极探索在全世界更多国家的合作，逐步实现从广度覆盖到深度拓展的进化。与泰国和韩国的战略合作是百度国际化的一部分，百度地图国际化的目标是在2016年覆盖至150个国家和地区。

（四）百度与乌镇旅游合作推无人车景区运营

2016年7月，百度与乌镇旅游举行战略签约仪式，宣布双方将致力于在景区道路上实现Level4的无人驾驶。这是继百度无人车和芜湖、上海汽车城签约之后，首次公布与国内景区进行战略合作。

百度高级副总裁、自动驾驶事业部总经理王劲表示，未来汽车的价值将主要由人工智能为核心的软件所决定，这也是所谓的软件定义汽车（Software Defined Vehicle，SDV）。百度愿与生态合作伙伴一起，拥抱未来。乌镇旅游是百度重要的合作伙伴，双方将致力于在乌镇景区内实现无人驾驶的运营。

在签约仪式上，百度自动驾驶事业部副总经理李震宇还透露了百度自动驾驶事业部的生态构建策略，他表示百度将以开放的心态，与生态各方紧密合作，推进无人车在中国的商用与量产。

（五）携程铺路百度旅游战略

2016年9月，携程宣布计划发行2250万股美国存托凭证，发行总额最高7.5亿美元高级可转换债券（以下简称"可转债"）。消息出来之后，业内纷纷猜测携程将启动下一轮并购，标的很可能是美团点评（以下简称"新美大"）酒旅，而携程资本动作的背后则是百度重旅游、轻外卖的战略意图。

在携程收购新美大酒旅，百度打包出售百度外卖与百度糯米之后，百度的O2O业务便得到进一步调整。魏长仁分析指出，如果百度仅仅把百度外卖与百度糯米出售给新美大换取部分股权之后，百度的O2O就彻底失败了，但如果借助携程把新美大酒旅收购，那么百度的O2O反而是"曲线救国"。"这样的话，百度虽然不用自己经营O2O业务，但是有新美大和携程的股份在手，同样能够获益。"魏长仁表示，同时，不论是在外卖领域还是在酒旅领域，都避免了百度系与新美大的竞争。如此看来，百度在这一系列的"腾挪术"中占据主动权。

（六）北欧四国旅游局与百度地图签署战略合作协议

2016年11月，北欧四国旅游局（丹麦国家旅游局、芬兰国家旅游局、挪威国家旅游局、瑞典国家旅游局）联合百度地图在京举办主题为——"度量北欧，每平方米更多惊喜"新闻发布会，并宣布：北欧四国旅游局与百度地图正式签署战略合作协议，共同向5亿百度地图用户推广"北欧，每平方米更多惊喜"及"打开百度地图，畅游北欧四国"概念，让百度地图用户在未来造访北欧四国时获得更为完美的中文信息查询及旅行体验。合作从即日起持续至2017年全年，包含了：北欧目的地POI（Point of interests）信息完善、在线营销互动活动、联合新闻发布会等多方面内容。

双方表示，在合作期间内，北欧四国旅游局与百度地图计划将在社交媒体营销、数据整合互换、线上线下活动运营等多层次展开合作，让中国游客在北欧四国当地打开百度地图，享受到精准、便捷、丰富的信息服务，从而获得更完美的北欧惊喜体验。

二、阿里进军在线旅游市场新动向

（一）阿里旅行：全球化是2016年的核心战略目标

阿里巴巴旗下品牌阿里旅行的首席战略官Sherri称，2016年阿里旅行最关键的战略是全球化（促进中国境外游市场的增长以及吸引更多国际旅行公司加入阿里旅行的平台）以及通过与阿里巴巴生态系统的进一步整合，提供一站式的客户体验。Sherri说道："我们希望借助自己在市场平台、大数据及支付（支付宝）方面的优势，继续推动'未来酒店'（比如：用户无须付押金就能入住酒店、享受快速离店服务）和'未来景区'（通过手机进入主题公园、景区等地，门票会自动从支付宝账户里划扣）的发展。"

（二）阿里旅行牵手春秋旅游打通线上线下

2016年1月，阿里旅行与上海春秋国际旅行社（集团）有限公司（以下简称"春秋旅游"）结成战略合作伙伴。未来，双方将完成系统对接，提升工作效率和用户体验，同时，双方将联合运营在阿里旅行上设立的春秋旅游旗舰店。此外，双方也会在一定程度上打通会员体系，即阿里旅行将在自由会员系统中推行和春秋旅游同样的会员等级和会员权益，成为春秋旅游的第二官网。而在一些大型项目、重点目的地上，双方也将联合组织活动并进行推荐。

春秋旅游副总经理殷辉表示，通过与阿里旅行的强强联手，春秋旅游将引入更多流量。有业内人士表示，传统旅行社需要借助平台走线上道路，大家都在寻找合适的合作对象，同时，阿里旅行作为平台，也需要有一流的旅行社入驻。

（三）百程旅游挂牌新三板，阿里是第二大股东

2016年4月，北京百程国际旅游股份有限公司的挂牌申请获得批准，百程旅游正式在新三板挂牌。目前，百程的主要股东包括天津睿恒顺、杭州阿里、瑞元资本、百程科技等。其中阿里持股16.47%，是百程网的第二大股东。

（四）阿里旅行入驻桂林景区，高科技玩法玩遍景区

2016年4月，阿里旅行与桂林市旅游发展委员会及桂林众多景区举行发布会，宣布即日起，阿里旅行将为桂林所有景区提供信用游、扫码支付、地图导览等"未来景区"全线产品。

此次合作，是阿里旅行第一次与一个城市进行"未来景区"的合作。是线上线下合作实现"互联网+"和"智慧旅游"的一个典型案例。通过技术创新，阿里旅行的"未来景区"在互联网产品端，提供了游前购票、入园游玩、游后支付的完整的体验闭环。而在线下端，在桂林市旅游发展委员会的牵头，和广西票付通公司的系统承接下，合作单位包括桂林旅游发展总公司、桂林旅游股份有限公司，景区囊括了桂林、阳朔主要的著名景点。

"未来景区"的实现，不仅让游客体验更畅快，同时在背后还为景区的互联网化跃升，提供了一整套低成本、高效率的解决方案，包括：景区智慧营销、智慧服务、智慧管理，等等。

传统旅游资源接入"未来景区"战略，不仅可以共享阿里的大数据、海量用户引导、支付便利和产品技术等优势，随着阿里旅行的不断谋篇布局，后续很可能有更多具有想象力的线上线下合作。

阿里旅行总裁李少华曾表示，让"未来景区"战略覆盖更广一直是阿里旅行在做的事，最终目的是作为平台提升整个旅游行业信息化程度，让游客体验和景区管理两方面都更加智能、便利。

2016年，"未来景区"的蓝图在高速铺开中，公园类海昌海洋公园、山岳景区华山、徒步旅游胜地喀纳斯、文化圣地曲阜三孔景区、常州环球恐龙城，先后加入了"未来景区"的阵列。与此同时，阿里旅行的战略已踏足国外。据了解，今年开始，阿里旅行已经在新加坡、美国进行了大规模的招商和宣传。

（五）阿里旅行打出度假IP战略

如今，旅游IP越来越火，阿里旅行近日宣布推出"万游引力"度假IP战略，欲借助阿里旅行平台覆盖的旅游资源打造各细分领域的IP，并率先与芬兰航空、芬兰旅游局独家合作推出"极光专线"，作为阿里旅行旅游IP产品的样板。

除了"极光专线",阿里旅行还将陆续推出以东非、埃及等以目的地为主题的旅行产品。另外,在 IP 类型上,阿里旅行除了设定北极光这样的"原创 IP",同时也包括"优质 IP"和"潜质 IP",挖掘平台上有特色的产品。比如迪士尼、故宫、方特等,他们本身就已经具备了相当的品牌知名度和用户认知。透过阿里旅行平台,这些优质 IP 与最具互联网特质的消费者充分互动,在阿里大数据的助力下,挖掘出自身品牌力的更大外延。目前,上海迪士尼已经将阿里旅行视为官方直销渠道,故宫博物院也在其阿里官方旗舰店开通了多个板块,故宫门票、故宫文创产品和出版物都在阿里平台上线,形成其完整的 IP 链条,让用户的体验更加完整。而潜质 IP 则是阿里旅行上覆盖面最广的,他们因加入阿里旅行平台得以被深度挖掘。此前阿里旅行评选出的丽江客栈最美老板娘、与新浪微博合作的蜻蜓客等,都是通过挖掘这些潜在 IP 背后的故事,获得用户情感上的认同,从而使这些 IP 具备商业变现能力。这些潜质 IP 的特质是"小而美",在某个小众领域拥有固定的粉丝群,能为旅行者提供精细化的旅行服务和体验,引发长尾市场效应。

对于 IP 的阐释,阿里旅行副总裁兼度假事业部总经理周正表示,IP 最重要的是品牌化,使其获得更广泛的价值内涵与认同。此番度假 IP 战略中,阿里旅行明确表示,阿里生态已经涵盖生活购物、金融、影业、音乐、体育、传媒、网络社交、健康等各产业领域,旅游与这些领域有着天然的融合属性,阿里大生态是阿里旅行度假 IP 战略的"大杀器"。

实际上,阿里旅行除了此次度假 IP 战略,7 月初,阿里旅行还在租车领域以及目的地玩乐方面进行布局,联手租租车发力出境自驾游市场,并推出"玩+"优选平台,整合目的地玩乐资源,明显加大了发力度假市场的力度。

通过阿里旅行的 IP 矩阵,不难发现阿里旅行的 IP 价值观。在阿里旅行副总裁兼度假事业部总经理周正看来,IP 可以是所有具备潜质的商品、服务乃至个人,IP 可以是具备核心竞争优势的资源,也可以是小而美的商品与服务,重要的是可以被品牌化,使其获得更广泛的价值内涵与认同。而阿里旅行通过平台的方式对 IP 进行挖掘、升级或孵化,也使这些 IP 的故事能力和商业服务能力更有效率地连接消费者。

(六)"阿里旅行"升级为全新品牌"飞猪"

2016 年 10 月,阿里巴巴集团宣布,将旗下旅行品牌"阿里旅行"升级为全新品牌"飞猪",英文名"Fliggy"。阿里巴巴 CMO 董本洪现场阐释了此次改名的初衷:"将目标客群锁定为互联网下成长起来的一代,结合阿里大生态优势,通过互联网手段,让消费者获得更自由、更具想象力的旅程,成为年轻人度假尤其是境外旅行服务的行业标杆。"

飞猪是面向年轻消费者的休闲度假品牌,与面向企业差旅服务的阿里商旅一起构成阿里巴巴旗下的旅行业务单元。飞猪目前会员数已超过 2 亿,日均访问用户达 1000 万。"飞猪"品牌的 LOGO 轮廓是代表飞翔的字母"F"的变形,也是翅膀的造型,中间为卡通形象,结合金黄色的主色,充满朝气与活力。新品牌"飞猪"的口号为"比梦想走更远"。

在已经开始预售的2016双十一上,飞猪也推出了很多超乎想象力旅行商品。例如环球旅行套票、南极之旅、非洲大峡谷探秘等。2016年初,阿里旅行已针对东南亚和北美发布了海外度假战略。过去两年来,国际航空公司如荷兰皇家航空、法国航空、新西兰航空、加拿大航空、国泰航空、大韩航空等接二连三入驻。截至目前,阿里旅行平台上已拥有超过30家国内航空公司、超过20家境外航空公司开设旗舰店,成为全球最大的航空公司直销聚合平台。与此同时,万豪、雅高、温德姆、香格里拉、悦榕庄等全球知名高端酒店集团也已入驻飞猪平台。

飞猪总裁李少华概括了新品牌飞猪最为核心的两个关键点:聚焦出境游体验、聚焦互联网创新。飞猪计划与欧洲诸国深度合作,一站式呈现各大热门目的地丰富的旅行资源,并在当地建设地面实体服务站,为中国游客提供自带亲切感的中文服务,让游客即使离家万里,在遇到问题时也能及时获得有温度的帮助。加之大数据智能平台的在线高速处理和电话远程客服,飞猪提出了"全球30分钟响应"的24小时服务标准,这已经是出境游的服务新标杆。海外目的地战略的另一重要部分在于线上营销。通过搭建线上国家馆、内容营销、达人分享等,飞猪希望让游客充分了解欧洲的目的地,也让欧洲的商家在飞猪平台上更直接地接触到中国游客,并带来更好的沟通与服务。除了资源和营销上的合作,飞猪也将继续深化行业互联网创新,除了已经广受好评的未来酒店、未来景区等创新,飞猪还宣布即将上线"出境超市",该功能从技术底层,将出境自由行的多品类商品要素化、精选化、便捷化,方便用户选购和搭配,获得出境游预订的超快感。

虽然"飞猪"刚刚诞生,却已在战略层面,担当了阿里巴巴集团"新零售"和"打通海内外"布阵急先锋的重任。对于飞猪而言,其出境旅行市场的争夺主要依靠三方面:整个阿里系的流量和用户导流;阿里在与各国政府的友好关系,飞猪负责人也表示马云与国外高层见面,均会推动签证办理方面的工作;创新型业务,如未来酒店,不仅可以免押金免排队免查房,还能够在线VR选房、人脸识别Check-in、离店提前预约发票,等等。

三、腾讯进军在线旅游市场新动向

(一)腾讯发布"芒种计划"

2016年3月,腾讯发布"芒种计划",表示未来将投入2亿元资金以及100%的广告分成来鼓励自媒体、旅游等垂直领域的自媒体人是腾讯重点激励的方向。未来腾讯旅游的内容将100%来自于自媒体,共同助力平台成长,合作共赢。据悉国家旅游局、陕西省旅游局、天津市旅游局等多个旅游机构已率先入驻腾讯企鹅号。

(二)腾讯旅游发布破晓计划,打造旅游产业链生态圈

2016年4月,腾讯网在京举办第一期"2016腾讯旅游+思享者"的沙龙。在本次沙龙上,腾讯网宣布成立腾讯旅游频道,并向业界发布了"破晓计划",该计划旨在整合腾讯全媒体平台资源,助力中国智慧旅游产业的高效落地和创新,并打

造旅游自媒体生态圈，为腾讯旅游自媒人和行业机构搭建最为丰富的展示舞台和行业新玩法，通过现金补贴和广告分成的模式，为旅游自媒体提供可持续性的商业化机会。"破晓计划"将聚焦于旅游＋资讯，旅游＋产业，旅游＋服务三大方向的运营和服务落地，推动腾讯旅游媒体矩阵的内容建设，产业层面的研究和解决方案落地，客户品牌营销和大数据应用，同时联动内外部合作伙伴，推进互联网＋旅游领域的探索实践。"我们希望为用户、自媒体人和产业链合作伙伴及客户提供定制化的优质服务，开放在媒体传播、用户连接、产品矩阵、大方面的能力，共同推进现代旅游业的发展。"腾讯旅游运营总监孙晖表示。基于腾讯自身强大的资源和整合实力，此次腾讯旅游推出的"破晓计划"将针对行业客户，自媒体人，产业链合作伙伴从以下几个层面实现旅游行业＋互联网模式。

1. 资讯

凭借腾讯全媒体整合营销和智慧旅游服务能力，整合腾讯网、腾讯新闻客户端、腾讯视频优质资源，同时依托新闻客户端城市、旅游页卡、天天快报旅游页卡、腾讯视频V+频道等多渠道强势阵地，腾讯为旅游行业提供了强大的资讯平台，而新开启的"芒种计划"则将旅游行业的自媒体人产出的内容进行一键分发，更好地做到内容变现。腾讯旅游也将推出直播平台，将旅游内容与直播结合，让想通过腾讯平台了解旅游资讯的用户获得更深入式旅游的体验。

2. 产业

腾讯旅游与国家旅游局，香港旅游局等建立了战略合作，还与旅游卫视等传统电视媒体进行深度绑定，将互联网服务特点与旅游行业结合，而与旅游卫视的合作则更加突出内容＋平台，产业＋服务的项目落地。腾讯推出了优品移动特产电商服务，将各地的特产很好地整合进电商之中，同时基于腾讯自身的大数据实力，以及"企鹅智酷""腾讯研究院"等腾讯官方的智库机构，腾讯旅游将成为旅游行业的智囊，为旅游行业的发展献计献策。

3. 服务

针对各地旅游资源的差异，腾讯旅游将集合腾讯的全媒体平台优势，将新媒体定制化营销的概念整合进旅游景点的推广当中，让品牌传播更专业更高效。而针对游客，腾讯也会为游客提供定制化的旅游体验，凭借着腾讯多年在线上线下的布局，解决出行前行程预览、酒店预订、安全预警；出行中智能购票、智能导览、餐饮预订等众多在旅游当中经常困扰游客的问题。在大数据方面，腾讯将大数据应用到客流、景点游客数量预警等各个方面，为景点提供更科学的决策手段。腾讯旅游也将针对不同景区特点策划线下活动，推进景区的跨界融合发展。

另外，"企鹅旅游＋联盟"也在本次沙龙上宣告成立。企鹅旅行＋联盟是腾讯旅游发起的基于互联网发展实践的行业社群，通过整合腾讯一体化的产品和资源能力为成员做好日常运营，同时挖掘和补充成员的价值和服务能力，实现共赢。

腾讯旅游运营总监孙晖表示："互联网是连接无限可能的行业，而旅游更是无边际的产业，我们的宗旨一是发挥内容优势，二是以连接器的身份促进产业的融合和发展。"本次腾讯旅游通过推出"破晓计划"和"企鹅旅游+联盟"将腾讯的优势资源整合进了整个旅游行业之中，让传统的旅游行业真正的互联网起来，同时腾讯强大的平台资源，也为专注于旅游的互联网自媒体有了一个良性、有序的生态联盟，让更多的自媒体人的优质内容推送到更广阔的受众中，建设一个互联网+时代的旅游新生态。

图9-1　企鹅旅行LOGO

资料来源：搜狐网

（三）腾讯系OTA"抱团"或为对抗百度

腾讯对于所投资的两家OTA公司的支持力度正在明显增大。目前同程机票预订已经接入了腾讯微信"我的银行卡"频道下，其在广州和深圳目前已开始测试。而艺龙方面则一直主要负责腾讯旅游平台运营，未来亦有望在微信平台上获得更多支持。

此次同程艺龙启动的互换库存式的合作，更是让二者之间开始有了实质性的协作。一方面，酒店业务受阻的艺龙，可以借此丰富新的产品线，以摆脱酒店领域独力难支的尴尬局面。而同程也可以借助艺龙的酒店库存，完成"机+酒+景"的业务串联，布局休闲旅游。

此次消息宣布正值行业龙头公司携程或将被百度纳入麾下、百度旗下去哪儿和携程合并运营的传言发酵之时。这无疑对于腾讯主导下的此次整合起到了直接催化作用。因为一旦携程和去哪儿的合并最终成行，则意味着百度将有望彻底主导整个在线旅游行业。艺龙、同程的合作很可能正是腾讯为了对抗百度而力推进行的。

（四）"怡起来·更精彩"——华润怡宝与腾讯体育展开合作

2016年6月，以"怡起来，更精彩"为主题体育合作发布会在北京举行。华润怡宝市场营销部总经理陈越、腾讯网媒事业群副总裁栾娜、腾讯体育运营总经理赵国臣等双方领导共同出席了发布会并发表了演讲。会上，双方宣布将聚焦腾讯体育报道优势，通过整合移动全平台资源，并携手诸多奥运冠军，借年度体育大事件欧洲杯和奥运会开展大体育营销。

栾娜表示，今年腾讯与华润怡宝正式拉开合作大幕，相信双方的合作可以打造成为行业的标杆案例。未来腾讯也希望与怡宝有更多的合作，在腾讯视频、腾讯新闻等产品上有更多的创新尝试。腾讯体育运营总经理赵国臣在会上表示，随着公众体育认知的改变与参与意识的强化，引领着腾讯 2016 年欧洲杯和奥运会的报道战略和营销战略。腾讯产品深刻的社交基因，可以很好地满足用户基于欧洲杯和奥运会的互动参与和社交愿望。

（五）腾讯旅游网页版官网正式运营上线

2016 年 11 月，腾讯旅游网页版官网（ly.qq.com）正式上线运营。致力于将腾讯旅游打造成从资讯获取到产业落地的一站式互联网旅游服务平台。聚焦旅游＋资讯、旅游＋产业、旅游＋服务三大方向的运营和服务落地。

腾讯旅游从用户需求出发，在坚持腾讯一直以来简洁时尚的视觉风格基础上，使首页分类更清晰，缩短重磅头条高度和屏数，并去除重复信息，对精准信息要求更高，提升用户获取信息和服务推送信息效率。首页突出 PC 端自有栏目和自媒体联盟企鹅旅行＋矩阵产品体现，并对无线端产品进行连接，将首页打造成全面的连接窗口。在要闻区，尤其突出企鹅旅行＋、旅游企鹅号、原创视频等核心内容板块，版面也重点突出旅游攻略、旅游视频、旅游图片和高端精品线路定制等用户最为关注的内容。旅游资讯以瀑布流形式展现，用户可通过标签类别清晰寻找资讯诉求。

（六）腾讯艺龙达成深度战略合作

2016 年 12 月，艺龙与腾讯双方宣布进一步达成深度战略合作，在京进行《战略合作框架协议》签署。双方整合资源优势，以"互联网＋旅游"为结合点，从大数据云平台、为开放平台、旅行场景、营销模式、用户酒店需求等多方面加强联动作用。

根据腾讯第三季度财报显示，微信拥有支付、企业微信、服务号、企业号、微信客服等深受用户喜爱和市场认可的产品，很多酒店企业都想使用的新型营销工具，但微信产品审核严格，酒店行业虽经多年互联网化发展，酒店企业的互联网信息技术和对微信后台的熟悉程度都远不能满足当前微信平台的营销需求。艺龙在此次与腾讯的战略会上，就很好地解决这一长期困扰酒店的难题。

腾讯和艺龙有着良好的合作基础，腾讯将艺龙视为重要的战略合作伙伴。旅游是腾讯落实国家互联网＋行动计划的重要领域，腾讯将利用开放平台优势以及大数据、云平台、LBS 信息安全和人工智能等技术，联合艺龙在住宿、旅游行业丰富的渠道资源和管理能力，联手加速推进互联网＋在旅游行业的布局和旅游产业现代化。

艺龙方面表示，相信这次深度战略合作，会在微信场景内给酒店伙伴带来变革性的营销模式，在未来艺龙、腾讯旅游将三方联手打造大数据社交平台下的智慧酒店预订，为消费者提供基于社交平台下的智能旅行生活圈。业内人士分析认为，这次腾讯和艺龙的战略合作升级后，腾讯、艺龙、酒店、景区企业商旅用户等将形成互利共赢的生态模式，共同推进酒店、住宿及旅游产品的标准化落地和服务品质提升，互联网＋将赋能旅游行业，促进旅游产业在"十三五"期间更快更好的发展。

四、京东进军在线旅游市场新动向

（一）京东金融战略投资首付游

京东金融集团日前对外宣布，公司战略投资消费金融科技公司首付游，双方将在旅游消费金融领域展开深入的战略合作。首付游主打"首付就出发"的理念，通过"首付+月付"的方式，打造用户零感知的风控解决方案，降低出境消费门槛，进一步挖掘出境旅游消费潜力。目前，首付游已与包括穷游网、佰程旅行网在内等20多家在线旅游平台达成合作。

京东金融相关负责人表示，此次京东金融选择战略投资首付游、抢滩出境旅游消费市场的重要原因是首付游真正做到了与旅游消费的完美契合，实现了科技金融的低门槛、高效率，极大优化了用户信用消费的体验，丰富了京东消费金融的应用场景。战略投资首付游并与首付游达成战略合作，对京东金融消费金融业务走出京东体系，扩展新场景，起到了很好的补充作用。据悉，首付游的对外接入模式，让OTA平台订单支付转化率是市场平均水准的8倍以上。京东金融的此次战略投资将为首付游带来京东金融此前重点打造的基础风控体系和稳定优质的资金链。京东金融的出境旅游金融业务目前已经与首付游融合，例如，在京东金融App已全面嵌入首付游服务，实现一体化运营。首付游的使命是让"首付"成为年轻人中时尚流行的信用消费方式，从出境游产品起步，逐步完善数据风控系统，进而接入更多的电商平台。

京东金融相关负责人谈及此次合作时表示，京东金融成立两年多以来，一直定位自身为金融科技公司，除了自身能力和场景建设之外，也通过对外投资，补充核心能力扩展场景。此前京东金融已经宣布投资聚合数据、Zestfinance等大数据公司，此次战略投资首付游正是京东金融大数据风控能力实现对外输出的体现，因此也会全力支持首付游在旅游信用消费的发展，服务更多用户。

（二）京东众筹破旅游类众筹行业新纪录，总额超2600万元

2016年4月，逸景营地自然度假项目正式登陆京东众筹，上线14天，众筹额度突破千万，22天破2000万元，打破旅游众筹新纪录，总筹资额超2600万元，近3000名用户选择支持参与逸景营地自然度假项目，获得真正"以自然为家"的新型生活体验。

在消费升级时代下，京东众筹率先成为充满时尚品质生活的重要入口。京东众筹将众筹重新定义为新场景解决方案，认为众筹将激发新的消费形态，倡导新文化主张，传递新生活态度（以下简称"三新"）。京东众筹更是将这一概念持续落地，不断上线有质感的好产品，不断提供能够改善用户生活体验的优质项目，为用户生活提供多样化解决方案。

本次上线的逸景营地自然度假众筹项目，打破传统度假中时间、空间的限制，将营地建于景区中，并结合优质的住宿与出行方式改变了用户原有的出行习惯，形成全套自然度假新解决方案，真正做到"以自然为家"，让不少用户为之倾心。这

是众筹行业首个破两千万的旅游项目,成为京东众筹打造出的全新旅游众筹标杆案例,体现出京东众筹在"三新"理念上的不断努力与实践。

(三)途牛独家运营京东旅行火车票频道

日前,由途牛独家运营的火车票频道在京东旅行正式上线。途牛旅游网京东项目负责人吴凯表示,火车票频道未来还将依托京东物流配送体系优势,提供送票上门服务,以有效提升火车票预订市场用户体验。

吴凯介绍,途牛独家运营的京东旅行旗下火车票频道电脑端去年12月底已上线,而移动端则在2016年4月21日正式推出。此外,火车票频道还将进驻京东钱包App,为用户提供更便捷的网上购票服务。伴随着途牛火车票登陆京东旅行平台,多渠道优势将进一步凸显。

京东商城旅游业务负责人王林表示:"此前,京东旅行平台可为用户提供国内、国际机票产品预订。火车票频道上线后,进一步完善了京东旅行大交通服务体系,增加了京东用户消费场景,可以为用户提供一站式交通出行服务。火车票作为标准化且具有高频消费属性的产品,将为京东旅行旗下度假、门票各业务线起到引流作用,巩固京东品质生活平台的地位。"未来,依托京东物流配送体系优势,火车票频道还将推出送票上门业务。目前,京东配送旗下拥有数万人的服务团队,可以为用户提供"211限时达"、次日达等一系列优质服务。京东火车票送票上门服务,不仅可以大大缩短火车票送达时间,同时也能够降低用户快递费用,为用户带来火车票预订新体验。

(四)京东企业购助力西旅集团,促旅游行业采购电商化改革

京东企业购与西安旅游集团成立合作项目,京东企业购将以VSP慧采平台,为西安旅游集团提供企业级电商采购解决方案。而此次京东企业购与西旅集团的合作,标志着陕西本土旅游业正式跨入了采购电商化时代,同时,京东企业购也在促进旅游行业采购改革中加快了速度。

本次合作项目中,京东企业购为西旅集团上万名员工提供办公用品、办公家电、员工礼品的线上采购服务。合作之后,西旅集团旗下所有企业都将享受京东企业购从下单、物流到售后的全方位、一站式的企业采购服务。

在京东企业购提供给西旅集团的开放式采购平台上,西旅旗下各公司、各部门都可以通过自己的账号,在平台上选择需求商品进行下单,而采购将由总部统一审核。这样的系统化操作,可以使采购效率得到极大的提升,解决多企业多部门需求提报繁杂的问题。而京东企业购慧采平台分类管理各单位采购数据,提供给各企业财务报表,为日后审计工作提供便利。京东企业购不仅简化了采购流程,保证货品价格透明、品质放心,货源充足保障,同时满足西安旅游集团旗下不同企业采购需求。在服务方面,京东企业购延续了京东极速物流配送的优势,在此基础上配备了针对企业客户售前、售后的服务团队,从销售咨询到回收服务多维度的为西旅集团旗下众多企业的采购订单做好保障服务。

西安旅游集团与京东企业购在采购电商化领域的合作,是国有企业通过互联网

进行创新改革全面开启。对京东企业购而言，这一合作项目是京东对旅游行业采购变革的正式开启。旅游行业与互联网企业的跨界合作，将更有利促进双方的共同发展，提升各自市场的竞争优势。我们期待越来越多的旅行企业与京东企业购建立深入合作，不断创新，实现共赢。

第三节　2016年团购网站在线旅游市场发展动向

一、团购网站在线旅游市场发展态势

2016年，在资本寒冬及市场洗牌后，优秀的垂直企业及拥有资金、资源优势的平台沉淀下来，市场开始也从疯狂的增长逐渐转变至对流量的精细化运营。对C端的补贴减少，对供应链、产业链有效整合，对人效、行业效率有效提高的位置提升，生活服务行业进入调整。单品类的极致运营、考虑如何盈利，以及整合行业内资金、资源，进一步增强竞争力成为关注点。健康的、可持续盈利的商业模型期待被市场验证。

以美团点评、百度糯米为代表的本地生活服务交易平台，逐渐将服务从To C端转向To B端，助力商户IT系统升级及互联网化，通过软件接口的标准化提升行业运营效率及通过大数据指导商户精准运营成经营重点。

在酒旅方面，2016年以来，有关美团点评将要拆分酒旅业务独立进行融资、美团点评酒旅业务将与携程合并的传闻不断。美团点评酒旅事业群总裁陈亮、携程创始人CEO梁建章、携程执行副总裁大住宿事业群CEO孙茂华先后否认合并传闻后，美团点评酒旅事业群与携程系短期内已没有整合可能，但酒旅事业群拆分则是可能发生的事情。陈亮曾在接受腾讯科技专访时提到拆分的逻辑：美团点评是个很大的架构，不同业务之间在用户端可以协同，但在供给端却不一定，比如酒旅业务需要特别的上下游资源，这些资源与其他业务可能不太一样。一旦拆分独立融资，美团点评酒旅业务的独立性会更强，而随着其在多条业务线上拓进，携程系对其将发起狙击。事实上战争已经打响，携程系表示将在酒店业务上针对美团点评发起价格战。价格战将压缩美团点评酒旅业务盈利空间，而对上游资源的把控力度也决定着竞争的胜负，这对美团点评酒旅事业群是一场硬战。

美团点评的核心业务分为三大事业群，包括餐饮生态平台、美团平台、酒旅事业群和点评平台及到店综合事业群。尽管最近已经开始一些与高端酒店品牌的合作，但美团的酒旅业务面临的竞争来自于携程、去哪儿。携程与去哪儿合并后，几乎垄断高利润的商旅市场，并与首旅、华住、铂涛等均有股权合作关系。而美团在酒店预订上的产品设计更侧重的是当日即时入住的用户。

百度旗下的百度糯米在酒店预订领域与携程属于业务完全互补和上下游资源互补关系。携程为百度糯米提供优质酒店库存保障，尤其是在高星酒店使糯米具有优于竞争对手的高星酒店覆盖量和更高客单价。受此助益，公开报道显示，2016年双十一当天，百度糯米酒店业务GMV同比去年暴增300%，远超行业平均增速，并且客单价高出新美大近50个百分点，在互联网酒旅玩家中遥遥领先。百度副总裁、百度糯米总经理曾良在2015年的一次采访中透露了其对抗美团点评的野心：年内超点评，两年内超美团。另外，百度糯米宣布放弃自签酒店业务。由于在自签酒店业务方面百度糯米已经落后于携程和美团点评，如果继续发力，就需要投入更多的资源和精力，这在美团点评酒店业务全面展开的情况下，百度糯米单独与美团点评PK胜算不大。因此其将酒店资源端业务交给更具优势的携程系。下一步百度将加强与携程的数据协同与技术交流，充分发挥百度的大数据、云计算、人工智能等技术优势，建立更高的行业壁垒。在行业耦合层面，百度糯米声称将不断创新、完善商家附能工具、提升酒店经营效率和平台效率。在用户服务层面，百度糯米将通过优化产品设计，来提升用户体验，优化提升流量效率，以数据驱动个性化服务升级。因此，百度糯米酒店出行背靠百度生态、拥有携程系的强力支持，再加上自身的流量、技术和场景优势，未来的在线酒店预订市场仍具很大的想象空间。

至此，美团面对的就不再仅仅是糯米网，而是背后有着更多资源的巨头百度。不过，美团点评合并后，二者占据了团购市场的绝大多数份额，并在O2O业务上获得了绝对领先优势，与之相比百度糯米实力则差距悬殊。

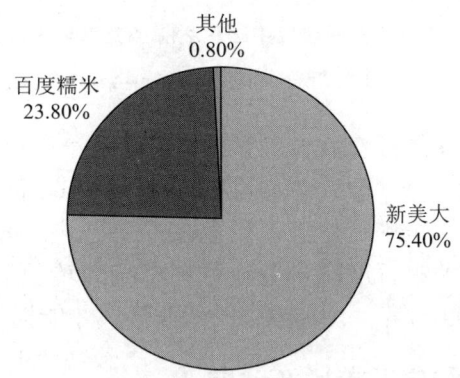

图9-2　2016年第二季度中国生活服务交易类平台交易份额

资料来源：易观智库 www.analysys.cn

2016年第二季度中国生活服务交易类平台交易份额由美团点评合并后的新美大、百度糯米、其他所构成，其分别占比75.4%、23.8%、0.8%，行业进入"七二一"竞争格局。

2016年第二季度中国生活服务交易类平台集中度继续提升，新美大和百度糯米之间竞争更为白热化，对商户资源和市场份额的抢夺进一步升级。在资本收紧、盈利困难及对手强烈攻势的多重压力下，新美大一方面需要通过品类扩张增加自身造血能力，另一方面又不得不收缩战线，将资金和资源聚焦于核心业务，于是有了5月美团对电商购物业务在8月1日起终止服务的决定；6月，美团点评学习培训频道品牌馆也正式上线。第二季度新美大酒店业务消费间夜量实现单月均1000万间夜的突破，其中预订业务的消费间夜量占比持续提升，对于提高消费者入住酒店的履约效率与提升酒店方运营管理效率不无裨益。此外，新美大近期合作的高星酒店数量也获得快速增长，得益于点评模式对酒店声誉的传播，新美大在高端酒店增量市场应该还会有一番作为。而百度糯米在百度资金和生态战略的支持下，通过技术造节，同时结合百度在搜索、地图、移动分发市场入口的推广渠道及百度钱包的协同推广，活跃用户增速与市场份额获得快速提升。

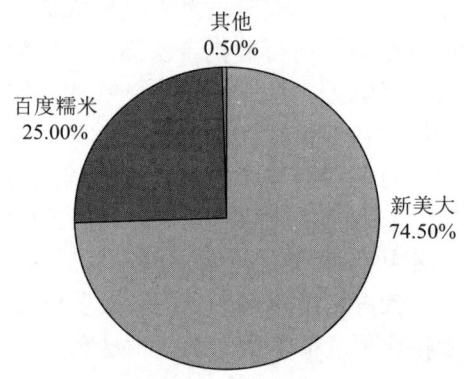

图9-3　2016年第四季度中国生活服务交易类平台交易份额

资料来源：易观智库 www.analysys.cn

第四季度，美团点评与百度糯米双寡头格局已经稳固，以交易额计，美团点评已是生活交易类服务第一大平台，总交易额占比74.5%。百度糯米通过百度的资源协同、技术与营销优势，全平台份额占比也在持续提升，第四季度GMV占比达到25%。未来或许美团点评和百度糯米关注盈利思路的转变会使市场格局有所改变，但从维持企业发展的角度而言，只有健康的商业模式才能提供行业更长远的价值。

二、美团点评在线旅游市场新动向

美团点评作为较早从团购向提供本地生活服务转型的厂商，在打造生活服务交易闭环、突破团购同质化发展、实现场景化消费、建设一站式生活服务平台，推进商户IT系统接口标准化建设，助力商户精细化运营上有领导型作用。且凭借对支付形式、消费场景等商业模式的不断升级以及对垂直领域的深耕，在生活服务市场地位不断提升。

2015年美团、大众点评宣布合并，点评的商业模式，加上点评广告、结婚丽人等低频高价业务，与美团业务形成优势互补。双平台差异化的生态布局，带来了新公司更丰富的业务线及超越壁垒，也奠定了美团点评在生活服务领域的绝对优势地位。2016年，美团点评再次获得33亿美元的融资，将资金重新聚焦至优势餐饮、酒旅等品类，下半年又做出架构调整，整合餐饮到店和外卖，以及确立酒店旅游和到店综合O2O事业群，点评高端酒店业务也获得快速增长。2016年，以美团点评为代表的生活服务平台在战略上有了重要转变，在烧钱圈用户、抢市场的阶段过去后，平台价值重新回归到精细化运营、深耕细作上来。通过技术赋能商户，提高商户端收益与行业整体运营效率将成为推动全行业新一轮成长的重要支撑。2016年，在酒旅板块，美团点评也下足了功夫。通过发布旅游云等一系列创新产品，帮助景区做到全面的移动信息化升级；通过推出在线酒旅行业的"CD"模式，推动旅游业全域化转型；通过与横店、华山等景区达成战略合作，上线推出景区目的地馆，深入景区运营；通过与洲际酒店达成合作协议，近一步拓展高星酒店市场。

（一）美团点评发展获加速剂

过去几年，美团点评在旅游酒店领域服务不断升级，覆盖从出行到住宿、门票、娱乐等多个环节，打造旅游全产业服务。在餐饮到店消费领域，美团点评积极展开创新，推出了手机买单、闪惠、订座、点单等服务，有效地提升了用户体验。相关数据显示，美团点评在餐饮O2O领域的市场份额已经超过85%。在外卖领域，速途研究院发布了2015年外卖市场份额分布数据，美团外卖的市场份额高达32.3%，稳居行业第一。美团点评旗下的猫眼电影接入影院数量超过5000家，日活跃用户总数超过1000万，覆盖购票用户超过1亿。全年在线售票交易额为156亿元。在酒店旅游领域，2015年美团点评酒店消费间夜量突破8500万，是国内第二大酒店在线预订平台。在旅游领域，美团点评卖出5000万张门票。美团点评发展紧跟科技潮流，2月18日，Apple Pay在华上线。美团点评宣布教育业务已经完成整合，在美团及大众点评双平台实现用户运营、商户信息及营销策略等方面的全面联动。目前，美团及大众点评双平台已经收录1500座城市超过30万家教育类品牌商户，涵盖外语、音乐、美术、职业教育、升学辅导等8大门类。据介绍，美团—大众点评教育业务预约用户平均转化率已经超过30%。

业内分析人士指出，美团点评一方面通过运营、营销、创新等方式帮助商户完成"互联网+"的转型，另一方面为用户提供全面的生活服务，构建平台及商户合作共赢的全新行业生态，前景一片大好。

（二）美团云旅游数据产品发布，景区管理迎全智能时代

2016年7月，美团点评旅游云携一套创新大数据分析解决方案，亮相在京举行的2016年旅游新技术发展论坛。基于美团点评旗下各类移动端获取的旅游消费者行为大数据，为景区及旅游主管、相关单位提供精准的管理参考，成为互联网O2O巨头贡献技术和大数据反哺旅游行业的代表性创新案例。

"一张网、两个中心、三个平台、N个应用"展示出美团点评旅游云的全貌。美团点评旅游云将基于景区整体网络的打通和全面覆盖，为景区及旅游管理机构构建数据集散中心和指挥中心，通过后台系统的分析报告，给出智能服务、管理、营销

的重要参考，从而帮助管理者能够从更全面、更高效、更合理的角度做出旅游资源管理和相关辅助资源的调配。并且可以基于这个云平台，衍生出景区门户、智能门禁票务、智能停车场及多种多样的移动端应用，帮助景区做到全面的移动信息化升级，从而为游客带来更好的体验。

美团点评旅游云按照受众需求特点，主要分为三大板块的内容：为游客提供智慧旅游、导游、导购、导览、导航；为旅游企业提供企业信息化、电子商务、智慧旅游管理；为主管政府部门提供统计信息平台、旅游政务网站、旅游资源网站、应急指挥。三大板块两两交互部分将形成具体的服务内容，比如在线预订、旅游电子商务、企业宣传推广、游客信息数据采集、服务质量监管、运行调度管理等。从而实现立体化的旅游智能管理网络，从局部区域管理，上升到地区旅游主管部门和景区统一联动，整体管理。

据美团云公有云负责人 Rachel Wang 介绍，这套旅游云系统最核心的部分是云计算、大数据、物联网、网络平台、通信设施、新媒体、智能终端、卫星定位等最先进 IT 技术的整体融合，最终实现智能旅游的整体平台，由智慧服务、智慧管理及智慧营销组成。

智慧服务：建立全面的游客服务点和信息采集与发布点，如门户网站、LED 大屏幕、智能停车场、微信微博、App 等，不仅能够提升游客的体验，而且更能够通过游客一步一步的接触，实现相关数据采集。

智慧管理：数据采集完成后，通过美团点评旅游云数据分析平台的清洗计算和分析，能够产生客源地比例统计、游客消费倾向、旅游高峰期预估、游客流量等全面精准的分析报告，从而实现景区综合管理、营销计划制订、旅游团队管理、自助自驾游客管理、景区服务资源管理、服务质量及反馈监控均有据可依，提升管理效率。

智慧营销：依据大数据分析报告的结论，景区可以有针对性地完成在线营销、美团目的馆、新媒体营销、传统线下营销等多种渠道的选择和投入配比。简单来说，可以借助美团点评 App 推广资源和微博微信等新媒体矩阵，依赖数据分析结果，洞察客源地等重要指标，由此加大投放力度，从而吸引更多相关属性游客，降低边际营销成本。

（三）美团点评推 CD 模式，推动旅游业全域化转型

美团点评酒旅业务高调宣布推出在线酒旅行业的"CD"模式，成为市场关注的新热词。所谓的 CD 模式，即通过"Cross"和"Direct"两大关键词为切入点，实现不同需求、不同场景之间的客源交叉，提升整体收益，并通过自主和高效的营销手段，进一步降低酒旅行业在营销上的成本，推动中国旅游业从"经典游"向"全域游"发展。

在这方面，美团点评有着得天独厚的优势。时间上的跨度，从"短时间"来说，美团点评用户打开 App 的频率之高，是普通 OTA 根本无法比拟的；从"长时间"来看，用户覆盖也是极为完善，从 18~35 岁都是美团点评的高活跃受众，所以

无论何种类型的商家，都可以在这两个平台上找到合适的客人。空间上的跨度，美团点评能够实现本异地客源互补，大众点评聚焦的一二线城市和美团聚焦的三四线城市形成互补，帮助酒店实现全国性收益；而在品类方面，美团点评在"食住行游购娱"多品类市场积累下来的优势，也能够满足消费者一站式住宿需求。以上三者交叉（Cross），让美团点评得以从综合层面上覆盖游客旅行中全部场景的娱乐需求。

对于普通游客来说，这一整合不仅大大减少了以往在不同平台分别搜索吃喝玩乐信息的烦琐，也更加有利于综合网络评价，一站式制订最适合自己的旅行计划；而对商户来说，这种跨行业的场景整合，也将原本分散在不同场景中的需求和流量通过内在需求串联在一起，实现了"1+1>2"的创新服务。

在这一模式中，商户、平台和消费者都能够在自身利益得到保证的前提下得到附加的价值和服务，实现全域旅游要求的旅游产品供给创新，最终形成酒旅行业良性的循环生态。

（四）牵手横店影视城 美团点评将深入景区运营

2016年12月，美团点评与横店影视城达成战略合作，双方将在资源联动、宣传营销、品牌建设、旅游数据共享等方面进行全方位的双赢的合作，同时，横店影视城在美团点评平台的官方品牌馆正式成立，未来将打造包括门票、住宿、美食等在内的一站式消费体验。

美团点评依托平台优势、数据技术建立横店影视城官方品牌馆，为横店影视城提供营销平台、策略支持，打造文旅大消费背景下的旅游品牌典型，改善升级用户体验，从而加深对于横店影视城品牌的认可度。

东阳市横店影视城旅游营销有限公司方面对此次深度合作也充满了期望。打造横店影视城官方品牌馆是线上线下渠道合作运营向前迈进的一大步。官方品牌馆将整合横店影视城地区的旅游资源，同时基于美团点评的用户消费大数据分析，让横店影视城可以制定出更丰富的内容和形式，为游客提供食住行游购娱一站式、便捷且个性化的优质服务。

美团点评与横店影视城共同打造的官方品牌馆，涵盖了景区门票、酒店、美食、景+酒套餐、特色介绍、景区评价等全方位的服务项目，构建起完善的生态旅游闭环。从行前的门票、酒店预订，到行中的美食、特色景点介绍，再到行后的评价、问答，完整的消费体验提升了横店影视城服务的品质，也提供了可靠的口碑参考。值得一提的是横店影视城官方品牌馆还将提供明星动向、景区人流饱和度等动态信息，方便游客即时调整游览路线。

依托美团点评大数据技术以及平台优势，双方未来将在合作中不断提供更多层次的套餐式服务和"线上+线下"活动营销，满足消费者差异化、个性化需求，如开拓专属的电影文化之旅、电影夏令营等，扩大横店影视城在全国的知晓度及品牌美誉度。

（五）美团－大众点评整合景区资源，推出旅游目的地馆

美团－大众点评与横店、华山等景区达成战略合作，上线推出景区目的地馆。双方基于"互联网+"的合作，将景区周边的景点、酒店、餐饮、交通、购物等一系列旅游资源进行线上整合，为不同景区量身打造专属的旅游目的地馆，为用户提供全新的旅游体验。

据介绍，景区与美团－大众点评建立战略合作，正是看中后者庞大的用户基数和有机联动区域内的碎片化旅游资源的能力。除此之外，双方在大数据方面也会进行深度共享。美团－大众点评拥有丰富的用户消费习惯和行为模式的数据基础，可以为景区做出一定的消费趋势和热点预判，再结合景区实际的客流量和消费，来进一步进行调整和分析。这一模式，将为景区真正实现精准营销、产品升级和服务创新，提供最高效和科学的支持。

据悉，美团－大众点评还将联合大型景区、旅游城市推出更多目的地主题馆，助力目的地从"大旅游"走向"大消费"，为更多旅客提供更多目的地吃喝玩乐行的一站式服务。

（六）美团点评与洲际酒店集团正式签订分销合作协议

2016年12月，美团点评与洲际酒店达成合作协议，近一步拓展高星酒店市场。双方的合作将打通数据无缝连接，用户可通过美团点评对洲际酒店集团旗下众多酒店的实时房态和动态进行查询、预订。双方将发挥各自优势，共同探索"互联网+"时代下酒旅行业升级与发展新思路，携手实践更具未来发展潜力的O2O运营方式。

洲际酒店集团方表示，选择美团点评，是对美团点评平台6亿总用户量，超过2亿的年度活跃买家，移动端月度活跃用户超1.5亿等酒店业需要的高潜质用户的认可。而对于美团方来说，能够拿下洲际，对于美团点评在高端酒店市场的发展具有里程碑意义。

截至目前，美团点评已经和国际前五的高星酒店集团均已达成合作。

三、百度糯米在线旅游市场新动向

2016年，旅游出行被糯米纳入战略重点，糯米上的地图导航、景区游览线路推荐、语音导览等服务为用户升级旅游体验，而智慧景区助手模块具备的丰富分类设施查找功能，更能轻松解决游客在游览过程中寻找子景点、厕所、小卖店、停车场等设施难的问题，实现精准定位。2016年以来，百度糯米不断接入第三方合作伙伴，如与上海欢乐谷景区开启直营合作；与旅游O2O企业百程旅行网签订战略合作；与"要出发"周边游合作合力简化用户的短途出行选择，形成以"景+酒+x"为主的全新周边游体系。2016年以来百度糯米以免佣金、大数据等吸引酒店商家入驻，引领酒店智慧升级。

百度糯米旅游事业部副总经理陈妮表示，"在将来，我们还将采用AR增强现实技术，让游客与现实画面产生奇妙的交互；以及人工智能的度秘机器人依托语音识别、图像识别、自然语言处理和深度学习技术，提供一对一实时的问询服务，在便利游客的同时进一步赋能景区，提升景区的智慧指数和服务体验"。

据了解，百度糯米还将进一步深耕用户场景，共建互联网＋出行、本地生活平台＋出行的生态系统，营造更贴切的互联网出行场景，利用百度大数据技术和平台能力为景区实现赋能。

（一）百度旅游正式融入百度糯米，合作百程旅行网

在国内出境游 O2O 第一股百程旅行网的上市答谢酒会上，百度旅游与百程旅行网签订了战略合作协议，这是百度旅游正式融入百度糯米后首次与旅游 O2O 企业达成战略层面的合作。百度副总裁、百度糯米总经理曾良出席并表示，在加入百度糯米大平台后，百度旅游将在百度糯米打造开放共享型 O2O 生态的战略背景下，全面整合内外部资源实现生态共赢，最终为用户打造一站式的旅游服务平台。

百度于上个月整合部分业务时，表示会将更多资源集中用于 O2O 业务，尤其是承接百度连接人与服务转型的核心平台百度糯米，为了加大对旅游业务的内容体系和服务体系的建设，百度旅游已并入百度糯米平台由"百度旅游"转变成"百度的旅游"，成为连接百度地图、百度糯米等百度系入口，提供统一的内容、服务和运营及信息决策和消费决策的出行服务平台。

百度糯米旅游事业部总经理张熙表示，未来百度糯米旅游业务将继续以众多旅游景点资源为用户提供优质旅游体验，同时，也将继续开拓更多优质服务内容，包括继续通过原有 UGC 平台产生的大量优质旅游资讯和攻略等信息，打造优质内容引领下的个性化定制服务，以及通过"糯米＋"O2O 生态不断整合第三方优质服务商，为用户提供更多高品质服务体验。目前接入百度糯米旅游业务的大型平台已有携程、去哪儿、百程旅行网，未来还将继续扩充到更多旅游垂直领域。曾良表示，与百程旅行网达成战略合作，是百度旅游与业内优秀第三方服务提供商进行战略层面合作的第一步，并入百度糯米后，百度旅游将更多专注于与优秀企业达成合作，共建互联网＋旅游、本地生活平台＋旅游的生态系统，深耕客户服务场景，营造更贴切的互联网旅游场景，实现旅游生态共赢，最终目的，是为用户打造一站式的旅游服务平台。

（二）百度糯米抢占酒旅高地，引领酒店智慧升级

从去年开始，百度糯米的酒店业务开始连接手百、糯米、地图三大流量入口，并与餐饮、票务、景点等场景形成联合营销。另外，百度糯米也希望借助技术手段对酒店进行智慧升级，百度糯米方面表示，2016 年以来百度糯米以免佣金、大数据等吸引酒店商家入驻。百度糯米酒店与出行事业部总经理屠静表示，百度糯米背靠百度大数据、人工智能等，希望为商户搭建一站式智能管理平台。此外，AR 技术、远程自助办理 Check-in 利用百度信用体系搭建支付体系等都成为百度糯米酒店领域的新举措。百度糯米还希望在景区方面打造线上线下一体化的 O2O 智慧旅游服务格局。对于百度糯米来说，布局酒店等旅游行业有可行性。百度糯米与美团点评相比，后者进入旅游行业的时间更早，对于百度糯米来说，挑战不小。

中国旅游研究院副研究员杨彦锋表示，如果百度糯米要与美团点评对标，可做的事情就比较多，毕竟美团点评的旅游板块相对发达，但百度糯米要补充这个板块也是应有之义。

（三）借力"互联网+旅游"，百度糯米欲涉足智慧旅游服务

2016年以来，百度糯米将旅游出行领域纳入战略重点，不断接入第三方合作伙伴，与优秀企业达成战略共赢。如百度糯米与上海欢乐谷景区开启直营合作，打造集门票在线预订、景区导览、内容引导等功能于一体的"智能景区"；与旅游O2O企业百程旅行网签订战略合作；与"要出发"周边游合作合力简化用户的短途出行选择，形成以"景+酒+x"为主的全新周边游体系，助力酒旅行业与O2O的创新融合。

百度糯米旅游事业部副总经理陈妮表示，"在将来，我们还将采用AR增强现实技术，让游客与现实画面产生奇妙的交互；以及人工智能的度秘机器人依托语音识别、图像识别、自然语言处理和深度学习技术，提供一对一实时的问询服务，在便利游客的同时进一步赋能景区，提升景区的智慧指数和服务体验"。

据了解，百度糯米还将进一步深耕用户场景，共建互联网+出行、本地生活平台+出行的生态系统，营造更贴切的互联网出行场景，利用百度大数据技术和平台能力，为景区实现赋能。例如十一前后针对马尔代夫、云南等地进行的造节活动，实现酒旅生态共赢，最终打造一站式旅游服务平台。

百度糯米正在发挥互联网"连接一切"的功能，与传统旅游业共同探索出了一条科技、文化、旅游融合发展的新路径。"互联网+旅游"为游客实现从观光到体验的转变，旅游与科技的整合，能够进一步完成旅游及关联产业从粗放到集约、从规模到质量的整体转型。百度糯米所开启的智慧旅游也是加快旅游业转型升级的必然选择，是现代旅游业的发展方向。

（四）2016国际海岛旅游大会：百度糯米旅游助力海岛游O2O创新融合

2016年9月，以"互联海上丝路，共享海岛发展——新丝路，新蓝海"为主题的2016国际海岛旅游大会在浙江舟山朱家尖开幕，联合国世界旅游组织、亚太旅游协会等国际旅游组织以及希腊、汤加、澳大利亚、留尼旺等26个海岛国家或地区代表团以及邮轮、航空公司等共约1000余名中外嘉宾与会。

百度糯米旅游副总经理张伟在会上发表了题为《智慧连接·助力海岛旅游O2O创新融合》的演讲，表示百度将利用流量、技术、数据大平台资源，助力海岛旅游实现互联网+旅游的O2O创新融合，打通从内容生态到商业生态构建，最终为用户打造一站式的海岛旅游服务平台。

演讲中，张伟首先展示了用户在旅游出行中使用百度系产品的场景：百度搜索接入了门票、机票、火车票、汽车票，用户在搜索上直接搜索票务需求，可以直接完成预订；目前，手机百度、糯米、地图均已接入了酒店、门票闭环预订资源，在订票的出行场景识别后，会根据用户画像推荐酒店等服务；在景区游玩中，通过实时热度、景区导航、语音导览等功能，给用户提供更好的度假、周边游游玩体验；经历了一天的劳累到达酒店，结合天气、用户画像等数据，百度糯米能够给出餐饮推荐。并且以上所有场景，均可实现度秘及搜索智能提醒，Wi-Fi 指纹技术 +LBS 实现高精度定位及场景推荐。从用户服务角度，百度致力于用户体验提升，跨品类的交叉营销潜力巨大。从海岛旅游目的地角度看，百度的内容和技术优势可以给予海岛游新的能力，在旅游产品销售中的四个环节中百度是可以全方位覆盖到的：需求的激发、需求的理解和捕获、销售交易及用户沉淀。

（五）百度糯米荣获"2016 年度优秀企业创新案例奖"

"2016 年，百度糯米开创性地提出'商家赋能'概念，卓有成效地推进技术化 O2O，以 O2O 平台的力量，助力中国传统产业在移动互联网时代的转型升级"。12 月，由新华社瞭望周刊社主办，以"全球创新与城市机遇"为主题的论坛在北京饭店召开，百度糯米凭借优秀表现荣获"2016 年度优秀企业创新案例奖"。

百度糯米以后将利用 AR 技术帮助用户对酒店进行远程体验，让用户有如身临其境。用户还可通过网络酒店供应系统，实时获取房间状态，选择自己喜欢的房间。在选好房间之后，还可利用地图合作导航直接到房间，不用再担心在酒店迷失。

外出旅游时，在百度糯米下单购买门票后，到景区免排队直接扫码入园。浏览过程中可通过百度糯米随时查看景区的全景地图、开启语音导览等服务功能。

2016 年以来，百度糯米不遗余力地探索技术化 O2O，基于用户搜索、消费和行为习惯，生成用户画像，实现"千人千面"的个性化服务。借助百度的语音搜索、图像识别、全景地图、智能推荐等技术，同时将人工智能、VR、AR、直播应用到各领域中，百度糯米正在打造真正的一站式智能生活服务 O2O 平台，为 O2O 行业的创新发展树立标杆。

参考文献

[1] 环球旅讯. http://www.traveldaily.cn/?s=noredirect

[2] 劲旅网. http://www.ctcnn.com/

[3] 易观智库. http://www.analysys.cn/view/home/home.html

[4] 中国电子商务研究中心. http://www.100ec.cn/zt/ztym/

[5] 艾瑞资源统计数据. http://www.iresearch.cn/

[5] 网易. http://www.163.com/

[6] 北方网. http://www.enorth.com.cn/

[7] 腾讯城市. http://city.qq.com/

[8] 新浪旅游. http://travel.sina.com.cn/

[9] 投资界. http://news.pedaily.cn/201607/20160713399549.shtml

[10] 光明网. http://travel.gmw.cn/2016-04/21/content_19796397.html

[11] 第一旅游网. http://www.toptour.cn/tab1648/info237614.html

[12] 中国新闻网. http://www.chinanews.com/it/2016/12-16/8096039.shtml

[13] 京华网. http://beijing.jinghua.cn/c/20160701/f177888.html
[14] 旅新网. http://news.163.com/16/1027/11/C4CMJAN1000187VG.html
[15] 广东旅游网. http://www.gdta.gov.cn/gzdt/hydt/29221.html
[16] 迈点网. http://info.meadin.com/Ota/138227_1.shtml
[17] 人民网. http://travel.people.com.cn/n1/2016/1206/c41570-28929161.html
[18] 太平洋电脑网. http://pcedu.pconline.com.cn/785/7855501.html

第十章 旅游App移动应用

第一节　旅游 App 发展态势总论

2016 年，中国的旅游市场依旧一片大好，旅游经济继续领先宏观经济增速，国民的出行意识不断提高。随着"互联网+"和"旅游+"的兴起，旅游市场与互联网的结合越来越紧密，居民对旅游的接触和认可也越来越高。如果说以前旅游是高高在上的小公举，那么随着近几年的发展，旅游已经摇身变成和蔼可亲的邻家姐姐。在"互联网+"的影响下，传统产业互联网化的趋势日益明显。移动旅游 App 作为旅游行业移动互联网化的先锋队代表，近年来保持着强势的发展势头。

根据《CNNIC：2016 年第 39 次中国互联网络发展状况统计报告》显示，截至 2016 年 12 月，我国网民规模达 7.31 亿，全年共计新增网民 4299 万人。互联网普及率为 53.2%；我国农村网民规模持续增长，但城乡互联网普及差异依然较大，农村网民在即时通信、网络娱乐等基础互联网应用使用率方面与城镇地区差别较小，但在网购、支付、旅游预订类应用上的使用率差异在 20 个百分点以上；这一方面说明娱乐、沟通类基础应用依然是拉动农村人口上网的主要应用，另一方面也显示农村网民在互联网消费领域潜力仍有待挖掘。我国手机网民规模达 6.95 亿，较 2015 年底增加 7550 万人，网民中使用手机上网人群的占比由 2015 年的 90.1% 提升至 95.1%，提升 5 个百分点，网民手机上网比例在高基数基础上进一步攀升（见图 10–1）。

对于旅游行业而言，一个新的趋势正在形成：得移动者，得天下。随着移动互联网的普及和支付链条的完善，越来越多的消费行为转移到移动端。而随着消费升级的加速，这一波移动浪潮的用户，也恰恰是旅游出行的高潜力人群。无论是在线旅游生态的平台方，还是整个旅游产业链的参与者，一些关于移动浪潮下的新议题，正在被广泛关注。

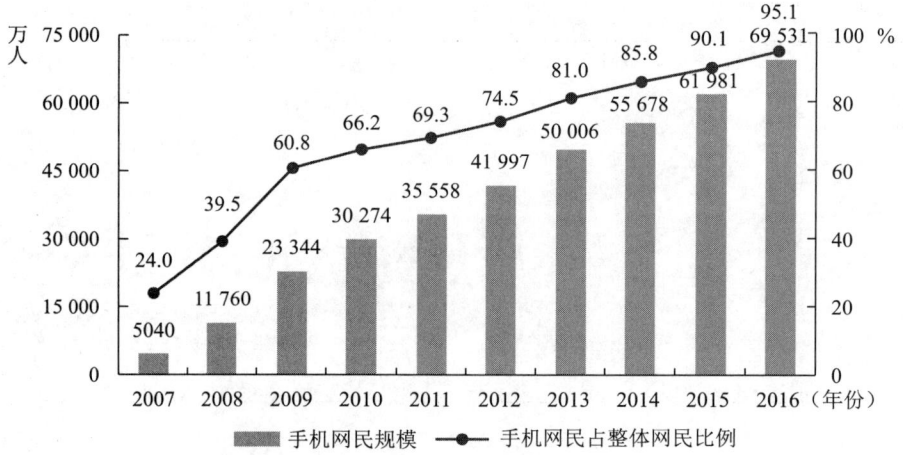

图 10-1　中国手机网民规模及其占网民比例

资料来源：CNNIC

一、旅游 App 发展情况概述

（一）旅游 App 行业表现：保持高速增长，彰显出巨大潜力

2016 年，中国移动旅游业的发展高潮迭起，创新不断，热点频出。中国移动旅游 App 行业在管理、产业、市场上涌现了诸多重要事件，全社会对旅游 App 的关注度空前高涨。移动旅游 App 已经成为国民日常使用的最多的手机应用，不论是外出旅游，还是其他出行中的机票、酒店预订，甚至春节抢票，在线旅游 App 都能满足。

根据速途研究院分析师团队的调查报告显示，2016 年线上旅游消费将继续渗透，在线旅游行业将保持高速增长。同时，旅游行业线上线下融合的趋势将继续加强。伴随着互联网的发展，旅游消费者对线上购买线下体验模式的认同越来越高，而且线上平台还能记录、分享消费者的旅游体验。旅游产业加速线上线下融合的趋势，将对提升旅游产业的服务品质有促进作用。

另外，国外的一些调查研究也印证了旅游 App 的蓬勃发展。搜索引擎巨头谷歌和 TNS 市场研究公司联合进行了一次调查，旨在研究移动设备在旅行者进行旅游搜索和旅游购物时的作用。这项调查利用了谷歌的搜索请求数据，并于今年年初采访了英国、美国、德国、以色列、阿联酋及葡萄牙的旅行者。这项调查主要涉及机票的搜索和预订。这项调查的目的是表明，移动设备和用户的在线行为在旅游研究、预订及旅程中的其他时刻中发挥着越来越重要的作用。

（二）旅游 App 在旅游市场的影响力：投资消费增加，覆盖率高

1. 旅游市场的投资规模与旅游人次均呈现上升态势

旅游市场呈现良性生态，投资消费增幅明显。国家旅游局数据显示，2016 上

半年，旅游市场收入持续走高，市场呈现良性生态。同比 2015 同期，全国旅游业投资额增幅超过 30%。旅游人次较 2015 同期增长迅速，剧增约 2 亿人次。旅游市场经过 2015 年的市场洗牌后，行业发展更为健康，投资和收入均呈现健康的上升势头。

2. 旅游 App 市场份额和旅游用户增长强劲

（1）智能手机用户中，旅游行为渗透率超过八成

国家旅游局数据显示，2016 年，全国共有 45.6 亿人次旅游，旅游消费达 4.66 万亿元。旅游已成为国人生活中普遍而又重要的组成部分。根据企鹅智库相关调查显示，八成被访的智能手机用户在过去一年中有过外出旅游经历，近六成的用户仅在境内旅游，22.7% 的用户选择了出境游，旅游已逐渐成为生活常态（见图 10-2）。

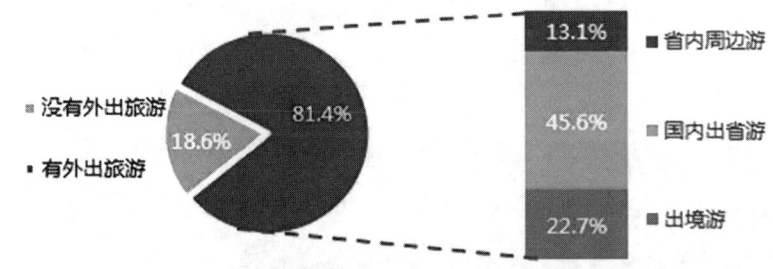

图 10-2　过去一年，被访用户旅游比例图

资料来源：企鹅智库

（2）旅游 App 在"移动网民 + 旅游者"中覆盖率高

根据企鹅智库相关调查，在参与调研的智能手机用户群中，近八成旅游消费者使用旅游 App 安排行程；在攻略信息查询、住宿和交通预订三个旅程环节，旅游 App 使用最多。全流程服务越来越受到人们喜爱，旅游用户已逐渐习惯在旅游 App 上提前筹备旅程。旅游 App 已能提供全流程链的旅行服务，极大地提升了用户的下载使用意愿。

（3）旅游 App 用户同期增长 3 倍，春节期间是增长高峰

旅游投资和旅游人数的增长，带动旅游 App 用户在 2016 年迅猛增长，截至 2016 年 7 月，用户规模比 2015 年同期增长 3 倍，并呈现出持续上升的趋势。从增长趋势来看，旅游高峰季春节前后是旅游用户增长最为快速的时段，也是 App 商家快速吸纳旅游用户的黄金时期。

3. 旅游 App 行业呈现巨头垄断的市场格局

国内的移动在线旅游市场一直保持着稳定增长。一方面由于移动在线旅游行业的发展不断成熟，产品、运营效率不断提升，为国民提供了更便捷的服务。另一方面，国民的出游意识、旅行娱乐需求不断增强。再加上中国巨大的人口基数，中国的移动在线旅游市场彰显出巨大潜力，巨头博弈间乐此不疲。旅游业的火爆，不仅使交通、酒店、景点等传统行业成了商家必争之地，也将迅速崛起的移动互联网领

域变成了众人厮杀的战场。在巨大的商机和市场前景的驱使下,许多企业开始争相布局——携程等老牌旅游公司纷纷发力手机应用,BAT 三巨头相继推出了自己的产品,层出不穷的创业公司也纷纷紧盯这块"肥肉",企盼能分得一杯羹。而行业内部,在经过了 2015 年、2016 年两年的野蛮生长,终于开始回归理性,大量的在线旅行企业的淘汰,也意味着疯狂烧钱模式再不复返。

携程与去哪儿是较早发力移动端的企业,到目前几乎垄断了七成以上的旅游市场。无论从旅游用户活跃度还是增长趋势角度看都呈现出赢家通吃的局面,携程潜力巨大。借助平台优势的阿里旅行和持有境外游实力的途牛也表现出乐观增长的势头,主打休闲游的同程和专注酒店业务的艺龙在旅游用户活跃度和增加趋势上表现都不太占优势。此外,携程、去哪儿更占据旅游生态链中信息搜集、行程预订、酒店预订、交通出行的绝对优势。而在旅途中的餐饮美食,集点评、团购、优惠埋单的大众点评统领国内市场;80% 的旅客有拍照和美化剪辑需求,美图秀秀以 71.5% 的渗透率雄踞榜首,而个性化剪辑的秒拍、Photoshop 更受 90 后喜欢。

二、旅游 App 用户行为及用户画像分析

(一)旅游 App 用户行为

1. 旅游 App 用户量激增,在旅游 App 花费时长增加

世界那么大,我想去看看——在几年前,能实现这个愿望的人还不是很多,即便已经准备好了旅游经费,但怎么走、住哪儿、玩什么等一系列问题都在阻碍着我们去实现"一场说走就走的旅行"。在过去,人们出行旅游更多的可能是依靠旅行社安排旅游行程,不过,在各类旅游 App 盛行的今天,这些早已不再是问题。动了外出游玩心思的人们只需掏出手机,便能随时订机票、选酒店、获取各路驴友们的游玩攻略,轻轻松松就能打造出最合心意的旅行。累了烦了,即使从来没去过巴黎,也能像某位明星一样分分钟"打飞的"去那里的广场喂鸽子。

而这些,正是移动互联网给传统旅游业带来的最为直观的改变。随着时代的进步、社会的发展,越来越多的旅游 App 进入了大众的生活,这些个性化旅游 App 的出现,打破了传统的生活模式。在以智能终端为主要载体的移动互联时代,赋予了旅游产业更多的标签和特性。人们已经开始逐步摆脱 PC 的束缚,习惯于从移动 App 端随时获取更多有价值的信息,直接形成购买意向。

表 10-1 2015—2016 年手机应用用户规模与使用率

应用	2016年		2015年		全年增长率(%)
	用户规模(万)	网民使用率(%)	用户规模(万)	网民使用率(%)	
手机即时通信	63 797	91.8	55 719	89.9	14.5
手机网络新闻	57 126	82.2	48 165	77.7	18.6

续表

应用	2016年 用户规模（万）	2016年 网民使用率（%）	2015年 用户规模（万）	2015年 网民使用率（%）	全年增长率（%）
手机搜索	57 511	82.7	47 784	77.1	20.4
手机网络音乐	46 791	67.3	41 640	67.2	12.4
手机网络视频	49 987	71.9	40 508	65.4	23.4
手机网上支付	46 920	67.5	35 771	57.7	31.2
手机网络购物	44 093	63.4	33 967	54.8	29.8
手机网络游戏	35 166	50.6	27 928	45.1	25.9
手机网上银行	33 357	48.0	27 675	44.6	20.5
手机网络文学	30 377	43.7	25 908	41.8	17.2
手机旅行预订	26 179	37.7	20 990	33.9	24.7
手机邮件	19 713	28.4	16 671	26.9	18.2
手机论坛bbs	9739	14.0	8604	13.9	13.2
手机网上炒股或炒基金	4871	7.0	4293	6.9	13.5
手机在线教育课程	9798	14.1	5303	8.6	84.8
手机微博	24 086	34.6	18 690	30.2	28.9
手机地图、手机导航	43 123	62.0	33 804	54.5	27.6
手机网上订外卖	19 387	27.9	10 413	16.8	86.2

资料来源：CNNIC

根据《CNNIC：2016年第39次中国互联网络发展状况统计报告》显示，截至2016年12月，网上预订机票、酒店、火车票或旅游度假产品的网民规模达到2.99亿，较2015年底增长3967万人，增长率为15.3%。网民使用网上预订火车票、机票、酒店和旅游度假产品的比例分别为34.0%、15.9%、17.2%和7.4%。其中，手机预订机票、酒店、火车票和旅游度假产品的网民规模达到2.62亿，较2015年底增长5189万人，增长率为24.7%。我国网民使用手机在线旅行预订的比例由33.9%提升至37.7%。

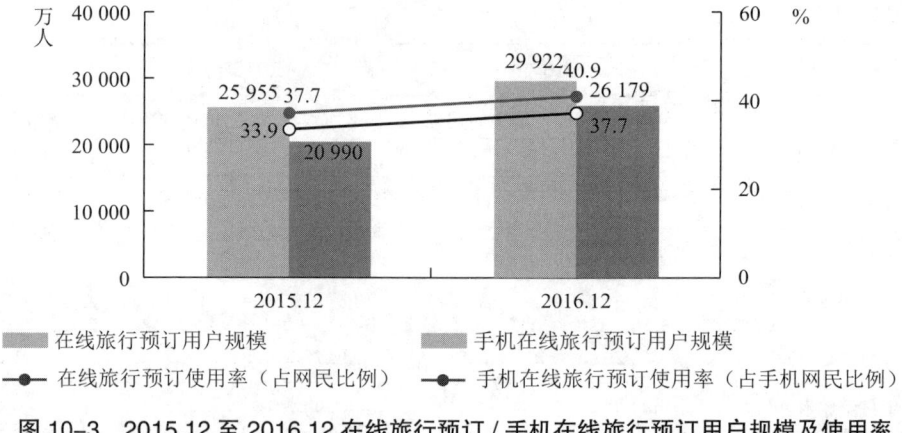

图10-3 2015.12 至 2016.12 在线旅行预订/手机在线旅行预订用户规模及使用率

资料来源：根据CNNIC《2016年第39次中国互联网络发展状况统计报告》整理

另外，据App Annie 在2016 年内的统计数据，消费者全年在App 上所花的时间共计9000亿小时，平均每位用户每天使用各类App 的时间为2个小时。App Annie 的主要任务是追踪App 的使用情况，此次数据研究发现，各国的App 用户使用时间都在随着年份的增长而不断增加。App Annie 北欧和中东市场总监Paul Barnes 表示，在2014—2016年，绝大多数在移动端的旅游订单，都是在各类旅游App 中完成的。而且在这两年间，旅游类App 的用户花费在App 上的时间也在逐渐增长，增幅高达150%。Barnes 还将App 称为"终极旅游工具"。

2. 旅游App 用户依赖现象明显

在当今旅游业和移动互联网不断发展的形势下，游客使用手机旅游App 出行的习惯已经培养完成，且不少游客出现对手机旅游App 依赖的现象，有些人甚至是"无手机App 不旅游"。因为在旅游App 中很容易找到旅游所涉及的食、住、行、旅、购、娱的最新相关信息，可以在线订酒店、机票、火车票、门票以及提供租车、美食、购物的信息。据有关调查，游客出现依赖移动App 的现象非常普遍，许多人认为智能手机对旅游非常重要、不可缺少。

得益于国内移动互联网产业的迅速发展，中国游客大概是全球范围内最依赖手机的游客群体。国外在线旅游平台Trip Advisor 公布了《2016年全球旅游经济报告》，该报告样本分析基于世界各地44 000多名受访者，涵盖全球32个国家和地区。这份全球性的调查报告显示，中国大陆游客对于手机的依赖程度和移动客户端预订比例稳居全球第一，在旅游"移动化"上达到世界领先水平。报告显示，超过75%的全球受访者表示出游时必带智能手机，这一比例甚至超过卫生纸、化妆品等个人护理用品。其中，大陆游客对于手机的依赖程度稳居全球第一，有87%的中国受访者表示他们出游必带手机。中国受访者使用移动客户端（App）预订旅行的比例位居世界第一。

3. 旅游 App 用户偏好休闲与购物

随着中国游客出境游经验越来越丰富，以及年轻群体对体验式、休闲式旅行需求的增长，未来的出游将进一步向高端、个性的方向发展。旅行已经成为更多人的一种生活方式，难得的七天假期以及逐渐开放的观念，使得出游市场在不断增长。同时，移动互联网与在线旅游行业的不断发展也在悄然改变着人们的旅行习惯。随着手机承载的功能越来越丰富，"一机在手说走就走"已经成为现实。而来自在线旅游网站们的数据也显示，国人出游的重心逐渐向休闲以及购物倾斜。走马观花式的观光游曾为中国游客最常见的旅行方式，但这一状况正在改变，根据各大在线旅游网站的数据，休闲以及购物已经成为中国游客的两大主要目的。

穷游行程助手数据显示，2016 年春节热门购物地分别是日本、泰国、中国台湾、法国、美国。凭借优质的服务和丰富的高质量产品，日本取代中国香港成为亚洲最受欢迎的购物天堂，春节期间，大阪心斋桥和东京新宿两家商场有望吸引最多游客前往海淘。然而，数据也表明，在大阪和东京的购物行程相对去年有小幅减少，说明国人开始理性地看待出境购物，更多关注休闲度假、旅行体验本身。亚洲之外，法国巴黎、美国洛杉矶依旧是热门的全球购物地。值得注意的是，有美国出行计划的游客对老牌时尚购物中心纽约的热情有所减退，拉斯维加斯和旧金山相比之下赢得更多中国消费者的青睐。

休闲是中国游客的另一重要旅行目的，尤其对年轻旅客而言，近两年国内旅客的出游观念正在不断改变，走过、路过、看过已满足不了年轻旅客的"胃口"，享受型需求的增长成为这个时代的主流。来自途牛的数据显示，今年春节期间，当地玩乐产品深受欢迎，泰国、印尼、日本等国当地玩乐产品销量增长迅速。携程日前公布的数据显示，2016 年春节国内旅客对于高星级（4~5 星）酒店的需求远超预期，境外高星级酒店占比超过 6 成，境内高星级酒店占比也达到 53%；同比去年春节，境外高星级酒店占比为 51%，境内高星级酒店占比仅 35%。来自途牛的数据也显示出同样的趋势，2016 年春节期间，近六成游客选择高星级（4~5 星）酒店，高星级酒店消费正在成为趋势，其中消费境内高星级酒店的出游人次占比达到 65%，消费境外高星级酒店的出游人次占比也达到 35%。

另外，品尝美食成为许多旅行者必不可少的行程安排。数据显示，美食汇集的市场 POI 今年备受推崇，台湾的士林夜市、日本的筑地市场、清迈的千人火锅在三地人气美食中位列第一。对比去年同期，体验美食在旅行规划中的重要性显著提升。

4. 手机旅游 App 消费不断增长

旅游行业的手机旅游 App 消费也在增长。旅游 App 用户一般品牌忠诚度本身达到比较高，于是更容易被转化，产生消费。行业里一些大公司已经开始大步向这个方向发展。旅游企业的数据也证明，中国旅游者的手机端消费迅猛增长，报团旅游已经不限于门店和电脑。

携程等 OTA 的数据显示，使用 App 报团旅游的订单比例高达 50%，这意味着智能手机将代替线下门店、PC成为最大的旅游预订渠道。根据携程提供的信息，跟团游、自由行、出境游、签证等度假产品，今年App订单占比超过50%，每年数百万人通过手机端预订，超过PC、电话成为最主要的预订渠道。除携程外，一些瞄准自助游需求的在线旅游企业在手机上提供了更多样的服务，比如世界邦、面包旅行、穷游等，可以为游客提供基于行中的更加细致的服务。

（二）旅游App用户画像

1. 大城市的中年女性是旅游主力军

对比不同群体的外出旅游比例，女性群体的出游比例更高。从年龄上看，35岁以上人群的外出旅游比例最高，这部分人群事业稳定，消费能力强，是各大旅游公司的优质客户。从城市上看，大城市（一／二线）居民较喜欢外出旅游。

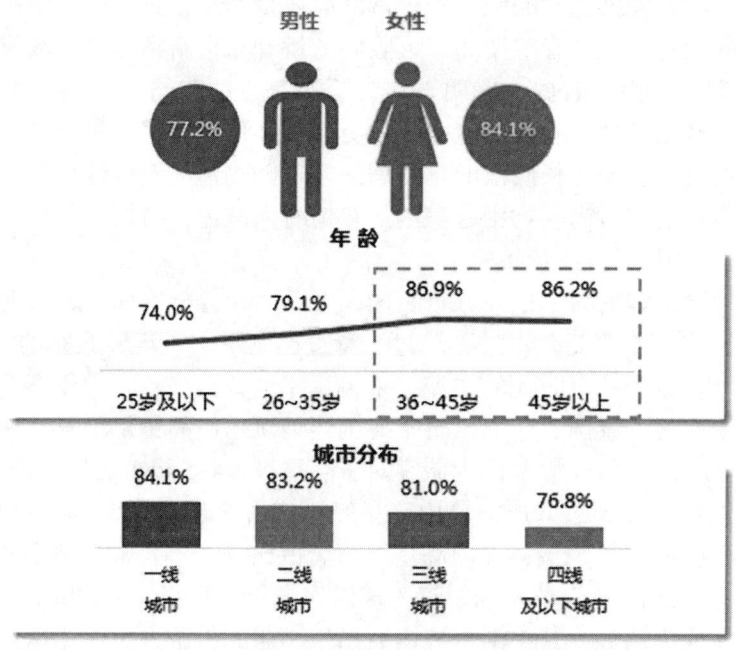

图10-4　旅游App用户画像

资料来源：企鹅智库调研和应用宝大数据中心

2. 90后囊中羞涩但喜欢看世界

尽管经济尚未完全独立，74%的90后在过去一年里仍有出游活动，接近10%的90后人群更是选择出国旅游。相对于前辈，90后有更多机会去看世界。得益于相对稳定的工作，非90后人群有更大的财务自由选择出游，花费更高的境外游项目也受到这部分人群的青睐。

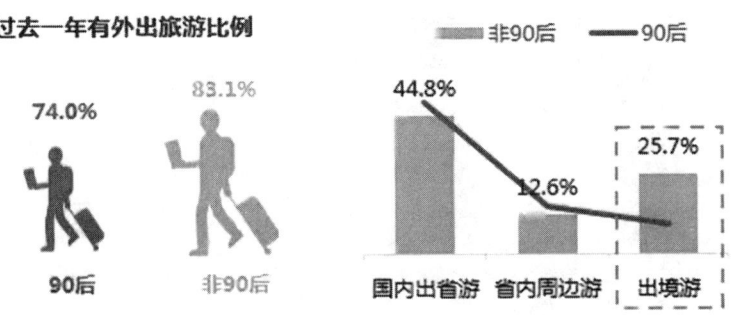

图 10-5　旅游 App 90 后与非 90 后旅游目的地

资料来源：企鹅智库调研和应用宝大数据中心

3. 高收入群体携家带口去出游，90 后喜欢自己看风景

家庭成员（配偶 / 子女）和身边熟人（同事 / 同学 / 朋友）是最常选择的出游同伴。高收入人群更喜欢携家带口去旅游，家庭游、亲子游等主题旅游对高收入家庭更有吸引力。16.8% 的旅游用户选择独自出游，尤其是追求独立自由的 90 后，更喜欢一个人去看风景。部分旅游用户选择与父母、恋爱对象和大家庭一起出游，在游山玩水中增进感情。

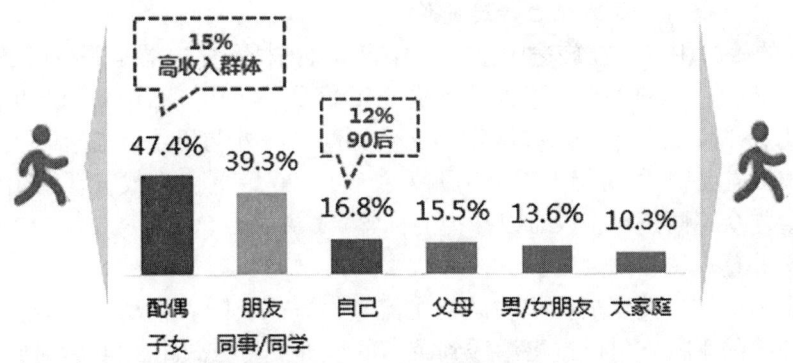

* 多选，各选项之和大于100%

图 10-6　游客心目中的最佳旅游旅伴

资料来源：企鹅智库调研

4. 偏好长假期，希望能说走就走

寒暑假和年假 / 调休是出游的好时机，一线城市旅游用户更偏好年假 / 调休，四线及以下城市更偏好寒暑假。亲子游、游学营等适合寒暑假的项目在小城市有增长潜力。出于对高峰期人满为患的担忧，人们在法定节假日出游的热情已有退减趋势。为错开旅游高峰，小部分旅游用户尝试在工作日出行。32.2% 旅游用户选择"随时出发"。

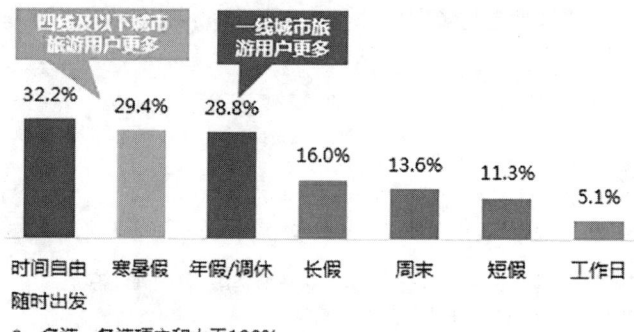

图 10-7 一年中的旅游时光

资料来源：企鹅智库调研

5. 住宿偏好：高性价比的快捷酒店和特色民宿

将近半数的游客住宿优选连锁快捷酒店和普通星级酒店，性价比是游客考虑的重要因素；近年来，具有当地文化融入的民宿也开始受到游客喜欢。出于安全和文化约束，主打年轻人背包客的青年旅社在国内市场渗透不高。徒步爱好者偏好选择豪华型酒店，更集中在 26~30 岁，这部分人有潜质成为豪华型酒店的精准营销用户。

6. 分享意愿强烈，社交平台传递旅途

84.7% 的旅游用户会在旅途中摄影 / 拍照，自拍杆和充电器是旅游必备。48.8% 的旅游用户选择在社交平台分享照片或者心得感受。购物、结识新朋友也是旅途中的常见行为，出境旅游用户选择购物的比例更高，海外购仍是强需求。美图、听音乐、写攻略是旅游用户的衍生需求。偏爱独行的 90 后更喜欢戴着耳机出游，追求时尚又渴望与众不同是年轻人难以抹掉的标签。

7. 移动支付在境外快速增长

现金刷卡的结合使用成为出境游的主流支付方式；随着移动支付海外布局的扩张，更为便捷的手机支付已慢慢渗透到游客的境外支付方式中，90 后对此更是表示认可接受。围绕移动支付的配套服务和技术开发，境外游有广阔的应用前景。

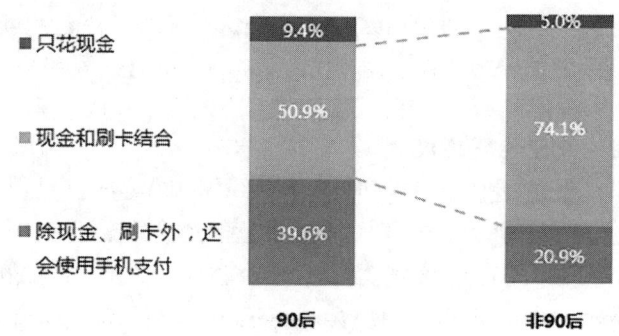

图 10-8 出境游支付方式

资料来源：企鹅智库调研

三、旅游 App 的发展问题

（一）旅游 App 发展过程中问题凸显，用户体验较差

1. 旅游类 App 需要付出的操作成本较高

目前，从用户角度来看，使用旅游类 App 需要付出的操作成本颇高。首先，每个旅游类 App 都要单独下载，非常占内存。然后还要注册，流程比较麻烦。此外，用户的操作习惯会逐渐沉淀并固化。通常，用户只会操作少数几个 App，而不会关注其他的 App。在切换过程中，需跨屏等待，操作成本高。加之很多旅游企业利用移动策略，在原有网络 App 的基础上，针对移动设备开发的优化版的网站和原生移动 App，迫使旅游者在使用 App 时不得不面对大量的移动旅行产品选择。尽管品牌和消费者忠诚度奖励具有一定的吸引力，然而移动旅行体验本应具有的便捷性、简易性却大打折扣。

2. 旅游类 App 同质化现象严重，用户体验差

从市场角度来看，旅游 App 同质化严重，抄袭之风愈演愈烈，加之盗版山寨破坏行业生态，在旅游 App 市场生存愈发艰难。就目前来说，旅游 App 整个市场同质化现象严重，几乎是什么类型的 App 火就做什么类型的，有部分开发团队为了图短期利益，没有明确的产品规划，更不要提市场价值和用户体验了。

当前移动互联网上的旅游类 App 形形色色，数量惊人，但是却有一部分产品是在模仿别人的 App。从外观风格到内部功能都基本大同小异，好一点的就是在原本的功能上做出一些更改。长时间的这种状态实际上忽略了消费者的体验。实际上，真正要做好旅游 App，作为开发者来说，那些成功的案例可以借鉴，吸取精华，在学习的基础上加强创新，有完善的规划和目标，不能一味地模仿别人。照着别人的路径去走，在竞争力上就没有优势可言了，更不用说创新和自我产品价值了。

另外，由于旅游类 App 市场规模的壮大，旅游 App 产品同质化程度越来越高，价格战成为最简单的竞争方式。作为服务的承载者，用户对于商家价格战的态度也是有喜有忧。能够以最低廉的价格享受旅行中的各项服务，对旅游者来说自然求之不得。但旅游企业利润空间本身有限，新技术对于降低成本作用尚不明显，价格战必然会导致在线旅游企业利润下降、服务品质降低，进而必将影响用户体验。但随着市场逐渐稳定，实力较弱、创新力不强的 App 将被市场淘汰，集中度会日益提升。在当下互联网＋的时代中，互联网企业欲得到消费者和市场的肯定，不单是要不断提升产品的创新力，走差异化发展道路，还应建立完善的管理、运营体系，以确保用户的服务体验度。因此，产品技术趋同的情况下，保证服务质量，提升用户体验才是关键。

3. 品牌成为影响用户体验的双刃剑

手机 App 商店中最受欢迎的大多来自知名旅游品牌（如旅行社、酒店或航空公司）。对知名品牌而言，注重品牌网站可以利用品牌为旅游者实现目标的同时获得好的用户体验。站在旅游者角度，完美的体验平台的来源可能并不是品牌 App。旅

游者为完成一次旅游，可能需要下载某航空公司、某酒店、某景区等多个App，占用内存，操作烦琐。旅游类App应打破品牌的局限，将用户体验放在第一位，围绕着消费者的喜好和需求，吸引消费者成为品牌的代言人。

4. App的功能丰富与界面精简存在矛盾

手机屏幕较小，App功能却非常丰富，这二者之间的矛盾，成为影响用户体验的重要因素。很多手机App相对于PC客户端，功能要缩水很多；而追求全面的App，往往界面又过于复杂、导航不清晰。虽然旅游者需要多方面的多种类的信息，究竟是"大而全"，还是"小而精"，才能给旅游者带来更好的用户体验，则需要旅游类App的开发商们综合考量。

（二）旅游App问题改进措施

1. 抓住旅游消费习惯转变机遇

旅游用户消费习惯的转变，主要体现在旅行频次增加、自主选择性增强、消费时间更具灵活性等方面。用户在消费决策时，对旅游信息的需求量也相应增大。企业需从更多场景触发用户的消费动机、延伸服务品类、提升用户决策效率。对于具备用户流量和市场份额优势的OTA企业，若能发挥出数据挖掘优势，利润率有望提升。市场搅局者则借助低价和多平台铺开以吸引用户。总体上，双方的流量利用效率均有提升空间。

2. 进一步打磨产品，缩短犹豫链条

旅游消费者对移动App的使用目的性更明确，对有用信息的直接获取需求也更强。企业应进一步打磨产品的功能、权重和层级，基于用户目的和全流程链条，进行信息的高效整合和杂音排除。对于消费链条的后端特别是支付环节和售后环节，平台方也应联合资源方做好支付效率和服务的升级，以此来提升用户消费意愿到消费决策的更快转化。

3. 小众个性化服务助力赢在旅游生态

旅游业无论从资本面还是行业市场都呈现出良性发展盈利的势头，尽管旅游巨头市场垄断已成定局，但是在地接服务、攻略撰写分享等环节的市场局势尚不明显，旅游周边对小众化和个性化的服务需求尚未得到满足，在旅游App生态链上，此类App还有发力的空间。

4. 洞察差异化特征，增加竞争砝码

旅游用户是旅游类App的主要目标群体，呈现出明显的性别、年龄和收入差异，在出行时间、目的地、交通和住宿各方面表现出不同的诉求。同时，随着网络移动端的发展和社交分享的便利，线上购票和移动支付也在迅速接入，用户的偏好和需求更为多元。

5. 跨App交叉营销，直达精准

在巨头垄断的旅游App市场占据一席之地，洞察用户、细分市场和精准营销极为重要。跨App的交叉营销，呈现有吸引力的旅游内容，强化用户的关注点，是旅游App市场的重要营销手段。

四、旅游 App 的未来发展趋势预测

1. 未来旅游 App 会趋向更广泛的细分市场

不同的人有决然不同的旅游想法。不同身份、人生阶段以及生活水平直接影响着旅游方式的选择。有人只有坐车的钱也义无反顾前行，宁愿做一个路上的苦行僧体验不同的生活；有人即使温饱有余，仍是有众多的顾虑而放弃出门的念头；也有人看山是山，看水是水，勇敢去尽情享受生命的余温。用户群体需求、看法的差异化，必然会导致旅游 App 的市场细分。

细分明显的表现是为某一群体的用户量身打造旅游软件。其中的旅游产品会更加直观和精准地为 App 用户推荐，从而快速形成品牌效应和提高曝光率知名度等。垂直的旅游 App 会越来越明显，人们只要有住宿、交通预订、攻略查询、当地情况等需求，都可以下载相对应的垂直手机应用。

2. 社交元素的融入

社交是人类社会无法绕开的话题。单纯的社交 App 在应用市场上所占的比例高，且受人们的喜爱。其他行业的产品融入社交元素逐渐普遍，尤其是旅游 App。无论是跟团游还是自助游，都离不开交流互动。社区圈子，可以帮助旅游软件里的用户更加具有黏性，同时也能为用户表达自我情绪、分享经历的平台。旅游，尽管途中有可能遇到不愉快的事情，但后都会成为美好的回忆，正如普希金的那首《假如生活欺骗了你》说的那样。未来的旅游 App，社交会是非常重要的一个元素。

3. 企业立体化竞争，App 区分化运营

在移动端未兴起之前，PC 端的旅游网站已经有不少树立了自身的品牌。但是在移动互联网的时代，旅游企业不能单纯地照搬，重要的是有策略地区分运营。如前面提到的，旅游市场的细分，需要多个旅游 App 的相互独立和联结，以解决用户更多的旅游需求。同时，企业团队需要在 App 宣传、品牌推广等方面形成立体化的竞争。

4. 旅游 App 的功能设计突出而有特色

旅游市场细分，同质化产品现象严重，旅游 App 会从自身开始突破。旅游应用将会更加地突出核心功能，而不是众多没有重点的功能。除了社交元素的增多，提高用户在操作的体验同样是未来的方向之一。在交互上会更加快捷简便，避免多层的交互以及页面的长时间等待反应。旅游产品如何在短的时间内让用户解决需求是保证良好体验的关键。旅游 App 的设计将会更加重视这些方面。

同时，为有出游需求的用户精准提供有用且特色的信息能为产品增色不少。未来的旅游应用会在强烈的竞争情势下重视产品特色。一些有特色的设计，会给用户意想不到的惊喜，也会让用户印象深刻，更容易回忆起来。这对用户黏度是非常有用的。

无论未来的旅游 App 开发如何发展，形式如何改变，都离不开用户体验的考察。旅游应用的所有改变都不能脱离以丰富和提供用户体验为主。只有好的体验，

才能留住用户，才能有效达到产品的营销。App开发设计者从用户体验与需求上进行创新是未来重要的改变方向之一。

参考文献

[1]CNNIC：2016年第39次中国互联网络发展状况统计报告[EB/OL]. http://www.199it.com/archives/560209.html.

[2]携程发布2015—2016年出境Wi-Fi报告[EB/OL]. http://www.ctcnn.com/html/2016-02-02/14422899.html#PPN=mt.

[3]劲旅咨询发布《2016中国在线旅游分享经济——住宿篇市场研究报告》完整版[EB/OL]. http://www.ctcnn.com/html/yb/2016-11-28/18487915.html#PPN=data.

[4]美团点评发布2016年度酒旅消费趋势报告[EB/OL]. http://www.ctcnn.com/html/yb/2017-01-11/11553331.html#PPN=data.

[5]途牛发布《2016年度假类在线咨询数据报告》[EB/OL]. http://www.ctcnn.com/html/yb/2017-01-22/14131143.html#PPN=data.

第二节 旅游App排名及分类详情

一、旅游App排名总结

2016年，移动旅游市场正在迎来新的变化，与2015年有所不同，2016年主要在线旅游企业将会更加注重在提升移动端服务与用户体验层面下功夫，针对移动端的营销力度也会持续加强，移动旅游市场的厮杀也会越来越趋向于细分应用市场。

根据已有2016年全年发布的数据（目前只有截止到2016年10月的数据），从易观智库发布的2016年10月旅游类TOP 100榜单中，从平均活跃用户规模来看，火车票预订和综合旅游预订两个领域保持领先地位，平均活跃用户分别达到354.9万和278.2万，综合度假旅游预订App以207.3万的平均活跃用户规模排名第三。

火车作为中长途主要客运工具，用户基础庞大；综合旅游平台通过机票和火车票在线预订积累巨大流量，并将业务布局到度假旅游等多项旅游产品，打造一站式出行预订解决方案；近年来用户度假旅游需求快速增长，度假旅游产品预订业务发展迅速，随着度假旅游产品标准化体系的成熟，以及用户使用习惯不断向移动端迁移，综合度假旅游移动端发展迅速。从上榜App数量来看，酒店预订类App达到22个，位居第一，其中酒店自营App达到12个；火车票预订App达到14个；航空服务App上榜数量达到16个，其中航空公司自营App达到9个。综合预订平台通过打造一站式旅游预订，为用户提供多元化、完善的旅游服务，产品SKU规模较大，积累起较高的用户活性和黏性。

2016年10月综合旅游预订类App TOP5榜单中，携程旅行取代去哪儿，成为活跃用户规模最高的App，月活规模达到2191.32万人。

表10-2 2016年10月综合旅游预订类App TOP5

排名	App名称	月度活跃用户规模（万人）	活跃用户环比增幅（%）
1	携程旅行	2191.32	3.53
2	去哪儿旅行	1862.79	-9.01
3	飞猪	776.45	-2.84
4	艺龙旅行	307.44	2.81
5	春秋旅游	18.46	14.47

资料来源：易观智库

经历9月开学，火车出行出现阶段性高峰后，2016年10月火车票预订App月活跃用户普遍有小幅下降。火车票预订类App TOP10榜单中，12306官方版App月度活跃用户规模达到3196.82万人，远高于其他App。12306作为唯一被铁路总公司授权进行互联网售票的火车票预订平台，拥有独占优势。其他在线火车票预订厂商主要通过人工代购或直连12306系统，为消费者提供火车票预订业务，并发展出以附加服务、产品推荐为主的收入模式。智行火车票和高铁管家月度活跃用户规模分别位于第二、第三位，分别为658.05万人和652.93万人。

表10-3 2016年10月火车票预订类App TOP 10

排名	App名称	月度活跃用户规模（万人）	活跃用户环比增幅（%）
1	12306官方版	3196.82	5.44
2	智行火车票	658.05	-17.85
3	高铁管家	652.93	-12.57
4	铁友火车票	202.72	-17.92
5	买12306火车票	126.56	-2.78
6	极品时刻表	125.91	8.73
7	盛名列车时刻表	123.01	-10.98
8	网易火车票	74.93	5.07
9	火车票	69.22	-3.67
10	火车票达人	42.66	-2.02

资料来源：易观智库

2016年10月综合度假旅游预订类App TOP 10中,同程、途牛、马蜂窝和驴妈妈用户活跃程度较高,用户规模居于前列。

表10-4　2016年10月综合度假旅游预订类App TOP 10

排名	App名称	月度活跃用户规模(万人)	活跃用户环比增幅(%)
1	同程旅游	673.74	5.72
2	途牛旅游	513.11	−2.37
3	马蜂窝自由行	402.02	16.95
4	驴妈妈旅游	207.44	2.50
5	悠哉旅游	22.87	86.18
6	要出发周边游	19.10	−13.34
7	游谱旅行	12.86	−30.42
8	面包旅行	8.07	−40.16
9	懒人周末	6.67	−15.89
10	度周末	2.18	33.74

资料来源:易观智库

在线度假旅游厂商不断加强移动化布局,通过标准化产品体系打造,结合LBS、POI等创新型移动互联网技术,为用户提供更加实时化和便捷的旅游服务。另外值得注意的是,传统旅行社在移动互联网市场增长明显,众信加强悠哉网移动端投入,活跃用户规模增幅达到86.18%,度假旅游领域已呈现较强的线上线下融合趋势,传统旅行社对移动旅游市场渗透将持续增强。

酒店预订类App TOP 10榜单中,酒店自营类App占5席,掌上如家、铂涛旅行和华住分列第一、第二、第三位。在国庆节假期因素影响下,酒店预订整体用户规模上涨,经济型酒店用户呈现年轻化特征,移动互联网普及率较高。锦江酒店集团完成铂涛酒店收购后,品牌结构更加全面,客群导流增加铂涛旅行用户规模,月活呈现小幅增长,同时排名超过华住,成为第二。

表10-5　2016年10月酒店预订类App TOP 10

排名	App名称	月度活跃用户规模(万人)	活跃用户环比增幅(%)
1	掌上如家	162.66	−2.80
2	铂涛旅行	143.45	3.70
3	华住	135.81	0.71
4	猫途鹰	130.16	33.28

续表

排名	App名称	月度活跃用户规模（万人）	活跃用户环比增幅（%）
5	艺龙酒店	122.36	2.15
6	途家	105.81	20.79
7	锦江之星	100.56	32.36
8	缤客	91.61	22.63
9	Airbnb	87.31	5.49
10	格林豪泰	79.65	34.69

资料来源：易观智库

同时，得益于出境游市场的不断增长和外资在线预订企业在国内市场投入的增加，TripAdvisor（猫途鹰）和Booking.com（缤客）月活增幅明显。Airbnb、途家和蚂蚁短租等非标准住宿应用10月月活增幅较高，旅游消费者需求趋于个性化、主题化的背景下，非标住宿市场潜力正在不断释放。

航空服务类App TOP 10榜单中，飞常准、航旅纵横、航班管家在月度活跃用户规模指标上仍稳居前三名，三款App主要提供值机、航班信息查询、航线提醒等相关服务，准确切入用户航空出行使用场景，维持较高的用户活性。

表10-6 航空服务类App TOP 10

排名	App名称	月度活跃用户规模（万人）	活跃用户环比增幅（%）
1	飞常准	296.00	−1.48
2	航旅纵横	232.39	−2.70
3	航班管家	223.45	−4.84
4	春秋航空	200.42	2.36
5	南方航空	169.44	5.47
6	中国国航	164.38	3.25
7	东方航空	79.07	8.27
8	天巡旅行	76.96	42.45
9	山航掌尚飞	35.24	41.32
10	海南航空手机客户端	33.73	30.94

资料来源：易观智库

在 TOP10 榜单中，航空公司自营 App 数量达到 6 席，随着航空公司直销体系建设的进一步推进，航司移动端用户规模都成环比上涨，航司通过压缩代理费用、抑制在线分销平台等方式精简机票分销中间环节，以提升机票预订效率，扩大中间环节利润，加速销售渠道的互联网化改造，未来移动端用户规模和活跃程度将进一步提升。

二、2016 年国内旅游类 App 月度检测排名

（一）2016 年国内旅游类 App 1 月监测排名

劲旅咨询—劲旅智库对国内主流安卓系统应用下载市场上的近百款旅游类应用产品进行了重点监测，根据 2016 年度月度旅游类 App 市场监测报告显示，下载量排名情况如下。

表 10-7　2016 年 1 月国内旅游应用（App）下载量监测及排名（安卓系统）

排名	App名称	下载量（万次）	排名	App名称	下载量（万次）
1	携程旅行	118 736.0	21	马蜂窝自由行	8168.8
2	去哪儿旅行	114 344.1	22	酷讯机票	5995.8
3	同程旅游	87 360.4	23	一号专车	3678.2
4	滴滴出行	78 935.2	24	航旅纵横	3230.5
5	途牛旅游	49 046.8	25	铂涛会	3202.9
6	快的打车	46 666.8	26	超级指南针	3143.3
7	艺龙旅行	38 968.6	27	面包旅行	2875.6
8	航班管家	26 226.5	28	旅行翻译官	2660.9
9	驴妈妈旅游	23 392.9	29	114商旅	2503.1
10	高铁管家	22 265.9	30	8684火车	2113.4
11	艺龙酒店	20 307.9	31	易到用车	1767.9
12	铁路12306	18 615.7	32	住哪儿订酒店	1734.7
13	飞常准	18 164.0	33	华住酒店	1671.3
14	途家	15 714.5	34	搭伴玩旅行交友	1605.7
15	智行火车票	14 962.1	35	春秋航空	1574.1
16	TripAdvisor（猫途鹰）	12 827.1	36	淘在路上社区	1524.4
17	阿里旅行·去啊	11 308.3	37	穷游	1502.2
18	百度旅游	9768.5	38	途牛自驾	1467.8
19	鹰漠旅行	8340.8	39	神州租车	1390.4
20	铁友火车票	8245.5	40	特价门票	1368.1

续表

排名	App名称	下载量（万次）	排名	App名称	下载量（万次）
41	大拇指旅行	1250.7	46	淘在路上	944.8
42	火车票实时查询系统	1189.9	47	南方航空	912.7
43	高铁达人	1175.5	48	一路乐旅游	864.6
44	超级火车票	1170.7	49	买火车票	808.1
45	掌上如家	1085.5	50	景点特价门票	756.9

注：以上各App下载量由安卓市场、91助手、木蚂蚁、安智市场、百度手机助手、豌豆荚、应用宝、应用汇、360手机助手、机锋市场、搜狗市场、华为应用市场、联想乐商店、OPPO软件商店、易用汇、魅族Flyme、3G门户等17个国内最主流安卓应用市场汇总得出，仅供参考。

资料来源：劲旅智库

如表10-7所示，国内旅游类App下载量排名第一位的是"携程旅行"，累计下载量为118 736.0万次；排名第二位的是"去哪儿旅行"，累计下载量为114 344.1万次；排名第三位的是"同程旅游"，累计下载量为87 360.4万次。排名前45位的App下载量均达千万级以上。

1月旅游类App下载量增长最快的是"同程旅游"，与去年12月相比单月净增4816.6万次；其次是"去哪儿旅行"，与去年12月相比下载量单月净增3446.3万次；"滴滴出行"与去年12月相比单月净增为2922.0万次；"艺龙酒店"与上年12月相比单月净增为2418.0万次；"途牛自驾""途牛旅游""特价门票""艺龙旅行""携程旅行"下载量单月增长也在千万级以上。

（二）2016年国内旅游类App 2月检测排名

根据发布的《2016年2月国内旅游类应用（App）市场监测报告》显示，国内安卓系统旅游类应用产品下载量排名前十位的依次是：携程旅行、去哪儿旅行、同程旅游、滴滴出行、途牛旅游、快的打车、艺龙旅行、航班管家、驴妈妈旅游、高铁管家。

表10-8 2016年2月国内旅游应用（App）下载量监测及排名（安卓系统）

排名	App名称	下载量（万次）	排名	App名称	下载量（万次）
1	携程旅行	119 737.8	8	航班管家	26 305.8
2	去哪儿旅行	117 343.6	9	驴妈妈旅游	24 029.2
3	同程旅游	90 141.5	10	高铁管家	22 407.4
4	滴滴出行	79 417.4	11	艺龙酒店	20 894.1
5	途牛旅游	49 858.1	12	铁路12306	20 394.8
6	快的打车	46 681.8	13	飞常准	18 281.7
7	艺龙旅行	40 469.8	14	途家	15 727.8

续表

排名	App名称	下载量（万次）	排名	App名称	下载量（万次）
15	智行火车票	15 155.1	33	易到用车	1809.5
16	TripAdvisor（猫途鹰）	13 115.1	34	住哪儿订酒店	1734.8
17	阿里旅行·去啊	11 520.4	35	华住酒店	1682.0
18	百度旅游	9825.2	36	春秋航空	1649.6
19	铁友火车票	8388.1	37	搭伴玩旅行交友	1606.9
20	鹰漠旅行	8345.8	38	穷游	1551.4
21	马蜂窝自由行	8220.3	39	淘在路上社区	1524.5
22	酷讯机票	5999.7	40	神州租车	1401.0
23	一号专车	3689.7	41	大拇指旅行	1250.7
24	航旅纵横	3264.2	42	火车票实时查询系统	1193.9
25	铂涛会	3209.6	43	高铁达人	1175.5
26	超级指南针	3159.3	44	超级火车票	1172.8
27	面包旅行	2879.0	45	掌上如家	1135.0
28	特价门票	2856.7	46	淘在路上	952.2
29	途牛自驾	2765.6	47	南方航空	929.6
30	旅行翻译官	2663.3	48	一路乐旅游	928.6
31	114商旅	2507.6	49	买火车票	834.1
32	8684火车	2114.5	50	海玩	763.7

注：以上各App下载量由安卓市场、91助手、木蚂蚁、安智市场、百度手机助手、豌豆荚、应用宝、应用汇、360手机助手、机锋市场、搜狗市场、华为应用市场、联想乐商店、OPPO软件商店、易用汇、魅族Flyme、3G门户等17个国内最主流安卓应用市场汇总得出，仅供参考。

资料来源：劲旅智库

如表10-8所示，国内旅游类App下载量排名第一位的是"携程旅行"，累计下载量为119 737.8万次；排名第二位的是"去哪儿旅行"，累计下载量为117 343.6万次；排名第三位的是"同程旅游"，累计下载量为90 141.5万次。排名前45位的App下载量均达千万级以上。

2月旅游类App下载量增长最快的是"去哪儿旅行"，与1月相比单月净增2999.5万次；其次是"同程旅游"，与1月相比下载量单月净增2781.1万次；"铁路12306"与1月相比单月净增为1779.1万次；"艺龙旅行"与1月相比单月净增为

1501.2万次;"特价门票""途牛自驾""携程旅行"等App下载量单月增长也在千万级以上。

（三）2016年国内旅游类App 3月检测排名

根据发布的《2016年3月国内旅游类应用（App）市场监测报告》显示，国内安卓系统旅游类应用产品下载量排名前十位的依次是：去哪儿旅行、携程旅行、同程旅游、滴滴出行、途牛旅游、快的打车、艺龙旅行、航班管家、驴妈妈旅游、高铁管家。

表10-9　2016年3月国内旅游应用（App）下载量监测及排名（安卓系统）

排名	App名称	下载量（万次）	排名	App名称	下载量（万次）
1	去哪儿旅行	122 778.8	23	途牛自驾	4226.7
2	携程旅行	122 323.1	24	一号专车	3704.1
3	同程旅游	91 186.8	25	特价门票	3403.7
4	滴滴出行	81 700.5	26	航旅纵横	3383.3
5	途牛旅游	52 945.4	27	铂涛会	3220.9
6	快的打车	46 699.0	28	超级指南针	3200.1
7	艺龙旅行	41 126.1	29	面包旅行	2884.9
8	航班管家	26 396.6	30	旅行翻译官	2670.8
9	驴妈妈旅游	25 277.3	31	114商旅	2517.8
10	高铁管家	22 592.6	32	8684火车	2116.6
11	艺龙酒店	21 435.0	33	易到用车	1968.5
12	铁路12306	20 919.5	34	住哪儿订酒店	1734.8
13	飞常准	18 342.9	35	华住酒店	1732.3
14	途家	15 748.9	36	春秋航空	1698.0
15	智行火车票	15 614.5	37	搭伴玩旅行交友	1607.9
16	TripAdvisor（猫途鹰）	13 460.1	38	穷游	1567.5
17	阿里旅行·去啊	11 793.7	39	淘在路上社区	1529.0
18	百度旅游	9876.9	40	神州租车	1432.4
19	铁友火车票	8547.6	41	大拇指旅行	1250.8
20	鹰漠旅行	8353.8	42	掌上如家	1219.8
21	马蜂窝自由行	8294.0	43	火车票实时查询系统	1199.6
22	酷讯机票	6003.9	44	超级火车票	1180.8

续表

排名	App名称	下载量（万次）	排名	App名称	下载量（万次）
45	高铁达人	1177.5	48	一路乐旅游	932.7
46	淘在路上	957.0	49	买火车票	874.5
47	南方航空	955.5	50	海玩	819.9

注：以上各App下载量由安卓市场、91助手、木蚂蚁、安智市场、百度手机助手、豌豆荚、应用宝、应用汇、360手机助手、机锋市场、搜狗市场、华为应用市场、联想乐商店、OPPO软件商店、易用汇、魅族Flyme、3G门户等17个国内最主流安卓应用市场汇总得出，仅供参考。

资料来源：劲旅智库

如表10-9所示，国内旅游类App下载量排名第一位的是"去哪儿旅行"，累计下载量为122 778.8万次；排名第二位的是"携程旅行"，累计下载量为122 323.1万次；排名第三位的是"同程旅游"，累计下载量为91 186.8万次。排名前45位的App下载量均达千万级以上。

3月旅游类App下载量增长最快的是"去哪儿旅行"，与2月相比单月净增5435.2万次；其次是"途牛旅游"，与2月相比下载量单月净增3087.2万次；"携程旅行"与2月相比单月净增为2585.3万次；"滴滴出行"与2月相比单月净增为2283.1万次；"途牛自驾""驴妈妈旅游""同程旅游"等App下载量单月增长也在千万级以上。

（四）2016年国内旅游类App 4月检测排名

根据发布的《2016年4月国内旅游类应用（App）市场监测报告》显示，国内安卓系统旅游类应用产品下载量排名前十位的依次是：去哪儿旅行、携程旅行、同程旅游、滴滴出行、途牛旅游、快的打车、艺龙旅行、航班管家、驴妈妈旅游、高铁管家。

图10-10 2016年4月国内旅游应用（App）下载量监测及排名（安卓系统）

排名	App名称	下载量（万次）	排名	App名称	下载量（万次）
1	去哪儿旅行	126 105.9	9	驴妈妈旅游	25 374.7
2	携程旅行	123 912.8	10	高铁管家	22 808.1
3	同程旅游	92 945.6	11	艺龙酒店	21 478.4
4	滴滴出行	81 892.4	12	铁路12306	21 344.4
5	途牛旅游	58 902.7	13	飞常准	18 799.3
6	快的打车	46 705.8	14	途家	15 770.2
7	艺龙旅行	41 608.7	15	智行火车票	15 659.9
8	航班管家	26 461.2	16	TripAdvisor（猫途鹰）	13 935.1

续表

排名	App名称	下载量（万次）	排名	App名称	下载量（万次）
17	阿里旅行·去啊	12 180.4	34	华住酒店	1756.9
18	百度旅游	9896.4	35	住哪儿订酒店	1735.9
19	铁友火车票	8653.5	36	春秋航空	1703.6
20	马蜂窝自由行	8359.2	37	搭伴玩旅行交友	1607.9
21	鹰漠旅行	8357.9	38	穷游	1581.6
22	酷讯机票	6011.1	39	淘在路上社区	1530.1
23	途牛自驾	4226.7	40	神州租车	1464.1
24	特价门票	4020.7	41	掌上如家	1283.9
25	一号专车	3708.4	42	大拇指旅行	1250.8
26	航旅纵横	3401.2	43	火车票实时查询系统	1200.7
27	铂涛会	3239.1	44	超级火车票	1182.9
28	超级指南针	3224.6	45	高铁达人	1178.5
29	面包旅行	2885.3	46	买火车票	1073.6
30	旅行翻译官	2675.1	47	一路乐旅游	1012.6
31	114商旅	2522.8	48	南方航空	979.2
32	8684火车	2122.7	49	淘在路上	957.0
33	易到用车	1968.5	50	海玩	819.9

注：以上各App下载量由安卓市场、91助手、木蚂蚁、安智市场、百度手机助手、豌豆荚、应用宝、应用汇、360手机助手、机锋市场、搜狗市场、华为应用市场、联想乐商店、OPPO软件商店、易用汇、魅族Flyme、3G门户等17个国内最主流安卓应用市场汇总得出，仅供参考。

资料来源：劲旅智库

如表10-10所示，国内旅游类App下载量排名第一位的是"去哪儿旅行"，累计下载量为126 105.9万次；排名第二位的是"携程旅行"，累计下载量为123 912.8万次；排名第三位的是"同程旅游"，累计下载量为92 945.6万次。排名前45位的App下载量均达千万级以上。

4月旅游类App下载量增长最快的是"途牛旅游"，与3月相比单月净增5957.3万次；其次是"去哪儿旅行"，与3月相比下载量单月净增3327.1万次；"携程旅行"与3月相比单月净增为1589.7万次。

（五）2016年国内旅游类App 5月检测排名

劲旅网讯，国内领先的旅游市场研究咨询机构——劲旅咨询最新发布了《2016年5月国内旅游类应用（App）市场监测报告》，劲旅咨询—劲旅智库对国内主流安卓系统应用下载市场上的近百款旅游类应用产品进行了重点监测，并依其下载量进行排名。

根据发布的《2016年5月国内旅游类应用（App）市场监测报告》显示，国内安卓系统旅游类应用产品下载量排名前十位的依次是：去哪儿旅行、携程旅行、同程旅游、滴滴出行、途牛旅游、快的打车、艺龙旅行、航班管家、驴妈妈旅游、高铁管家。

表10-11 2016年5月国内旅游应用（App）下载量监测及排名（安卓系统）

排名	App名称	下载量（万次）	排名	App名称	下载量（万次）
1	去哪儿旅行	131 717.5	26	航旅纵横	3581.1
2	携程旅行	125 158.8	27	超级指南针	3250.6
3	同程旅游	94 211.6	28	铂涛会	3239.1
4	滴滴出行	85 531.8	29	面包旅行	2888.2
5	途牛旅游	61 445.7	30	旅行翻译官	2679.7
6	快的打车	46 854.3	31	114商旅	2537.8
7	艺龙旅行	43 025.0	32	易到用车	2358.3
8	航班管家	26 546.3	33	8684火车	2125.8
9	驴妈妈旅游	25 985.0	34	华住酒店	1814.1
10	高铁管家	23 016.1	35	春秋航空	1741.0
11	铁路12306	22 239.0	36	住哪儿订酒店	1736.1
12	艺龙酒店	21 548.1	37	搭伴玩旅行交友	1607.9
13	飞常准	18 837.4	38	穷游	1591.1
14	智行火车票	16 097.2	39	淘在路上社区	1531.1
15	途家	15 797.3	40	神州租车	1511.4
16	TripAdvisor（猫途鹰）	14 251.1	41	掌上如家	1355.5
17	阿里旅行·去啊	12 560.9	42	大拇指旅行	1250.8
18	百度旅游	9914.4	43	火车票实时查询系统	1211.8
19	铁友火车票	8847.7	44	超级火车票	1183.9
20	马蜂窝自由行	8417.8	45	高铁达人	1179.5
21	鹰漠旅行	8361.9	46	买火车票	1112.1
22	酷讯机票	6013.3	47	一路乐旅游	1076.3
23	途牛自驾	4226.7	48	南方航空	1005.6
24	特价门票	4066.2	49	淘在路上	960.1
25	一号专车	3713.9	50	海玩	819.9

注：以上各App下载量由安卓市场、91助手、木蚂蚁、安智市场、百度手机助手、豌豆荚、应用宝、应用汇、360手机助手、机锋市场、搜狗市场、华为应用市场、联想乐商店、OPPO软件商店、易用汇、魅族Flyme、3G门户等17个国内最主流安卓应用市场汇总得出，仅供参考。

资料来源：劲旅智库

如表 10-11 所示，5 月国内旅游类 App 下载量排名第一位的是"去哪儿旅行"，累计下载量为 131 717.5 万次；排名第二位的是"携程旅行"，累计下载量为 125 158.8 万次；排名第三位的是"同程旅游"，累计下载量为 94 211.6 万次。排名前 48 位的 App 下载量均达千万级以上。

5 月旅游类 App 下载量增长最快的是"去哪儿旅行"，与 4 月相比单月净增 5611.6 万次；其次是"滴滴出行"，与 4 月相比下载量单月净增 3639.4 万次；"途牛旅游"与 4 月相比单月净增为 2543 万次；"携程旅行""艺龙旅行""同程旅游"下载量与 4 月相比单月净增也均超千万。

五一小长假刚刚过去，与往年一样，今年的五一旅游市场仍旧是十分火热，从各家在线旅游网站发布的五一出游报告可以看出，移动端已经成为游客出游的重要预订渠道，在部分产品的预订占比已经超越了 PC 端。来自驴妈妈的报告数据显示，五一小长假三天期间，驴妈妈旅游 App 用户购买产品比例大幅攀升，移动端订单占比达 80%，移动平台已经成为驴妈妈最主要的预订平台；途牛五一大数据显示，五一期间途牛移动订单占在线订单超七成，越来越多的用户选择移动设备预订出游产品；携程数据报告也显示，五一期间，携程跟团游、自由行在线预订中移动端预订比例达到 55%，国内游移动端预订比例达到 60%，在门票、一日游、出境 Wi-Fi、演出、美食等碎片产品移动端预订比例更高，八成以上消费者在出发前两天或旅途中利用手机预订当地玩乐产品，此外，通过手机办理签证的游客比例也达到近六成。

（六）2016 年国内旅游类 App 6 月检测排名

根据发布的《2016 年 6 月国内旅游类应用（App）市场监测报告》显示，国内安卓系统旅游类应用产品下载量排名前十位的依次是：去哪儿旅行、携程旅行、同程旅游、滴滴出行、途牛旅游、快的打车、艺龙旅行、航班管家、驴妈妈旅游、高铁管家。

表 10-12　2016 年 6 月国内旅游应用（App）下载量监测及排名（安卓系统）

排名	App名称	下载量（万次）	排名	App名称	下载量（万次）
1	去哪儿旅行	139 187.2	9	驴妈妈旅游	26 433.9
2	携程旅行	126 822.9	10	高铁管家	23 122.6
3	同程旅游	95 110.2	11	铁路12306	22 366.1
4	滴滴出行	90 120.4	12	艺龙酒店	21 565.2
5	途牛旅游	62 641.9	13	飞常准	18 872.4
6	快的打车	46 911.5	14	智行火车票	16 477.0
7	艺龙旅行	43 839.2	15	途家	15 810.7
8	航班管家	26 563.7	16	TripAdvisor（猫途鹰）	14 753.5

续表

排名	App名称	下载量（万次）	排名	App名称	下载量（万次）
17	阿里旅行·去啊	12 792.9	34	华住酒店	1839.2
18	百度旅游	9953.9	35	春秋航空	1760.5
19	铁友火车票	8987.6	36	住哪儿订酒店	1737.1
20	马蜂窝自由行	8492.5	37	搭伴玩旅行交友	1607.9
21	鹰漠旅行	8462.9	38	穷游	1599.9
22	酷讯机票	6013.3	39	神州租车	1542.9
23	途牛自驾	4226.7	40	掌上如家	1407.1
24	特价门票	4176.4	41	大拇指旅行	1250.8
25	一号专车	3725.1	42	火车票实时查询系统	1213.1
26	航旅纵横	3640.9	43	超级火车票	1187.1
27	超级指南针	3270.4	44	高铁达人	1179.6
28	铂涛会	3239.1	45	一路乐旅游	1163.8
29	面包猎人	2888.2	46	买火车票	1128.0
30	旅行翻译官	2696.0	47	南方航空	1009.6
31	易到用车	2663.7	48	海玩	820.0
32	114商旅	2547.8	49	一嗨租车	812.5
33	8684火车	2125.9	50	中国国航	802.2

注：以上各App下载量由安卓市场、91助手、木蚂蚁、安智市场、百度手机助手、豌豆荚、应用宝、应用汇、360手机助手、机锋市场、搜狗市场、华为应用市场、联想乐商店、OPPO软件商店、易用汇、魅族Flyme、3G门户等17个国内最主流安卓应用市场汇总得出，仅供参考。

资料来源：劲旅智库

如表10-12所示，6月国内旅游类App下载量排名第一位的是"去哪儿旅行"，累计下载量为139 187.2万次；排名第二位的是"携程旅行"，累计下载量为126 822.9万次；排名第三位的是"同程旅游"，累计下载量为95 110.2万次。排名前47位的App下载量均达千万级以上。

6月旅游类App下载量增长最快的是"去哪儿旅行"，与5月相比单月净增7469.7万次；其次是"滴滴出行"，与5月相比下载量单月净增4588.6万次；"携程旅行""途牛旅游"与5月相比单月净增也均超千万。

在经过激烈的竞逐之后，移动旅游市场百花齐放的竞争态势已然成为过去式，移动旅游市场的竞争门槛已经建立起来。特别是预订类App，随着携程旅行、去哪儿旅行、途牛旅游、同程旅游、驴妈妈旅游等主要OTA移动端下载量迈入破亿时代，想要分一杯羹的新兴创业企业生存环境愈加艰辛。

端午小长假刚刚落下帷幕，各主要在线旅游网站纷纷发布端午出游大数据报告，根据报告数据可以看出，端午节期间，周边游和出境游成为国内游客出游的主要选择，移动端成为游客预订出游产品的重要渠道。根据驴妈妈的《2016端午出游报告》显示，端午小长假三天驴妈妈旅游App用户购买产品比例大幅攀升，移动端订单占比近八成，移动平台已经成为小长假游客最喜欢的预订方式；来自途牛旅游网发布《2016端午小长假出游盘点报告》也显示，小长假期间，通过途牛旅游App预订的游客人数同比显著增加，订单量同比增长超过132%，更多游客习惯"随走随订"的便捷，门票、一日游等产品人气旺。

不仅仅局限于小长假，移动端已经成为旅游企业特别是在线旅游企业重要的预订渠道，自2014年发力移动端以来，各家主要在线旅游网站的移动端下载量与订单占比都在不断攀升。根据途牛发布的其2016年第一季度财报数据显示，2016年第一季度途牛移动流量占总在线流量超过75%，移动订单数占总在线订单数超过80%；携程、去哪儿等虽尚未披露最新季度财报，但根据2015年第四季度数据可以看出，移动端预订占比已经与PC端不相上下，甚至超越PC端，移动旅游时代已经真切地来临了。

随着80后、90后逐渐成为旅游消费的中流砥柱，方便、快捷、碎片化的移动化预订方式更符合他们的消费习惯，移动端已经成为主流预订渠道，对于在拥有一定用户积累后的在线旅游网站而言，更加注重提升移动端服务与用户体验将会是各家接下来的发力重点，移动旅游市场的竞争也正逐步由"流量之争"向"服务之争"转变。

（七）2016年国内旅游类App 7月检测排名

根据发布的《2016年7月国内旅游类应用（App）市场监测报告》显示，国内安卓系统旅游类应用产品下载量排名前十位的依次是：去哪儿旅行、携程旅行、同程旅游、滴滴出行、途牛旅游、快的打车、艺龙旅行、驴妈妈旅游、航班管家、高铁管家。

表10-13　2016年7月国内旅游应用（App）下载量监测及排名（安卓系统）

排名	App名称	下载量（万次）	排名	App名称	下载量（万次）
1	去哪儿旅行	144 861.5	8	驴妈妈旅游	29 966.4
2	携程旅行	128 211.6	9	航班管家	26 666.8
3	同程旅游	96 418.2	10	高铁管家	23 456.8
4	滴滴出行	93 423.4	11	铁路12306	23 331.3
5	途牛旅游	65 768.9	12	艺龙酒店	21 589.6
6	快的打车	46 918.8	13	飞常准	18 916.1
7	艺龙旅行	46 587.4	14	智行火车票	16 689.9

续表

排名	App名称	下载量（万次）	排名	App名称	下载量（万次）
15	途家	15 842.7	33	8684火车	2127.0
16	TripAdvisor（猫途鹰）	15 036.5	34	华住酒店	1874.1
17	阿里旅行·去啊	13 387.1	35	春秋航空	1836.2
18	百度旅游	9963.6	36	住哪儿订酒店	1737.2
19	铁友火车票	9072.9	37	穷游	1615.9
20	马蜂窝自由行	8624.3	38	搭伴玩旅行交友	1607.9
21	鹰漠旅行	8466.0	39	神州租车	1570.0
22	酷讯机票	6014.8	40	掌上如家	1506.8
23	途牛自驾	4351.7	41	大拇指旅行	1250.8
24	特价门票	4176.5	42	一路乐旅游	1242.0
25	一号专车	3729.4	43	高铁达人	1226.6
26	航旅纵横	3716.0	44	火车票实时查询系统	1217.3
27	超级指南针	3297.2	45	超级火车票	1189.2
28	铂涛旅行	3239.1	46	买火车票	1169.5
29	易到用车	3045.4	47	南方航空	1049.6
30	面包猎人	2891.2	48	中国国航	896.3
31	旅行翻译官	2702.5	49	一嗨租车	837.7
32	114商旅	2557.9	50	海玩	820.2

注：以上各App下载量由安卓市场、91助手、木蚂蚁、安智市场、百度手机助手、豌豆荚、应用宝、应用汇、360手机助手、机锋市场、搜狗市场、华为应用市场、联想乐商店、OPPO软件商店、易用汇、魅族Flyme、3G门户等17个国内最主流安卓应用市场汇总得出，仅供参考。

资料来源：劲旅智库

如表10-13所示，7月国内旅游类App下载量排名第一位的是"去哪儿旅行"，累计下载量为144 861.5万次；排名第二位的是"携程旅行"，累计下载量为128 211.6万次；排名第三位的是"同程旅游"，累计下载量为96 418.2万次。排名前47位的App下载量均达千万级以上。

7月旅游类App下载量增长最快的是"去哪儿旅行"，与6月相比单月净增5674.3万次；其次是"驴妈妈旅游"，与6月相比下载量单月净增3532.5万次；"滴滴出行"与6月相比下载量单月净增3303万次；"途牛旅游"与6月相比下载量单月净增3127万次；"携程旅行""艺龙旅行""同程旅游"与6月相比单月净增也均超千万。

纵观目前的移动旅游市场，包括酒店、机票、火车票等在内的预订领域可以说已经是一片红海，除了各大OTA"一条龙"式的业务布局，各类深挖细分市场的特色App也层出不穷，然而在经过时间的洗礼之后，许多想要依靠细分预订市场突围的移动旅游企业已经在一轮轮"大浪淘沙"中惨遭淘汰。移动旅游市场的竞争门槛已经建立，留给旅游创业者的机会越来越难抓住，企业的试错成本却在不断提高。未来，想要乘着移动旅游的"东风"杀进旅游市场，撕出一片天地，需要付出更多代价。

（八）2016年国内旅游类App 8月检测排名

根据发布的《2016年8月国内旅游类应用（App）市场监测报告》显示，国内安卓系统旅游类应用产品下载量排名前十位的依次是：去哪儿旅行、携程旅行、滴滴出行、同程旅游、途牛旅游、快的打车、艺龙旅行、驴妈妈旅游、航班管家、高铁管家。

表10-14　2016年8月国内旅游应用（App）下载量监测及排名（安卓系统）

排名	App名称	下载量（万次）	排名	App名称	下载量（万次）
1	去哪儿旅行	150 469.6	21	鹰漠旅行	8470.0
2	携程旅行	129 177.2	22	酷讯机票	6021.9
3	滴滴出行	97 372.2	23	途牛自驾	4351.7
4	同程旅游	96 573.5	24	特价门票	4176.5
5	途牛旅游	71 259.3	25	航旅纵横	3795.0
6	快的打车	46 926.7	26	一号专车	3731.7
7	艺龙旅行	46 686.0	27	易到用车	3355.5
8	驴妈妈旅游	32 242.0	28	超级指南针	3314.8
9	航班管家	26 771.0	29	铂涛旅行	3239.1
10	高铁管家	23 680.6	30	面包猎人	2892.5
11	铁路12306	23 542.5	31	旅行翻译官	2708.8
12	艺龙酒店	21 613.5	32	114商旅	2562.9
13	飞常准	18 954.5	33	8684火车	2128.1
14	智行火车票	16 879.2	34	华住酒店	1912.8
15	途家	15 862.5	35	春秋航空	1904.9
16	TripAdvisor（猫途鹰）	15 173.6	36	住哪儿订酒店	1738.2
17	阿里旅行·去啊	14 096.9	37	穷游	1628.2
18	百度旅游	9970.0	38	神州租车	1626.6
19	铁友火车票	9155.5	39	搭伴玩旅行交友	1608.9
20	马蜂窝自由行	8696.8	40	掌上如家	1579.4

续表

排名	App名称	下载量（万次）	排名	App名称	下载量（万次）
41	一路乐旅游	1319.0	46	超级火车票	1191.4
42	买火车票	1295.3	47	南方航空	1082.5
43	大拇指旅行	1250.8	48	中国国航	910.5
44	高铁达人	1228.6	49	一嗨租车	853.8
45	火车票实时查询系统	1221.5	50	出国翻译官	841.3

注：以上各App下载量由安卓市场、91助手、木蚂蚁、安智市场、百度手机助手、豌豆荚、应用宝、应用汇、360手机助手、机锋市场、搜狗市场、华为应用市场、联想乐商店、OPPO软件商店、易用汇、魅族Flyme、3G门户等17个国内最主流安卓应用市场汇总得出，仅供参考。

资料来源：劲旅智库

如表10-14所示，8月国内旅游类App下载量排名第一位的是"去哪儿旅行"，累计下载量为150 469.6万次；排名第二位的是"携程旅行"，累计下载量为129 177.2万次；排名第三位的是"滴滴出行"，累计下载量为97 372.2万次。排名前47位的App下载量均达千万级以上。

8月旅游类App下载量增长最快的是"去哪儿旅行"，与7月相比单月净增5608.1万次；其次是"途牛旅游"，与7月相比下载量单月净增5490.4万次；"滴滴出行"与7月相比下载量单月净增3948.8万次；"驴妈妈旅游"与7月相比下载量单月净增2275.6万次；"携程旅行""阿里旅行·去啊"等与7月相比单月下载量也有较高增长。

根据携程、去哪儿、途牛纷纷发布的2016年第二季度财报数据显示，移动端对于在线旅游网站的业务贡献在持续增长。根据途牛第二季度财报数据显示，其移动端订单数占总在线订单数已经超过80%；去哪儿财报数据也显示，第二季度无线收入为7.740亿元人民币，同比增长29.0%，占总营收的75.1%，去年同期该比例为68.1%。

移动端预订渐成主流，与其方便快捷的操作流程以及旅游企业在移动端所推出的优惠政策有密切关系。特别是随着80后、90后年轻一代消费者逐渐成为旅游消费的中流砥柱，方便、快捷、碎片化的移动端预订方式更符合他们的消费习惯。经过近两年的积极布局，移动旅游市场的竞争门槛已经建立起来，对于包括携程、去哪儿、途牛、同程、驴妈妈等在内的在线旅游企业而言，已经拥有一定的移动端用户积累，如何提升移动端服务与用户体验将会是接下来发力的重点，移动旅游市场的竞争已经开始由"下载量之争"向"用户体验之争"转变。

（九）2016年国内旅游类App 9月检测排名

根据发布的《2016年9月国内旅游类应用（App）市场监测报告》显示，国内安卓系统旅游类应用产品下载量排名前十位的依次是：去哪儿旅行、携程旅行、滴滴出行、同程旅游、途牛旅游、快的打车、艺龙旅行、驴妈妈旅游、航班管家、铁路 12306。

表 10-15 2016 年 9 月国内旅游应用（App）下载量监测及排名（安卓系统）

排名	App名称	下载量（万次）	排名	App名称	下载量（万次）
1	去哪儿旅行	153 795.5	26	一号专车	3733.8
2	携程旅行	131 633.6	27	易到用车	3687.2
3	滴滴出行	99 398.5	28	超级指南针	3337.4
4	同程旅游	97 182.1	29	铂涛旅行	3239.1
5	途牛旅游	75 587.8	30	面包猎人	2898.0
6	快的打车	46 941.5	31	旅行翻译官	2717.1
7	艺龙旅行	46 786.7	32	114商旅	2567.9
8	驴妈妈旅游	33 778.9	33	8684火车	2129.1
9	航班管家	26 828.3	34	春秋航空	2099.9
10	铁路12306	25 098.9	35	华住酒店	1960.8
11	高铁管家	23 763.2	36	住哪儿订酒店	1739.3
12	艺龙酒店	21 648.2	37	神州租车	1659.3
13	飞常准	18 998.6	38	穷游	1636.5
14	智行火车票	17 495.7	39	掌上如家	1632.4
15	途家	15 925.3	40	搭伴玩旅行交友	1608.9
16	TripAdvisor（猫途鹰）	15 524.6	41	一路乐旅游	1361.1
17	阿里旅行·去啊	14 438.1	42	买火车票	1356.5
18	百度旅游	9974.3	43	南方航空	1325.7
19	铁友火车票	9260.0	44	大拇指旅行	1250.8
20	马蜂窝自由行	8746.9	45	高铁达人	1228.6
21	鹰漠旅行	8473.0	46	火车票实时查询系统	1223.7
22	酷讯机票	6023.9	47	超级火车票	1193.5
23	途牛自驾	4352.7	48	中国国航	965.2
24	特价门票	4176.5	49	一嗨租车	893.1
25	航旅纵横	3858.1	50	海玩	820.3

注：以上各App下载量由安卓市场、91助手、木蚂蚁、安智市场、百度手机助手、豌豆荚、应用宝、应用汇、360手机助手、机锋市场、搜狗市场、华为应用市场、联想乐商店、OPPO软件商店、易用汇、魅族Flyme、3G门户等17个国内最主流安卓应用市场汇总得出，仅供参考。
资料来源：劲旅智库

如表10-15所示,9月国内旅游类App下载量排名第一位的是"去哪儿旅行",累计下载量为153 795.5万次;排名第二位的是"携程旅行",累计下载量为131 633.6万次;排名第三位的是"滴滴出行",累计下载量为99 398.5万次。排名前47位的App下载量均达千万级以上。

9月旅游类App下载量增长最快的是"途牛旅游",与8月相比单月净增4328.5万次;其次是"去哪儿旅行",与8月相比下载量单月净增3325.9万次;"携程旅行"与8月相比下载量单月净增2456.4万次;"滴滴出行"与8月相比下载量单月净增2026.3万次;"铁路12306""驴妈妈旅游"等与8月相比下载量单月增长也在千万级以上。

(十)2016年国内旅游类App 10月检测排名

根据发布的《2016年10月国内旅游类应用(App)市场监测报告》显示,国内安卓系统旅游类应用产品下载量排名前十位的依次是:去哪儿旅行、携程旅行、滴滴出行、同程旅游、途牛旅游、艺龙旅行、快的打车、驴妈妈旅游、航班管家、铁路12306。

表10-16 2016年10月国内旅游应用(App)下载量监测及排名(安卓系统)

排名	App名称	下载量(万次)	排名	App名称	下载量(万次)
1	去哪儿旅行	157 454.6	18	百度旅游	9978.1
2	携程旅行	132 806.2	19	铁友火车票	9374.1
3	滴滴出行	99 970.9	20	马蜂窝自由行	8792.7
4	同程旅游	97 286.0	21	鹰漠旅行	8480.0
5	途牛旅游	78 230.9	22	酷讯机票	6029.9
6	艺龙旅行	47 378.0	23	途牛自驾	4353.7
7	快的打车	46 941.5	24	特价门票	4176.6
8	驴妈妈旅游	33 833.1	25	航旅纵横	3910.8
9	航班管家	26 874.4	26	一号专车	3737.6
10	铁路12306	26 074.8	27	易到用车	3687.2
11	高铁管家	23 887.2	28	超级指南针	3340.0
12	艺龙酒店	21 677.4	29	铂涛旅行	3239.1
13	飞常准	19 024.8	30	面包猎人	2898.0
14	智行火车票	17 816.5	31	旅行翻译官	2721.1
15	途家	15 963.2	32	114商旅	2575.2
16	TripAdvisor(猫途鹰)	15 654.6	33	春秋航空	2189.1
17	飞猪	15 345.2	34	8684火车	2131.1

续表

排名	App名称	下载量（万次）	排名	App名称	下载量（万次）
35	华住酒店	1993.2	43	买火车票	1417.8
36	高铁达人	1879.7	44	一路乐旅游	1388.2
37	住哪儿订酒店	1740.4	45	大拇指旅行	1250.8
38	掌上如家	1706.9	46	火车票实时查询系统	1232.7
39	神州租车	1690.8	47	超级火车票	1195.6
40	穷游	1645.7	48	中国国航	986.6
41	搭伴玩旅行交友	1608.9	49	出国翻译官	941.6
42	南方航空	1605.8	50	一嗨租车	927.9

注：以上各App下载量由安卓市场、91助手、木蚂蚁、安智市场、百度手机助手、豌豆荚、应用宝、应用汇、360手机助手、机锋市场、搜狗市场、华为应用市场、联想乐商店、OPPO软件商店、易用汇、魅族Flyme、3G门户等17个国内最主流安卓应用市场汇总得出，仅供参考。

资料来源：劲旅智库

10月旅游类App下载量增长最快的是"去哪儿旅行"，与9月相比单月净增3659.1万次；其次是"途牛旅游"，与9月相比下载量单月净增2643.1万次；"携程旅行"与9月相比下载量单月净增1172.6万次；"铁路12306""飞猪""高铁达人"等与9月相比单月下载量也有较高增长。

国庆假期期间出游火热，移动旅游备受青睐。十一小长假已经落下帷幕，旅游市场表现得依旧保持繁荣，根据国家旅游局数据中心综合测算，国庆期间，全国共接待游客5.93亿人次，同比增长12.8%，累计旅游收入4822亿元人民币，同比增长14.4%。与往年有所不同，今年的十一假期90后超越80后成出游主力军。根据去哪儿发布的国庆出游报告显示，90后在今年十一假期出行人数占比超过了80后，占到出游总人数的33.13%，而80后占比为31.22%。出游人群的年轻化趋势也使得国人的出游习惯在悄然发生改变。就产品预订来看，移动端越来越受到消费者的喜爱，来自驴妈妈的国庆出游报告显示，通过驴妈妈App完成旅游产品下单的比例已经占到七成。

此外，移动支付的普及也为国人出游带来的很大的方便，据支付宝口碑披露的最新数据显示，今年国庆期间，使用支付宝口碑在线下消费的用户数量达到约4000万人次，同比增长4倍，交易金额同比增长近9倍，在境外消费使用支付宝付款的笔数也较去年国庆增长了近4倍。

看准流量入口作用，各家企业加紧布局。基于移动端的流量入口作用，各家企业在移动端的布局力度也都不断加大。根据支付宝的一份"全球未来机场计划"，将10家全球中国游客最爱的机场纳入麾下，自"十一"黄金周起，10家海外机场将陆续开通支付宝，首次为中国游客提供支付宝支付和一键"发现"机场吃喝玩乐的服务，为中国游客带来更多更为方便的出境消费服务。而入驻微信不久的艺龙旅游网，也在移动端再次出手，正式宣布进驻手机 QQ，实现了与腾讯的深度捆绑，再加之与滴滴出行的合作，艺龙旅行网在移动端布局的脚步愈发加快。艺龙 CEO 江浩表示，手机 QQ 的主体用户均为年轻群体，而艺龙恰恰了解年轻人的住宿需求，优质的产品和良好的服务一直是艺龙的追求目标，相信艺龙会给 QQ 用户提供住的舒心满意的服务。

此外，专注移动端市场的机票交易入口航班管家也在抓紧对旅游市场的布局，在 4 月与凯撒旅游联合成立合资公司伙力旅行正式进军出境游之后，下一步将专注于出境游业务的移动旅游平台"下一站"成功收购，进一步夯实了自己在出境游市场的竞争实力。通过对移动平台、用户积累、票务服务、旅游产品等出境游全产业链的资源整合，航班管家未来在这一市场的表现值得期待。

一场以移动端为战场的布局大战已经悄然开始，特别是在经历过前两年的用户争夺战之后，在拥有了一定用户积累之后，如何将之转化为有效用户、忠诚用户，将是接下来各家企业努力的方向。

三、2016 年国内旅游类 App 运营商月度排名

（一）2016 年国内旅游类 App 1 月供应商排名

劲旅咨询—劲旅智库对国内主流安卓系统应用下载市场上的近百款旅游类应用产品进行了重点监测，并对各移动旅游 App 运营商进行了汇总排名。根据《2016 年 1 月国内旅游类 App 运营商月度排名》报告显示，1 月国内旅游类 App 运营商总下载量排名前十位的依次是：携程旅行网、去哪儿网、同程旅游、小桔科技有限公司、艺龙旅行网、北京市活力天汇科技有限公司、途牛旅游网、杭州快智科技有限公司、驴妈妈旅游网以及中铁程科技有限责任公司。

表 10–17 2016 年 1 月国内旅游类 App 运营商总下载量排名（安卓系统）

下载量单位：万次

排名	运营商	总下载量	App数量	排名	运营商	总下载量	App数量
1	携程旅行网	119 420.4	5	9	驴妈妈旅游网	23 392.9	1
2	去哪儿网	115 321.7	6	10	中铁程科技	18 615.7	1
3	同程旅游	87 834.3	5	11	飞友科技	18 164.0	1
4	小桔科技有限公司	78 935.2	1	12	途家网	15 714.5	1
5	艺龙旅行网	59 276.4	2	13	蒜芽工作室	14 962.1	1
6	北京活力天汇	56 833.2	3	14	TripAdvisor中文	12 827.1	1
7	途牛旅游网	51 882.7	3	15	马蜂窝旅行网	11 747.4	6
8	杭州快智	50 345.0	2	16	淘宝网	11 308.3	1

续表

排名	运营商	总下载量	App数量	排名	运营商	总下载量	App数量
17	百度旅游	9768.5	1	24	面包旅行	2875.6	1
18	铁友旅行网	8245.5	1	25	在路上	2469.2	2
19	酷讯旅游网	7702.1	5	26	广州天趣	2113.4	1
20	中航信	3230.5	1	27	穷游网	1985.9	4
21	7天连锁酒店	3202.9	1	28	北京东方车云	1767.9	1
22	北京驿动网	3143.3	1	29	住哪网	1734.7	1
23	号百信息	2983.0	2	30	汉庭连锁酒店	1671.3	1

资料来源：劲旅智库

如表10-17所示，排名第一位的是携程旅行网，其运营的5款App（携程旅行、携程学生旅行、携程攻略、携程特价酒店、携程旅游）总下载量为119 420.4万次；排名第二位的是去哪儿网，其运营的6款App（去哪儿旅行、去哪儿兜行、去哪儿酒店、去哪儿旅图、去哪儿攻略、去哪儿当地）总下载量为115 321.7万次；排名第三位的是同程旅游，其运营的5款App（同程旅游、非常酒店、非常机票、全国景点团购、温泉团购）总下载量为87 834.3万次；排名第四位的是小桔科技有限公司，其运营的1款App（滴滴出行）总下载量为78 935.2万次；排名第五位的是艺龙旅行网，其运营的2款App（艺龙旅行、艺龙酒店）总下载量为59 276.4万次；排名第六位的是北京市活力天汇科技有限公司，其运营的3款App（航班管家、快捷酒店管家、高铁管家）总下载量为56 833.2万次；排名第七位的是途牛旅游网，其运营的3款App（途牛旅游、特价门票、途牛自驾）总下载量为51 882.7万次；排名第八位的是杭州快智科技有限公司，其运营的2款App（快的打车、一号专车）总下载量为50 345.0万次；排名第九位的是驴妈妈旅游网，其运营的1款App（驴妈妈旅游）总下载量为23 392.9万次；排名第十位的是中铁程科技有限责任公司，其运营的1款App（铁路12306）总下载量为18 615.7万次，排名前37位的App运营商总下载量均在千万级以上。

（二）2016年国内旅游类App 2月供应商排名

根据《2016年2月国内旅游类App运营商月度排名》报告显示，2月国内旅游类App运营商总下载量排名前十位的依次是：携程旅行网、去哪儿网、同程旅游、小桔科技有限公司、艺龙旅行网、北京市活力天汇科技有限公司、途牛旅游网、杭州快智科技有限公司、驴妈妈旅游网以及中铁程科技有限责任公司。

表 10-18 2016 年 2 月国内旅游类 App 运营商总下载量排名（安卓系统）

下载量单位：万次

排名	运营商	总下载量	App数量	排名	运营商	总下载量	App数量
1	携程旅行网	120 433.3	5	16	淘宝网	11 520.4	1
2	去哪儿网	118 326.0	6	17	百度旅游	9825.2	1
3	同程旅游	90 615.5	5	18	铁友旅行网	8388.1	1
4	小桔科技有限公司	79 417.4	1	19	酷讯旅游网	7708.1	5
5	艺龙旅行网	61 364.0	2	20	中航信	3264.2	1
6	北京活力天汇	57 059.0	3	21	7天连锁酒店	3209.6	1
7	途牛旅游网	55 480.5	3	22	北京驿动网	3159.3	1
8	杭州快智	50 371.5	2	23	号百信息	2990.5	2
9	驴妈妈旅游网	24 029.2	1	24	面包旅行	2879.0	1
10	中铁程科技	20 394.8	1	25	在路上	2476.7	2
11	飞友科技	18 281.7	1	26	广州天趣	2114.5	1
12	途家网	15 727.8	1	27	穷游网	2065.5	4
13	蒜芽工作室	15 155.1	1	28	北京东方车云	1809.5	1
14	TripAdvisor中文	13 115.1	1	29	住哪网	1734.8	1
15	马蜂窝旅行网	11 804.8	6	30	汉庭连锁酒店	1682.0	1

资料来源：劲旅智库

如表 10-18 所示，排名第一位的是携程旅行网，其运营的 5 款 App（携程旅行、携程学生旅行、携程攻略、携程特价酒店、携程旅游）总下载量为 120 433.3 万次；排名第二位的是去哪儿网，其运营的 6 款 App（去哪儿旅行、去哪儿兜行、去哪儿酒店、去哪儿旅图、去哪儿攻略、去哪儿当地）总下载量为 118 326.0 万次；排名第三位的是同程旅游，其运营的 5 款 App（同程旅游、非常酒店、非常机票、全国景点团购、温泉团购）总下载量为 90 615.5 万次；排名第四位的是小桔科技有限公司，其运营的 1 款 App（滴滴出行）总下载量为 79 417.4 万次；排名第五位的是艺龙旅行网，其运营的 2 款 App（艺龙旅行、艺龙酒店）总下载量为 61 364.0 万次；排名第六位的是北京市活力天汇科技有限公司，其运营的 3 款 App（航班管家、快捷酒店管家、高铁管家）总下载量为 57 059.0 万次；排名第七位的是途牛旅游网，其运营的 3 款 App（途牛旅游、特价门票、途牛自驾）总下载量为 55 480.5 万次；排名第八位的是杭州快智科技有限公司，其运营的 2 款 App（快的打车、一号专车）总下载量为 50 371.5 万次；排名第九位的是驴妈妈旅游网，其运营的 1 款 App（驴妈妈旅游）总下载量为 24 029.2 万次；排名第十位的是中铁程科技有限责任公司，其运营的 1 款 App（铁路 12306）总下载量为 20 394.8 万次，排名前 37 位的 App 运营商总下载量均在千万级以上。)

（三）2016 年国内旅游类 App 3 月供应商排名

根据《2016 年 3 月国内旅游类 App 运营商月度排名》报告显示，3 月国内旅游类 App 运营商总下载量排名前十位的依次是：去哪儿网、携程旅行网、同程旅游、小桔科技有限公司、艺龙旅行网、途牛旅游网、北京市活力天汇科技有限公司、杭州快智科技有限公司、驴妈妈旅游网以及中铁程科技有限责任公司。

表 10-19　2016 年 3 月国内旅游类 App 运营商总下载量排名（安卓系统）

下载量单位：万次

排名	运营商	总下载量	App数量	排名	运营商	总下载量	App数量
1	去哪儿网	123 773.4	6	16	淘宝网	11 793.7	1
2	携程旅行网	123 030.3	5	17	百度旅游	9876.9	1
3	同程旅游	91 661.8	5	18	铁友旅行网	8547.6	1
4	小桔科技	81 700.5	1	19	酷讯旅游网	7720.6	5
5	艺龙旅行网	62 561.1	2	20	中航信	3383.3	1
6	途牛旅游网	60 575.7	3	21	7天连锁酒店	3220.9	1
7	北京活力天汇	57 343.0	3	22	北京驿动网	3200.1	1
8	杭州快智科技	50 403.1	2	23	号百信息	3003.6	2
9	驴妈妈旅游网	25 277.3	1	24	面包旅行	2884.9	1
10	中铁程科技	20 919.5	1	25	在路上	2485.9	1
11	飞友科技	18 342.9	1	26	广州天趣	2116.6	1
12	途家网	15 748.9	1	27	穷游网	2090.4	4
13	蒜芽工作室	15 614.5	1	28	北京东方车云	1968.5	1
14	TripAdvisor中文	13 460.1	1	29	住哪网	1734.8	1
15	马蜂窝旅行网	11 887.5	6	30	汉庭连锁酒店	1732.3	1

资料来源：劲旅智库

如表 10-19 所示，排名第一位的是去哪儿网，其运营的 6 款 App（去哪儿旅行、去哪儿兜行、去哪儿酒店、去哪儿旅图、去哪儿攻略、去哪儿当地）总下载量为 123 773.4 万次；排名第二位的是携程旅行网，其运营的 5 款 App（携程旅行、携程学生旅行、携程攻略、携程特价酒店、携程旅游）总下载量为 123 030.3 万次；排名第三位的是同程旅游，其运营的 5 款 App（同程旅游、非常酒店、非常机票、全国景点团购、温泉团购）总下载量为 91 661.8 万次；排名第四位的是小桔科技有限公司，其运营的 1 款 App（滴滴出行）总下载量为 81 700.5 万次；排名第五位的是艺龙旅行网，其运营的 2 款 App（艺龙旅行、艺龙酒店）总下载量为 62 561.1 万次；排名第六位的是途牛旅游网，其运营的 3 款 App（途牛旅游、特价门票、途牛自驾）总下载量为 60 575.7 万次；排名第七位的是北京市活力天汇科技有限公司，其运营的 3 款 App（航班管家、快捷酒店管家、高铁管家）总下载量为 57 343.0 万次；排名第八位的是杭州快智科技有限公司，其运营的 2 款 App（快的打车、一号专车）总下载量为 50 403.1 万次；排名第九位的是驴妈妈旅游网，其运营的 1 款 App（驴妈妈旅游）总下载量为 25 277.3 万次；排名第十位的是中铁程科技有限责任公司，其运营的 1 款 App（铁路 12306）总下载量为 20 919.5 万次，排名前 37 位的 App 运营商总下载量均在千万级以上。

3 月，几大在线旅游网站纷纷发布 2015 年第四季度及全年财报，各家在移动端的成绩十分亮眼。根据途牛财报显示，2015 年第四季度途牛移动订单数占总在线订单数超过 75%；去哪儿财报显示，2015 年第四季度去哪儿无线收入为 9.739 亿元人民币，同比增长 278.3%，占总营收的 75.3%，去年同期该占比为 49.5%；艺龙财报显示，2015 年第四季度艺龙移动客户端间夜数量在艺龙自有品牌下间夜数量的占比超过了 80%。

（四）2016 年国内旅游类 App 4 月供应商排名

根据《2016 年 4 月国内旅游类 App 运营商月度排名》报告显示，4 月国内旅游类 App 运营商总下载量排名前十位的依次是：去哪儿网、携程旅行网、同程旅游、小桔科技有限公司、途牛旅游网、艺龙旅行网、北京市活力天汇科技有限公司、杭州快智科技有限公司、驴妈妈旅游网以及中铁程科技有限责任公司。

表 10-20　2016 年 4 月国内旅游类 App 运营商总下载量排名（安卓系统）

下载量单位：万次

排名	运营商	总下载量	App数量	排名	运营商	总下载量	App数量
1	去哪儿网	127 106.2	6	8	杭州快智科技	50 414.2	2
2	携程旅行网	124 629.7	5	9	驴妈妈旅游网	25 374.7	1
3	同程旅游	93 420.5	5	10	中铁程科技	21 344.4	1
4	小桔科技	81 892.4	1	11	飞友科技	18 799.3	1
5	途牛旅游网	67 195.1	3	12	途家网	15 770.2	1
6	艺龙旅行网	63 087.1	2	13	蒜芽工作室	15 659.9	1
7	北京活力天汇	57 627.2	3	14	TripAdvisor 中文	13 935.1	1

续表

排名	运营商	总下载量	App数量	排名	运营商	总下载量	App数量
15	淘宝网	12 180.4	1	23	号百信息	3008.6	2
16	马蜂窝旅行网	11 933.8	6	24	面包旅行	2885.3	1
17	百度旅游	9896.4	1	25	在路上	2487.1	2
18	铁友旅行网	8653.5	1	26	广州天趣	2122.7	1
19	酷讯旅游网	7730.8	5	27	穷游网	2104.9	4
20	中航信	3401.2	1	28	北京东方车云	1968.5	1
21	7天连锁酒店	3239.1	1	29	汉庭连锁酒店	1756.9	1
22	北京驿动网	3224.6	1	30	住哪网	1735.9	1

资料来源：劲旅智库

如表10-20所示，排名第一位的是去哪儿网，其运营的6款App（去哪儿旅行、去哪儿兜行、去哪儿酒店、去哪儿旅图、去哪儿攻略、去哪儿当地）总下载量为127 106.2万次；排名第二位的是携程旅行网，其运营的5款App（携程旅行、携程学生旅行、携程攻略、携程特价酒店、携程旅游）总下载量为124 629.7万次；排名第三位的是同程旅游，其运营的5款App（同程旅游、非常酒店、非常机票、全国景点团购、温泉团购）总下载量为93 420.7万次；排名第四位的是小桔科技有限公司，其运营的1款App（滴滴出行）总下载量为81 892.4万次；排名第五位的是途牛旅游网，其运营的3款App（途牛旅游、特价门票、途牛自驾）总下载量为67 195.1万次；排名第六位的是艺龙旅行网，其运营的2款App（艺龙旅行、艺龙酒店）总下载量为63 087.1万次；排名第七位的是北京市活力天汇科技有限公司，其运营的3款App（航班管家、快捷酒店管家、高铁管家）总下载量为57 627.2万次；排名第八位的是杭州快智科技有限公司，其运营的2款App（快的打车、一号专车）总下载量为50 414.2万次；排名第九位的是驴妈妈旅游网，其运营的1款App（驴妈妈旅游）总下载量为25 374.7万次；排名第十位的是中铁程科技有限责任公司，其运营的1款App（铁路12306）总下载量为21 344.4万次，排名前39位的App运营商总下载量均在千万级以上。

（五）2016年国内旅游类App 5月供应商排名

根据《2016年5月国内旅游类App运营商月度排名》报告显示，5月国内旅游类App运营商总下载量排名前十位的依次是：去哪儿网、携程旅行网、同程旅游、小桔科技有限公司、途牛旅游网、艺龙旅行网、北京市活力天汇科技有限公司、杭州快智科技有限公司、驴妈妈旅游网以及中铁程科技有限责任公司。

表 10-21 2016 年 5 月国内旅游类 App 运营商总下载量排名（安卓系统）

下载量单位：万次

排名	运营商	总下载量	App数量	排名	运营商	总下载量	App数量
1	去哪儿网	132 724.5	6	16	马蜂窝旅行网	12 021.6	6
2	携程旅行网	125 886.3	5	17	百度旅游	9914.4	1
3	同程旅游	94 687.7	5	18	铁友旅行网	8847.7	1
4	小桔科技	85 531.8	1	19	酷讯旅游网	7734.0	5
5	途牛旅游网	69 738.6	3	20	中航信	3581.1	1
6	艺龙旅行网	64 573.1	2	21	北京驿动网	3250.6	1
7	北京活力天汇	57 924.3	3	22	7天连锁酒店	3239.1	1
8	杭州快智科技	50 568.2	2	23	号百信息	3025.7	2
9	驴妈妈旅游网	25 985.0	1	24	面包旅行	2888.2	1
10	中铁程科技	22 239.0	1	25	在路上	2491.2	2
11	飞友科技	18 837.4	1	26	北京东方车云	2358.3	1
12	蒜芽工作室	16 097.2	1	27	穷游网	2138.1	4
13	途家网	15 797.3	1	28	广州天趣	2125.8	1
14	TripAdvisor中文	14 251.1	1	29	汉庭连锁酒店	1814.1	1
15	淘宝网	12 560.9	1	30	春秋航空	1741.0	1

资料来源：劲旅智库

如表 10-21 所示，排名第一位的是去哪儿网，其运营的 6 款 App（去哪儿旅行、去哪儿兜行、去哪儿酒店、去哪儿旅图、去哪儿攻略、去哪儿当地）总下载量为 132 724.5 万次；排名第二位的是携程旅行网，其运营的 5 款 App（携程旅行、携程学生旅行、携程攻略、携程特价酒店、携程旅游）总下载量为 125 886.3 万次；排名第三位的是同程旅游，其运营的 5 款 App（同程旅游、非常酒店、非常机票、全国景点团购、温泉团购）总下载量为 94 687.7 万次；排名第四位的是小桔科技有限公司，其运营的 1 款 App（滴滴出行）总下载量为 85 531.8 万次；排名第五位的是途牛旅游网，其运营的 3 款 App（途牛旅游、特价门票、途牛自驾）总下载量为 69 738.6 万次；排名第六位的是艺龙旅行网，其运营的 2 款 App（艺龙旅行、艺龙酒店）总下载量为 64 573.1 万次；排名第七位的是北京市活力天汇科技有限公司，其运营的 3 款 App（航班管家、快捷酒店管家、高铁管家）总下载量为 57 924.3 万次；排名第八位的是杭州快智科技有限公司，其运营的 2 款 App（快的打车、一号专车）总下载量为 50 568.2 万次；排名第九位的是驴妈妈旅游网，其运营的 1 款 App（驴妈妈旅游）总下载量为 25 985.0 万次；排名第十位的是中铁程科技有限责任公司，其运营的 1 款 App（铁路 12306）总下载量为 22 239.0 万次，排名前 40 位的 App 运营商总下载量均在千万级以上。

（六）2016 年国内旅游类 App 6 月供应商排名

根据《2016 年 6 月国内旅游类 App 运营商月度排名》报告显示，6 月国内旅游类 App 运营商总下载量排名前十位的依次是：去哪儿网、携程旅行网、同程旅游、小桔科技有限公司、途牛旅游网、艺龙旅行网、北京市活力天汇科技有限公司、杭州快智科技有限公司、驴妈妈旅游网以及中铁程科技有限责任公司。

表 10-22　2016 年 6 月国内旅游类 App 运营商总下载量排名（安卓系统）

下载量单位：万次

排名	运营商	总下载量	App 数量	排名	运营商	总下载量	App 数量
1	去哪儿网	140 205.1	6	16	马蜂窝旅行网	12 113.2	6
2	携程旅行网	127 559.2	5	17	百度旅游	9953.9	1
3	同程旅游	95 586.2	5	18	铁友旅行网	8987.6	1
4	小桔科技	90 120.4	1	19	酷讯旅游网	7738.2	5
5	途牛旅游网	71 045.0	3	20	中航信	3640.9	1
6	艺龙旅行网	65 404.4	2	21	北京驿动网	3270.4	1
7	北京活力天汇	58 149.3	3	22	7 天连锁酒店	3239.1	1
8	杭州快智	50 636.5	2	23	号百信息	3036.7	2
9	驴妈妈旅游网	26 433.9	1	24	面包旅行	2888.2	1
10	中铁程科技	22 366.1	1	25	北京东方车云	2663.7	1
11	飞友科技	18 872.4	1	26	穷游网	2159.0	4
12	蒜芽工作室	16 477.0	1	27	广州天趣	2125.9	1
13	途家网	15 810.7	1	28	汉庭连锁酒店	1839.2	1
14	TripAdvisor 中文	14 753.5	1	29	春秋航空	1760.5	1
15	淘宝网	12 792.9	1	30	住哪网	1737.1	1

资料来源：劲旅智库

如表 10-22 所示，排名第一位的是去哪儿网，其运营的 6 款 App（去哪儿旅行、去哪儿兜行、去哪儿酒店、去哪儿旅图、去哪儿攻略、去哪儿当地）总下载量为 140 205.1 万次；排名第二位的是携程旅行网，其运营的 5 款 App（携程旅行、携程学生旅行、携程攻略、携程特价酒店、携程旅游）总下载量为 127 559.2 万次；排名第三位的是同程旅游，其运营的 5 款 App（同程旅游、非常酒店、非常机票、全国景点团购、温泉团购）总下载量为 95 586.2 万次；排名第四位的是小桔科技有限公司，其运营的 1 款 App（滴滴出行）总下载量为 90 120.4 万次；排名第五位的是途牛旅游网，其运营的 3 款 App（途牛旅游、特价门票、途牛自驾）总下载量为 71 045.0 万次；排名第六位的是艺龙旅行网，其运营的 2 款 App（艺龙旅行、艺龙酒店）总下载量为 65 404.4 万次；排名第七位的是北京市活力天汇科技有限公司，其运营的 3 款 App（航班管家、快捷酒店管家、高铁管家）总下载量为 58 149.3 万次；排名第八位的是杭州快智科技有限公司，其运营的 2 款 App（快的打车、一号专车）总下载量为 50 636.5 万次；排名第九位的是驴妈妈旅游网，其运营的 1 款 App（驴妈妈旅游）总下载量为 26 433.9 万次；排名第十位的是中铁程科技有限责任公司，其运营的 1 款 App（铁路 12306）总下载量为 22 366.1 万次，排名前 40 位的 App 运营商总下载量均在千万级以上。

（七）2016 年国内旅游类 App 7 月供应商排名

根据《2016 年 7 月国内旅游类 App 运营商月度排名》报告显示，7 月国内旅游类 App 运营商总下载量排名前十位的依次是：去哪儿网、携程旅行网、同程旅游、小桔科技有限公司、途牛旅游网、艺龙旅行网、北京市活力天汇科技有限公司、杭州快智科技有限公司、驴妈妈旅游网以及中铁程科技有限责任公司。

表 10-23 2016 年 7 月国内旅游类 App 运营商总下载量排名（安卓系统）

下载量单位：万次

排名	运营商	总下载量	App数量	排名	运营商	总下载量	App数量
1	去哪儿网	145 897.6	6	14	TripAdvisor中文	15 036.5	1
2	携程旅行网	128 957.6	5	15	淘宝网	13 387.1	1
3	同程旅游	96 894.3	5	16	马蜂窝旅行网	12 251.7	6
4	小桔科技	93 423.4	1	17	百度旅游	9963.6	1
5	途牛旅游网	74 297.0	3	18	铁友旅行网	9072.9	1
6	艺龙旅行网	68 177.0	2	19	酷讯旅游网	7741.8	5
7	北京活力	58 589.6	3	20	中航信	3716.0	1
8	杭州快智科技	50 648.2	2	21	北京驿动网	3297.2	1
9	驴妈妈旅游网	29 966.4	1	22	7天连锁酒店	3239.1	1
10	中铁程科技	23 331.3	1	23	号百信息	3046.8	2
11	飞友科技	18 916.1	1	24	北京东方车云	3045.4	1
12	蒜芽工作室	16 689.9	1	25	面包旅行	2891.2	1
13	途家网	15 842.7	1	26	穷游网	2177.4	4

续表

排名	运营商	总下载量	App数量	排名	运营商	总下载量	App数量
27	广州天趣	2127.0	1	29	春秋航空	1836.2	1
28	汉庭连锁酒店	1874.1	1	30	住哪网	1737.2	1

资料来源：劲旅智库

如表10-23所示，排名第一位的是去哪儿网，其运营的6款App（去哪儿旅行、去哪儿兜行、去哪儿酒店、去哪儿旅图、去哪儿攻略、去哪儿当地）总下载量为145 897.6万次；排名第二位的是携程旅行网，其运营的5款App（携程旅行、携程学生旅行、携程攻略、携程特价酒店、携程旅游）总下载量为128 957.6万次；排名第三位的是同程旅游，其运营的5款App（同程旅游、非常酒店、非常机票、全国景点团购、温泉团购）总下载量为96 894.3万次；排名第四位的是小桔科技有限公司，其运营的1款App（滴滴出行）总下载量为93 423.4万次；排名第五位的是途牛旅游网，其运营的3款App（途牛旅游、特价门票、途牛自驾）总下载量为74 297.0万次；排名第六位的是艺龙旅行网，其运营的2款App（艺龙旅行、艺龙酒店）总下载量为68 177.0万次；排名第七位的是北京市活力天汇科技有限公司，其运营的3款App（航班管家、快捷酒店管家、高铁管家）总下载量为58 589.6万次；排名第八位的是杭州快智科技有限公司，其运营的2款App（快的打车、一号专车）总下载量为50 648.2万次；排名第九位的是驴妈妈旅游网，其运营的1款App（驴妈妈旅游）总下载量为29 966.4万次；排名第十位的是中铁程科技有限责任公司，其运营的1款App（铁路12306）总下载量为23 331.3万次，排名前40位的App运营商总下载量均在千万级以上。

（八）2016年国内旅游类App 8月供应商排名

根据《2016年8月国内旅游类App运营商月度排名》报告显示，8月国内旅游类App运营商总下载量排名前十位的依次是：去哪儿网、携程旅行网、小桔科技有限公司、同程旅游、途牛旅游网、艺龙旅行网、北京市活力天汇科技有限公司、杭州快智科技有限公司、驴妈妈旅游网以及中铁程科技有限责任公司。

表10-24　2016年8月国内旅游类App运营商总下载量排名（安卓系统）

下载量单位：万次

排名	运营商	总下载量	App数量	排名	运营商	总下载量	App数量
1	去哪儿网	151 509.5	6	5	途牛旅游网	79 787.5	3
2	携程旅行网	129 937.3	5	6	艺龙旅行网	68 299.4	2
3	小桔科技有限公司	97 372.2	1	7	北京活力天汇	58 921.6	3
4	同程旅游	97 049.6	5	8	杭州快智科技	50 658.4	2

续表

排名	运营商	总下载量	App数量	排名	运营商	总下载量	App数量
9	驴妈妈旅游网	32 242.0	1	20	中航信	3795.0	1
10	中铁程科技	23 542.5	1	21	北京东方车云	3355.5	1
11	飞友科技	18 954.5	1	22	北京驿动网	3314.8	1
12	蒜芽工作室	16 879.2	1	23	7天连锁酒店	3239.1	1
13	途家网	15 862.5	1	24	号百信息	3052.8	2
14	TripAdvisor中文	15 173.6	1	25	面包旅行	2892.5	1
15	淘宝网	14 096.9	1	26	穷游网	2190.2	4
16	马蜂窝旅行网	12 331.6	6	27	广州天趣	2128.1	1
17	百度旅游	9970.0	1	28	汉庭连锁酒店	1912.8	1
18	铁友旅行网	9155.5	1	29	春秋航空	1904.9	1
19	酷讯旅游网	7751.2	5	30	住哪网	1738.2	1

资料来源：劲旅智库

如表10-24所示，排名第一位的是去哪儿网，其运营的6款App（去哪儿旅行、去哪儿兜行、去哪儿酒店、去哪儿旅图、去哪儿攻略、去哪儿当地）总下载量为151 509.5万次；排名第二位的是携程旅行网，其运营的5款App（携程旅行、携程学生旅行、携程攻略、携程特价酒店、携程旅游）总下载量为129 937.3万次；排名第三位的是小桔科技有限公司，其运营的1款App（滴滴出行）总下载量为97 372.2万次；排名第四位的是同程旅游，其运营的5款App（同程旅游、非常酒店、非常机票、全国景点团购、温泉团购）总下载量为97 049.6万次；排名第五位的是途牛旅游网，其运营的3款App（途牛旅游、特价门票、途牛自驾）总下载量为79 787.5万次；排名第六位的是艺龙旅行网，其运营的2款App（艺龙旅行、艺龙酒店）总下载量为68 299.4万次；排名第七位的是北京市活力天汇科技有限公司，其运营的3款App（航班管家、快捷酒店管家、高铁管家）总下载量为58 921.6万次；排名第八位的是杭州快智科技有限公司，其运营的2款App（快的打车、一号专车）总下载量为50 658.4万次；排名第九位的是驴妈妈旅游网，其运营的1款App（驴妈妈旅游）总下载量为32 242.0万次；排名第十位的是中铁程科技有限责任公司，其运营的1款App（铁路12306）总下载量为23 542.5万次，排名前40位的App运营商总下载量均在千万级以上。

（九）2016年国内旅游类App 9月供应商排名

根据《2016年9月国内旅游类App运营商月度排名》报告显示，9月国内旅游类 App 运营商总下载量排名前十位的依次是：去哪儿网、携程旅行网、小桔科技有限公司、同程旅游、途牛旅游网、艺龙旅行网、北京市活力天汇科技有限公司、杭州快智科技有限公司、驴妈妈旅游网以及中铁程科技有限责任公司。

表 10-25　2016 年 9 月国内旅游类 App 运营商总下载量排名（安卓系统）

下载量单位：万次

排名	运营商	总下载量	App数量	排名	运营商	总下载量	App数量
1	去哪儿网	154 845.3	6	16	马蜂窝旅行网	12 391.0	6
2	携程旅行网	132 405.4	5	17	百度旅游	9974.3	1
3	小桔科技有限公司	99 398.5	1	18	铁友旅行网	9260.0	1
4	同程旅游	97 658.3	5	19	酷讯旅游网	7755.4	5
5	途牛旅游网	84 117.0	3	20	中航信	3858.1	1
6	艺龙旅行网	68 434.9	2	21	北京东方车云	3687.2	1
7	北京活力天汇	59 064.5	3	22	北京驿动网	3337.4	1
8	杭州快智	50 675.3	2	23	7天连锁酒店	3239.1	1
9	驴妈妈旅游网	33 778.9	1	24	号百信息	3057.8	2
10	中铁程科技	25 098.9	1	25	面包旅行	2898.0	1
11	飞友科技	18 998.6	1	26	穷游网	2212.6	4
12	蒜芽工作室	17 495.7	1	27	广州天趣	2129.1	1
13	途家网	15 925.3	1	28	春秋航空	2099.9	1
14	TripAdvisor中文	15 524.6	1	29	汉庭连锁酒店	1960.8	1
15	淘宝网	14 438.1	1	30	住哪网	1739.3	1

资料来源：劲旅智库

如表 10-25 所示，排名第一位的是去哪儿网，其运营的 6 款 App（去哪儿旅行、去哪儿兜行、去哪儿酒店、去哪儿旅图、去哪儿攻略、去哪儿当地）总下载量为 154 845.3 万次；排名第二位的是携程旅行网，其运营的 5 款 App（携程旅行、携程学生旅行、携程攻略、携程特价酒店、携程旅游）总下载量为 132 405.4 万次；排名第三位的是小桔科技有限公司，其运营的 1 款 App（滴滴出行）总下载量为 99 398.5 万次；排名第四位的是同程旅游，其运营的 5 款 App（同程旅游、非常酒店、非常机票、全国景点团购、温泉团购）总下载量为 97 658.3 万次；排名第五位的是途牛旅游网，其运营的 3 款 App（途牛旅游、特价门票、途牛自驾）总下载量为 84 117.0 万次；排名第六位的是艺龙旅行网，其运营的 2 款 App（艺龙旅行、艺龙酒店）总下载量为 68 434.9 万次；排名第七位的是北京市活力天汇科技有限公司，其运营的

3款App（航班管家、快捷酒店管家、高铁管家）总下载量为59 064.5万次；排名第八位的是杭州快智科技有限公司，其运营的2款App（快的打车、一号专车）总下载量为50 675.3万次；排名第九位的是驴妈妈旅游网，其运营的1款App（驴妈妈旅游）总下载量为33 778.9万次；排名第十位的是中铁程科技有限责任公司，其运营的1款App（铁路12306）总下载量为25 098.9万次，排名前40位的App运营商总下载量均在千万级以上。

（十）2016年国内旅游类App 10月供应商排名

根据《2016年10月国内旅游类App运营商月度排名》报告显示，9月国内旅游类App运营商总下载量排名前十位的依次是：去哪儿网、携程旅行网、小桔科技有限公司、同程旅游、途牛旅游网、艺龙旅行网、深圳活力天汇科技有限公司、杭州快智科技有限公司、驴妈妈旅游网以及中铁程科技有限责任公司。

表10-26 2016年10月国内旅游类App运营商总下载量排名（安卓系统）

下载量单位：万次

排名	运营商	总下载量	App数量	排名	运营商	总下载量	App数量
1	去哪儿网	158 509.7	6	16	马蜂窝旅行网	12 442.8	6
2	携程旅行网	133 590.4	5	17	百度旅游	9978.1	1
3	小桔科技有限公司	99 970.9	1	18	铁友旅行网	9374.1	1
4	同程旅游	97 762.3	5	19	酷讯旅游网	7764.7	5
5	途牛旅游网	86 761.1	3	20	中航信	3910.8	1
6	艺龙旅行网	69 055.4	2	21	北京东方车云	3687.2	1
7	活力天汇	59 241.5	3	22	北京驿动网	3340.0	1
8	杭州快智	50 679.1	2	23	7天连锁酒店	3239.1	1
9	驴妈妈旅游网	33 833.1	1	24	号百信息	3066.0	2
10	中铁程科技	26 074.8	1	25	面包旅行	2898.0	1
11	飞友科技	19 024.8	1	26	穷游网	2224.5	4
12	蒜芽工作室	17 816.5	1	27	春秋航空	2189.1	1
13	途家网	15 963.2	1	28	广州天趣	2131.1	1
14	TripAdvisor中文	15 654.6	1	29	汉庭连锁酒店	1993.2	1
15	淘宝网	15 345.2	1	30	福州佳软科技	1879.7	1

资料来源：劲旅智库

如表10-26所示，排名第一位的是去哪儿网，其运营的6款App（去哪儿旅行、去哪儿兜行、去哪儿酒店、去哪儿旅图、去哪儿攻略、去哪儿当地）总下载量为158 509.7万次；排名第二位的是携程旅行网，其运营的5款App（携程旅行、携程学生旅行、携程攻略、携程特价酒店、携程旅游）总下载量为 133 590.4 万次；排名第三位的是小桔科技有限公司，其运营的 1 款 App（滴滴出行）总下载量为 99 970.9 万次；排名第四位的是同程旅游，其运营的 5 款 App（同程旅游、非常酒店、非常机票、全国景点团购、温泉团购）总下载量为 97 762.3 万次；排名第五位的是途牛旅游网，其运营的 3 款 App（途牛旅游、特价门票、途牛自驾）总下载量为 86 761.1 万次；排名第六位的是艺龙旅行网，其运营的 2 款 App（艺龙旅行、艺龙酒店）总下载量为 69 055.4 万次；排名第七位的是深圳活力天汇科技有限公司，其运营的 3 款 App（航班管家、快捷酒店管家、高铁管家）总下载量为 59 241.5 万次；排名第八位的是杭州快智科技有限公司，其运营的 2 款 App（快的打车、一号专车）总下载量为 50 679.1 万次；排名第九位的是驴妈妈旅游网，其运营的 1 款 App（驴妈妈旅游）总下载量为 33 833.1 万次；排名第十位的是中铁程科技有限责任公司，其运营的 1 款 App（铁路 12306）总下载量为 26 074.8 万次，排名前 40 位的 App 运营商总下载量均在千万级以上。

四、2016 年国内旅游 App 下载量 TOP10 排名

（一）2016 年国内分享类旅游 App 下载量 TOP10 排名

对国内旅游类 App 从应用功能角度可以进行进一步的细化分类，划分为预订类、分享类、攻略类和工具类这四大类型，劲旅咨询在月度国内旅游类应用（安卓）下载量监测基础上，按照国内主流安卓类应用市场的综合下载量进行排名。

根据劲旅咨询发布的《2016 年 1—9 月国内移动旅游领域分享类旅游应用（App）下载量月度 TOP10 排名》，各月份具体排名如下。

表 10-27 2016 年 1—9 月份国内分享类旅游应用（App）下载量 TOP10 排名

排名	App 名称	下载量（万次）
1	TripAdvisor（猫途鹰）	12 827.1
2	面包旅行	2875.6
3	搭伴玩旅行交友	1605.7
4	淘在路上社区	1524.4
5	蝉游记	398.8
6	旅行家游记	231.8
7	去哪儿旅图	101.8
8	驴行天下	59.2
9	嗡嗡	41.1

续表

排名	App名称	下载量（万次）
10	游记	22.9

注：以上各App下载量由安卓市场、91助手、木蚂蚁、安智市场、百度手机助手、豌豆荚、应用宝、应用汇、360手机助手、机锋市场、搜狗市场、华为应用市场、联想乐商店、OPPO软件商店、易用汇、魅族Flyme、3G门户17个国内最主流安卓应用市场汇总得出，仅供参考。

监测发布：劲旅咨询—劲旅智库　　　　　　　　　　　监测时间　2016.1
©劲旅智库2016　　　　　　　　　　　　　　　　　　www.ctcnn.com

排名	App名称	下载量（万次）
1	TripAdvisor（猫途鹰）	13 115.1
2	面包旅行	2879.0
3	搭伴玩旅行交友	1606.9
4	淘在路上社区	1524.5
5	蝉游记	401.2
6	旅行家游记	231.8
7	去哪儿旅图	102.0
8	驴行天下	59.2
9	嗡嗡	41.1
10	游记	23.3

注：以上各App下载量由安卓市场、91助手、木蚂蚁、安智市场、百度手机助手、豌豆荚、应用宝、应用汇、360手机助手、机锋市场、搜狗市场、华为应用市场、联想乐商店、OPPO软件商店、易用汇、魅族Flyme、3G门户等17个国内最主流安卓应用市场汇总得出，仅供参考。

监测发布：劲旅咨询—劲旅智库　　　　　　　　　　　监测时间　2016.2
©劲旅智库2016　　　　　　　　　　　　　　　　　　www.ctcnn.com

排名	App名称	下载量（万次）
1	TripAdvisor（猫途鹰）	13 460.1
2	面包旅行	2884.9
3	搭伴玩旅行交友	1607.9
4	淘在路上社区	1529.0
5	蝉游记	404.9

续表

排名	App名称	下载量（万次）
6	旅行家游记	231.8
7	去哪儿旅图	102.0
8	驴行天下	60.2
9	嗡嗡	41.2
10	游记	23.4

注：以上各App下载量由安卓市场、91助手、木蚂蚁、安智市场、百度手机助手、豌豆荚、应用宝、应用汇、360手机助手、机锋市场、搜狗市场、华为应用市场、联想乐商店、OPPO软件商店、易用汇、魅族Flyme、3G门户等17个国内最主流安卓应用市场汇总得出，仅供参考。

监测发布：劲旅咨询—劲旅智库　　　　　　　　　　　　监测时间　2016.3
©劲旅智库2016　　　　　　　　　　　　　　　　　　www.ctcnn.com

排名	App名称	下载量（万次）
1	TripAdvisor（猫途鹰）	13 935.1
2	面包旅行	2885.3
3	搭伴玩旅行交友	1607.9
4	淘在路上社区	1530.1
5	蝉游记	406.5
6	旅行家游记	231.8
7	去哪儿旅图	102.0
8	驴行天下	60.2
9	嗡嗡	41.2
10	游记	23.5

注：以上各App下载量由安卓市场、91助手、木蚂蚁、安智市场、百度手机助手、豌豆荚、应用宝、应用汇、360手机助手、机锋市场、搜狗市场、华为应用市场、联想乐商店、OPPO软件商店、易用汇、魅族Flyme、3G门户等17个国内最主流安卓应用市场汇总得出，仅供参考。

监测发布：劲旅咨询—劲旅智库　　　　　　　　　　　　监测时间　2016.4
©劲旅智库2016　　　　　　　　　　　　　　　　　　www.ctcnn.com

排名	App名称	下载量（万次）
1	TripAdvisor（猫途鹰）	14 251.1

续表

排名	App名称	下载量（万次）
2	面包旅行	2888.2
3	搭伴玩旅行交友	1607.9
4	淘在路上社区	1531.1
5	蝉游记	408.9
6	旅行家游记	231.8
7	去哪儿旅图	102.1
8	驴行天下	60.2
9	嗡嗡	41.2
10	游记	23.5

注：以上各App下载量由安卓市场、91助手、木蚂蚁、安智市场、百度手机助手、豌豆荚、应用宝、应用汇、360手机助手、机锋市场、搜狗市场、华为应用市场、联想乐商店、OPPO软件商店、易用汇、魅族Flyme、3G门户等17个国内最主流安卓应用市场汇总得出，仅供参考。

监测发布：劲旅咨询—劲旅智库　　　　　　　　　　　　监测时间　2016.5
©劲旅智库2016　　　　　　　　　　　　　　　　　　　　www.ctcnn.com

排名	App名称	下载量（万次）
1	TripAdvisor（猫途鹰）	14 753.5
2	面包旅行	2888.2
3	搭伴玩旅行交友	1607.9
4	蝉游记	409.6
5	旅行家游记	231.8
6	去哪儿旅图	103.1
7	驴行天下	60.2
8	嗡嗡	41.4
9	游记	23.8
10	一起玩	22.6

注：以上各App下载量由安卓市场、91助手、木蚂蚁、安智市场、百度手机助手、豌豆荚、应用宝、应用汇、360手机助手、机锋市场、搜狗市场、华为应用市场、联想乐商店、OPPO软件商店、易用汇、魅族Flyme、3G门户等17个国内最主流安卓应用市场汇总得出，仅供参考。

监测发布：劲旅咨询—劲旅智库　　　　　　　　　　　　监测时间　2016.6
©劲旅智库2016　　　　　　　　　　　　　　　　　　　　www.ctcnn.com

排名	App名称	下载量（万次）
1	TripAdvisor（猫途鹰）	15 036.5
2	面包旅行	2891.2
3	搭伴玩旅行交友	1607.9
4	蝉游记	410.6
5	旅行家游记	231.8
6	去哪儿旅图	104.1
7	驴行天下	60.2
8	嗡嗡	41.4
9	游记	23.9
10	一起玩	22.6

注：以上各App下载量由安卓市场、91助手、木蚂蚁、安智市场、百度手机助手、豌豆荚、应用宝、应用汇、360手机助手、机锋市场、搜狗市场、华为应用市场、联想乐商店、OPPO软件商店、易用汇、魅族Flyme、3G门户等17个国内最主流安卓应用市场汇总得出，仅供参考。

监测发布：劲旅咨询—劲旅智库　　　　　　　　　　　监测时间　2016.7
©劲旅智库2016　　　　　　　　　　　　　　　　　　www.ctcnn.com

排名	App名称	下载量（万次）
1	TripAdvisor（猫途鹰）	15 173.6
2	面包猎人	2892.5
3	搭伴玩旅行交友	1608.9
4	蝉游记	413.1
5	旅行家游记	231.8
6	去哪儿旅图	105.1
7	驴行天下	60.2
8	嗡嗡	41.4
9	游记	23.9
10	一起玩	22.6

注：以上各App下载量由安卓市场、91助手、木蚂蚁、安智市场、百度手机助手、豌豆荚、应用宝、应用汇、360手机助手、机锋市场、搜狗市场、华为应用市场、联想乐商店、OPPO软件商店、易用汇、魅族Flyme、3G门户等17个国内最主流安卓应用市场汇总得出，仅供参考。

监测发布：劲旅咨询—劲旅智库　　　　　　　　　　　监测时间　2016.8
©劲旅智库2016　　　　　　　　　　　　　　　　　　www.ctcnn.com

排名	App名称	下载量（万次）
1	TripAdvisor（猫途鹰）	15 524.6
2	面包猎人	2898.0
3	搭伴玩旅行交友	1608.9
4	蝉游记	413.5
5	旅行家游记	231.8
6	去哪儿旅图	105.2
7	驴行天下	60.3
8	嗡嗡	41.4
9	游记	23.9
10	一起玩	22.6

注：以上各App下载量由安卓市场、91助手、木蚂蚁、安智市场、百度手机助手、豌豆荚、应用宝、应用汇、360手机助手、机锋市场、搜狗市场、华为应用市场、联想乐商店、OPPO软件商店、易用汇、魅族Flyme、3G门户等17个国内最主流安卓应用市场汇总得出，仅供参考。

监测发布：劲旅咨询—劲旅智库　　　　　　　　　监测时间　2016.9
©劲旅智库2016　　　　　　　　　　　　　　　www.ctcnn.com
资料来源：劲旅智库

（二）2016年国内工具类旅游App下载量TOP10排名

根据劲旅咨询发布的《2016年1—9月国内移动旅游领域工具类旅游应用（App）下载量月度TOP10排名》，各月份具体排名如下。

表10-28　2016年1—9月份国内工具类旅游应用（App）下载量TOP10排名

排名	App名称	下载量（万次）
1	滴滴出行	78 935.2
2	快的打车	46 666.8
3	航班管家	26 226.5
4	高铁管家	22 265.9
5	飞常准	18 164.0
6	智行火车票	14 962.1
7	一号专车	3678.2
8	航旅纵横	3230.5
9	超级指南针	3143.3

续表

排名	App名称	下载量（万次）
10	旅行翻译官	2660.9

注：以上各App下载量由安卓市场、91助手、木蚂蚁、安智市场、百度手机助手、豌豆荚、应用宝、应用汇、360手机助手、机锋市场、搜狗市场、华为应用市场、联想乐商店、OPPO软件商店、易用汇、魅族Flyme、3G门户等17个国内最主流安卓应用市场汇总得出，仅供参考。

监测发布：劲旅咨询—劲旅智库　　　　　　　　　　监测时间　2016.1
©劲旅智库2016　　　　　　　　　　　　　　　　　www.ctcnn.com

排名	App名称	下载量（万次）
1	滴滴出行	79 417.4
2	快的打车	46 681.8
3	航班管家	26 305.8
4	高铁管家	22 407.4
5	飞常准	18 281.7
6	智行火车票	15 155.1
7	一号专车	3689.7
8	航旅纵横	3264.2
9	超级指南针	3159.3
10	旅行翻译官	2663.3

注：以上各App下载量由安卓市场、91助手、木蚂蚁、安智市场、百度手机助手、豌豆荚、应用宝、应用汇、360手机助手、机锋市场、搜狗市场、华为应用市场、联想乐商店、OPPO软件商店、易用汇、魅族Flyme、3G门户等17个国内最主流安卓应用市场汇总得出，仅供参考。

监测发布：劲旅咨询—劲旅智库　　　　　　　　　　监测时间　2016.2
©劲旅智库2016　　　　　　　　　　　　　　　　　www.ctcnn.com

排名	App名称	下载量（万次）
1	滴滴出行	81 700.5
2	快的打车	46 699.0
3	航班管家	26 396.6
4	高铁管家	22 592.6
5	飞常准	18 342.9

续表

排名	App名称	下载量（万次）
6	智行火车票	15 614.5
7	一号专车	3704.1
8	航旅纵横	3383.3
9	超级指南针	3200.1
10	旅行翻译官	2670.8

注：以上各App下载量由安卓市场、91助手、木蚂蚁、安智市场、百度手机助手、豌豆荚、应用宝、应用汇、360手机助手、机锋市场、搜狗市场、华为应用市场、联想乐商店、OPPO软件商店、易用汇、魅族Flyme、3G门户等17个国内最主流安卓应用市场汇总得出，仅供参考。

监测发布：劲旅咨询—劲旅智库　　　　　　　　　　　　监测时间　2016.3
©劲旅智库2016　　　　　　　　　　　　　　　　　　　www.ctcnn.com

排名	App名称	下载量（万次）
1	滴滴出行	81 892.4
2	快的打车	46 705.8
3	航班管家	26 461.2
4	高铁管家	22 808.1
5	飞常准	18 799.3
6	智行火车票	15 659.9
7	一号专车	3708.4
8	航旅纵横	3401.2
9	超级指南针	3224.6
10	旅行翻译官	2675.1

注：以上各App下载量由安卓市场、91助手、木蚂蚁、安智市场、百度手机助手、豌豆荚、应用宝、应用汇、360手机助手、机锋市场、搜狗市场、华为应用市场、联想乐商店、OPPO软件商店、易用汇、魅族Flyme、3G门户等17个国内最主流安卓应用市场汇总得出，仅供参考。

监测发布：劲旅咨询—劲旅智库　　　　　　　　　　　　监测时间　2016.4
©劲旅智库2016　　　　　　　　　　　　　　　　　　　www.ctcnn.com

排名	App名称	下载量（万次）
1	滴滴出行	85 531.8

续表

排名	App名称	下载量（万次）
2	快的打车	46 854.3
3	航班管家	26 546.3
4	高铁管家	23 016.1
5	飞常准	18 837.4
6	智行火车票	16 097.2
7	一号专车	3713.9
8	航旅纵横	3581.1
9	超级指南针	3250.6
10	旅行翻译官	2679.7

注：以上各App下载量由安卓市场、91助手、木蚂蚁、安智市场、百度手机助手、豌豆荚、应用宝、应用汇、360手机助手、机锋市场、搜狗市场、华为应用市场、联想乐商店、OPPO软件商店、易用汇、魅族Flyme、3G门户等17个国内最主流安卓应用市场汇总得出，仅供参考。

监测发布：劲旅咨询—劲旅智库　　　　　　　　　　监测时间　2016.5
©劲旅智库2016　　　　　　　　　　　　　　　　　www.ctcnn.com

排名	App名称	下载量（万次）
1	滴滴出行	90 120.4
2	快的打车	46 911.5
3	航班管家	26 563.7
4	高铁管家	23 122.6
5	飞常准	18 872.4
6	智行火车票	16 477.0
7	一号专车	3725.1
8	航旅纵横	3640.9
9	超级指南针	3270.4
10	旅行翻译官	2696.0

注：以上各App下载量由安卓市场、91助手、木蚂蚁、安智市场、百度手机助手、豌豆荚、应用宝、应用汇、360手机助手、机锋市场、搜狗市场、华为应用市场、联想乐商店、OPPO软件商店、易用汇、魅族Flyme、3G门户等17个国内最主流安卓应用市场汇总得出，仅供参考。

监测发布：劲旅咨询—劲旅智库　　　　　　　　　　监测时间　2016.6
©劲旅智库2016　　　　　　　　　　　　　　　　　www.ctcnn.com

排名	App名称	下载量（万次）
1	滴滴出行	93 423.4
2	快的打车	46 918.8
3	航班管家	26 666.8
4	高铁管家	23 456.8
5	飞常准	18 916.1
6	智行火车票	16 689.9
7	一号专车	3729.4
8	航旅纵横	3716.0
9	超级指南针	3297.2
10	旅行翻译官	2702.5

注：以上各App下载量由安卓市场、91助手、木蚂蚁、安智市场、百度手机助手、豌豆荚、应用宝、应用汇、360手机助手、机锋市场、搜狗市场、华为应用市场、联想乐商店、OPPO软件商店、易用汇、魅族Flyme、3G门户等17个国内最主流安卓应用市场汇总得出，仅供参考。

监测发布：劲旅咨询—劲旅智库　　　　　　　　　　监测时间　2016.7
©劲旅智库2016　　　　　　　　　　　　　　　　　www.ctcnn.com

排名	App名称	下载量（万次）
1	滴滴出行	97 372.2
2	快的打车	46 926.7
3	航班管家	26 771.0
4	高铁管家	23 680.6
5	飞常准	18 954.5
6	智行火车票	16 879.2
7	航旅纵横	3795.0
8	一号专车	3731.7
9	超级指南针	3314.8
10	旅行翻译官	2708.8

注：以上各App下载量由安卓市场、91助手、木蚂蚁、安智市场、百度手机助手、豌豆荚、应用宝、应用汇、360手机助手、机锋市场、搜狗市场、华为应用市场、联想乐商店、OPPO软件商店、易用汇、魅族Flyme、3G门户等17个国内最主流安卓应用市场汇总得出，仅供参考。

监测发布：劲旅咨询—劲旅智库　　　　　　　　　　监测时间　2016.8
©劲旅智库2016　　　　　　　　　　　　　　　　　www.ctcnn.com

排名	App名称	下载量（万次）
1	滴滴出行	99 398.5
2	快的打车	46 941.5
3	航班管家	26 828.3
4	高铁管家	23 763.2
5	飞常准	18 998.6
6	智行火车票	17 495.7
7	航旅纵横	3858.1
8	一号专车	3733.8
9	超级指南针	3337.4
10	旅行翻译官	2717.1

注：以上各App下载量由安卓市场、91助手、木蚂蚁、安智市场、百度手机助手、豌豆荚、应用宝、应用汇、360手机助手、机锋市场、搜狗市场、华为应用市场、联想乐商店、OPPO软件商店、易用汇、魅族Flyme、3G门户等17个国内最主流安卓应用市场汇总得出，仅供参考。

监测发布：劲旅咨询—劲旅智库　　　　　　　　监测时间　2016.9
©劲旅智库2016　　　　　　　　　　　　　　　www.ctcnn.com
资料来源：劲旅智库

（三）2016年国内攻略类旅游App下载量TOP10排名

根据劲旅咨询发布的《2016年1—8月国内移动旅游领域攻略类旅游应用（App）下载量月度TOP10排名》[1]，各月份具体排名如下。

表10-29　2016年1—8月份国内攻略类旅游应用（App）下载量TOP10排名

排名	App名称	下载量（万次）
1	百度旅游	9768.5
2	马蜂窝自由行	8168.8
3	大拇指旅行	1250.7
4	一路乐旅游	864.6
5	去哪儿攻略	571.8
6	携程攻略	512.1
7	多趣旅行	487.0
8	景点通	482.6

---

[1] 其中9月发布的是8月数据，为重叠数据，故剔除。

续表

排名	App名称	下载量（万次）
9	51导游	190.6
10	朋游风景	49.9

注：以上各App下载量由安卓市场、91助手、木蚂蚁、安智市场、百度手机助手、豌豆荚、应用宝、应用汇、360手机助手、机锋市场、搜狗市场、华为应用市场、联想乐商店、OPPO软件商店、易用汇、魅族Flyme、3G门户等17个国内最主流安卓应用市场汇总得出，仅供参考。

监测发布：劲旅咨询—劲旅智库　　　　　　　　监测时间　2016.1
©劲旅智库2016　　　　　　　　　　　　　　　www.ctcnn.com

排名	App名称	下载量（万次）
1	百度旅游	9825.2
2	马蜂窝自由行	8220.3
3	大拇指旅行	1250.7
4	一路乐旅游	928.6
5	去哪儿攻略	575.1
6	携程攻略	519.6
7	多趣旅行	487.0
8	景点通	484.6
9	51导游	191.6
10	朋游风景	49.9

注：以上各App下载量由安卓市场、91助手、木蚂蚁、安智市场、百度手机助手、豌豆荚、应用宝、应用汇、360手机助手、机锋市场、搜狗市场、华为应用市场、联想乐商店、OPPO软件商店、易用汇、魅族Flyme、3G门户等17个国内最主流安卓应用市场汇总得出，仅供参考。

监测发布：劲旅咨询—劲旅智库　　　　　　　　监测时间　2016.2
©劲旅智库2016　　　　　　　　　　　　　　　www.ctcnn.com

排名	App名称	下载量（万次）
1	百度旅游	9876.9
2	马蜂窝自由行	8294.0
3	大拇指旅行	1250.8
4	一路乐旅游	932.7

续表

排名	App名称	下载量（万次）
5	去哪儿攻略	580.9
6	携程攻略	528.3
7	多趣旅行	488.1
8	景点通	484.6
9	51导游	191.7
10	朋游风景	49.9

注：以上各App下载量由安卓市场、91助手、木蚂蚁、安智市场、百度手机助手、豌豆荚、应用宝、应用汇、360手机助手、机锋市场、搜狗市场、华为应用市场、联想乐商店、OPPO软件商店、易用汇、魅族Flyme、3G门户等17个国内最主流安卓应用市场汇总得出，仅供参考。

监测发布：劲旅咨询—劲旅智库　　　　　　　　　　监测时间　2016.3
©劲旅智库2016　　　　　　　　　　　　　　　　　www.ctcnn.com

排名	App名称	下载量（万次）
1	百度旅游	9896.4
2	马蜂窝自由行	8359.2
3	大拇指旅行	1250.8
4	一路乐旅游	1012.6
5	去哪儿攻略	583.2
6	携程攻略	535.2
7	多趣旅行	488.1
8	景点通	484.7
9	51导游	191.7
10	朋游风景	49.9

注：以上各App下载量由安卓市场、91助手、木蚂蚁、安智市场、百度手机助手、豌豆荚、应用宝、应用汇、360手机助手、机锋市场、搜狗市场、华为应用市场、联想乐商店、OPPO软件商店、易用汇、魅族Flyme、3G门户等17个国内最主流安卓应用市场汇总得出，仅供参考。

监测发布：劲旅咨询—劲旅智库　　　　　　　　　　监测时间　2016.4
©劲旅智库2016　　　　　　　　　　　　　　　　　www.ctcnn.com

排名	App名称	下载量（万次）
1	百度旅游	9914.4
2	马蜂窝自由行	8417.8
3	大拇指旅行	1250.8
4	一路乐旅游	1076.3
5	去哪儿攻略	586.3
6	携程攻略	541.0
7	多趣旅行	489.2
8	景点通	484.7
9	51导游	191.9
10	朋游风景	49.9

注：以上各App下载量由安卓市场、91助手、木蚂蚁、安智市场、百度手机助手、豌豆荚、应用宝、应用汇、360手机助手、机锋市场、搜狗市场、华为应用市场、联想乐商店、OPPO软件商店、易用汇、魅族Flyme、3G门户等17个国内最主流安卓应用市场汇总得出，仅供参考。

监测发布：劲旅咨询—劲旅智库　　　　　　　　　　监测时间　2016.5
©劲旅智库2016　　　　　　　　　　　　　　　　　www.ctcnn.com

排名	App名称	下载量（万次）
1	百度旅游	9953.9
2	马蜂窝自由行	8492.5
3	大拇指旅行	1250.8
4	一路乐旅游	1163.8
5	去哪儿攻略	593.9
6	携程攻略	547.9
7	多趣旅行	489.2
8	景点通	484.7
9	51导游	191.9
10	朋游风景	50.0

注：以上各App下载量由安卓市场、91助手、木蚂蚁、安智市场、百度手机助手、豌豆荚、应用宝、应用汇、360手机助手、机锋市场、搜狗市场、华为应用市场、联想乐商店、OPPO软件商店、易用汇、魅族Flyme、3G门户等17个国内最主流安卓应用市场汇总得出，仅供参考。

监测发布：劲旅咨询—劲旅智库　　　　　　　　　　监测时间　2016.6
©劲旅智库2016　　　　　　　　　　　　　　　　　www.ctcnn.com

排名	App名称	下载量（万次）
1	百度旅游	9963.6
2	马蜂窝自由行	8624.3
3	大拇指旅行	1250.8
4	一路乐旅游	1242.0
5	去哪儿攻略	608.9
6	携程攻略	554.7
7	多趣旅行	490.3
8	景点通	485.9
9	51导游	193.0
10	朋游风景	50.0

注：以上各App下载量由安卓市场、91助手、木蚂蚁、安智市场、百度手机助手、豌豆荚、应用宝、应用汇、360手机助手、机锋市场、搜狗市场、华为应用市场、联想乐商店、OPPO软件商店、易用汇、魅族Flyme、3G门户等17个国内最主流安卓应用市场汇总得出，仅供参考。

监测发布：劲旅咨询—劲旅智库　　　　　　　　　监测时间　2016.7
©劲旅智库2016　　　　　　　　　　　　　　　　www.ctcnn.com

排名	App名称	下载量（万次）
1	百度旅游	9970.0
2	马蜂窝自由行	8696.8
3	一路乐旅游	1319.0
4	大拇指旅行	1250.8
5	去哪儿攻略	609.4
6	携程攻略	565.7
7	多趣旅行	490.3
8	景点通	486.5
9	51导游	193.0
10	朋游风景	50.0

注：以上各App下载量由安卓市场、91助手、木蚂蚁、安智市场、百度手机助手、豌豆荚、应用宝、应用汇、360手机助手、机锋市场、搜狗市场、华为应用市场、联想乐商店、OPPO软件商店、易用汇、魅族Flyme、3G门户等17个国内最主流安卓应用市场汇总得出，仅供参考。

监测发布：劲旅咨询—劲旅智库　　　　　　　　　监测时间　2016.8
©劲旅智库2016　　　　　　　　　　　　　　　　www.ctcnn.com

资料来源：劲旅智库

（四）2016 年国内预订类旅游 App 下载量 TOP10 排名

根据劲旅咨询发布的《2016 年 1—9 月国内移动旅游领域预订类旅游应用（App）下载量月度 TOP10 排名》，各月份具体排名如下。

表 10-30　2016 年 1—9 月份国内预订类旅游应用（App）下载量 TOP10 排名

排名	App 名称	下载量（万次）
1	携程旅行	118 736.0
2	去哪儿旅行	114 344.1
3	同程旅游	87 360.4
4	途牛旅游	49 046.8
5	艺龙旅行	38 968.6
6	驴妈妈旅游	23 392.9
7	艺龙酒店	20 307.9
8	铁路12306	18 615.7
9	途家	15 714.5
10	阿里旅行·去啊	11 308.3

注：以上各App下载量由安卓市场、91助手、木蚂蚁、安智市场、百度手机助手、豌豆荚、应用宝、应用汇、360手机助手、机锋市场、搜狗市场、华为应用市场、联想乐商店、OPPO软件商店、易用汇、魅族Flyme、3G门户等17个国内最主流安卓应用市场汇总得出，仅供参考。

监测发布：劲旅咨询—劲旅智库　　　　　　　　　　　监测时间　2016.1
©劲旅智库2016　　　　　　　　　　　　　　　　　　　www.ctcnn.com

排名	App 名称	下载量（万次）
1	携程旅行	119 737.8
2	去哪儿旅行	117 343.6
3	同程旅游	90 141.5
4	途牛旅游	49 858.1
5	艺龙旅行	40 469.8
6	驴妈妈旅游	24 029.2
7	艺龙酒店	20 894.1

续表

排名	App名称	下载量（万次）
8	铁路12306	20 394.8
9	途家	15 727.8
10	阿里旅行·去啊	11 520.4

注：以上各App下载量由安卓市场、91助手、木蚂蚁、安智市场、百度手机助手、豌豆荚、应用宝、应用汇、360手机助手、机锋市场、搜狗市场、华为应用市场、联想乐商店、OPPO软件商店、易用汇、魅族Flyme、3G门户等17个国内最主流安卓应用市场汇总得出，仅供参考。

监测发布：劲旅咨询—劲旅智库　　　　　　　　　　监测时间　2016.2
©劲旅智库2016　　　　　　　　　　　　　　　　　www.ctcnn.com

排名	App名称	下载量（万次）
1	去哪儿旅行	122 778.8
2	携程旅行	122 323.1
3	同程旅游	91 186.8
4	途牛旅游	52 945.4
5	艺龙旅行	41 126.1
6	驴妈妈旅游	25 277.3
7	艺龙酒店	21 435.0
8	铁路12306	20 919.5
9	途家	15 748.9
10	阿里旅行·去啊	11 793.7

注：以上各App下载量由安卓市场、91助手、木蚂蚁、安智市场、百度手机助手、豌豆荚、应用宝、应用汇、360手机助手、机锋市场、搜狗市场、华为应用市场、联想乐商店、OPPO软件商店、易用汇、魅族Flyme、3G门户等17个国内最主流安卓应用市场汇总得出，仅供参考。

监测发布：劲旅咨询—劲旅智库　　　　　　　　　　监测时间　2016.3
©劲旅智库2016　　　　　　　　　　　　　　　　　www.ctcnn.com

排名	App名称	下载量（万次）
1	去哪儿旅行	126 105.9
2	携程旅行	123 912.8
3	同程旅游	92 945.6

续表

排名	App名称	下载量（万次）
4	途牛旅游	58 902.7
5	艺龙旅行	41 608.7
6	驴妈妈旅游	25 374.7
7	艺龙酒店	21 478.4
8	铁路12306	21 344.4
9	途家	15 770.2
10	阿里旅行·去啊	12 180.4

注：以上各App下载量由安卓市场、91助手、木蚂蚁、安智市场、百度手机助手、豌豆荚、应用宝、应用汇、360手机助手、机锋市场、搜狗市场、华为应用市场、联想乐商店、OPPO软件商店、易用汇、魅族Flyme、3G门户等17个国内最主流安卓应用市场汇总得出，仅供参考。

监测发布：劲旅咨询—劲旅智库　　　　　　　　　　　　　　监测时间　2016.4
©劲旅智库2016　　　　　　　　　　　　　　　　　　　　　　www.ctcnn.com

排名	App名称	下载量（万次）
1	去哪儿旅行	131 717.5
2	携程旅行	125 158.8
3	同程旅游	94 211.6
4	途牛旅游	61 445.7
5	艺龙旅行	43 025.0
6	驴妈妈旅游	25 985.0
7	铁路12306	22 239.0
8	艺龙酒店	21 548.1
9	途家	15 797.3
10	阿里旅行·去啊	12 560.9

注：以上各App下载量由安卓市场、91助手、木蚂蚁、安智市场、百度手机助手、豌豆荚、应用宝、应用汇、360手机助手、机锋市场、搜狗市场、华为应用市场、联想乐商店、OPPO软件商店、易用汇、魅族Flyme、3G门户等17个国内最主流安卓应用市场汇总得出，仅供参考。

监测发布：劲旅咨询—劲旅智库　　　　　　　　　　　　　　监测时间　2016.5
©劲旅智库2016　　　　　　　　　　　　　　　　　　　　　　www.ctcnn.com

排名	App名称	下载量（万次）
1	去哪儿旅行	139 187.2
2	携程旅行	126 822.9
3	同程旅游	95 110.2
4	途牛旅游	62 641.9
5	艺龙旅行	43 839.2
6	驴妈妈旅游	26 433.9
7	铁路12306	22 366.1
8	艺龙酒店	21 565.2
9	途家	15 810.7
10	阿里旅行·去啊	12 792.9

注：以上各App下载量由安卓市场、91助手、木蚂蚁、安智市场、百度手机助手、豌豆荚、应用宝、应用汇、360手机助手、机锋市场、搜狗市场、华为应用市场、联想乐商店、OPPO软件商店、易用汇、魅族Flyme、3G门户等17个国内最主流安卓应用市场汇总得出，仅供参考。

监测发布：劲旅咨询—劲旅智库 监测时间 2016.6
©劲旅智库2016 www.ctcnn.com

排名	App名称	下载量（万次）
1	去哪儿旅行	144 861.5
2	携程旅行	128 211.6
3	同程旅游	96 418.2
4	途牛旅游	65 768.9
5	艺龙旅行	46 587.4
6	驴妈妈旅游	29 966.4
7	铁路12306	23 331.3
8	艺龙酒店	21 589.6
9	途家	15 842.7
10	阿里旅行·去啊	13 387.1

注：以上各App下载量由安卓市场、91助手、木蚂蚁、安智市场、百度手机助手、豌豆荚、应用宝、应用汇、360手机助手、机锋市场、搜狗市场、华为应用市场、联想乐商店、OPPO软件商店、易用汇、魅族Flyme、3G门户等17个国内最主流安卓应用市场汇总得出，仅供参考。

监测发布：劲旅咨询—劲旅智库 监测时间 2016.7
©劲旅智库2016 www.ctcnn.com

排名	App名称	下载量（万次）
1	去哪儿旅行	150 469.6
2	携程旅行	129 177.2
3	同程旅游	96 573.5
4	途牛旅游	71 259.3
5	艺龙旅行	46 686.0
6	驴妈妈旅游	32 242.0
7	铁路12306	23 542.5
8	艺龙酒店	21 613.5
9	途家	15 862.5
10	阿里旅行·去啊	14 096.9

注：以上各App下载量由安卓市场、91助手、木蚂蚁、安智市场、百度手机助手、豌豆荚、应用宝、应用汇、360手机助手、机锋市场、搜狗市场、华为应用市场、联想乐商店、OPPO软件商店、易用汇、魅族Flyme、3G门户等17个国内最主流安卓应用市场汇总得出，仅供参考。

监测发布：劲旅咨询—劲旅智库　　　　　　　　　　监测时间　2016.8
©劲旅智库2016　　　　　　　　　　　　　　　　　www.ctcnn.com

排名	App名称	下载量（万次）
1	去哪儿旅行	153 795.5
2	携程旅行	131 633.6
3	同程旅游	97 182.1
4	途牛旅游	75 587.8
5	艺龙旅行	46 786.7
6	驴妈妈旅游	33 778.9
7	铁路12306	25 098.9
8	艺龙酒店	21 648.2
9	途家	15 925.3
10	阿里旅行·去啊	14 438.1

注：以上各App下载量由安卓市场、91助手、木蚂蚁、安智市场、百度手机助手、豌豆荚、应用宝、应用汇、360手机助手、机锋市场、搜狗市场、华为应用市场、联想乐商店、OPPO软件商店、易用汇、魅族Flyme、3G门户等17个国内最主流安卓应用市场汇总得出，仅供参考。

监测发布：劲旅咨询—劲旅智库　　　　　　　　　　监测时间　2016.9
©劲旅智库2016　　　　　　　　　　　　　　　　　www.ctcnn.com

资料来源：劲旅智库

参考文献

[1] 劲旅网发布 1 月国内旅游类 App 月度监测报告 [EB/OL]. http://www.ctcnn.com/html/2016-02-05/14921667.html#PPN=data.

[2] 劲旅网发布 1 月国内旅游类 App 运营商月度排名 [EB/OL]. http://www.ctcnn.com/html/2016-02-06/15208514.html#PPN=data.

[3] 劲旅网发布 2016 年 1 月国内分享类旅游 App 下载量 TOP10[EB/OL]. http://www.ctcnn.com/html/2016-02-19/14592286.html#PPN=data.

[4] 劲旅网发布 2016 年 1 月国内工具类旅游 App 下载量 TOP10[EB/OL]. http://www.ctcnn.com/html/2016-02-19/17580628.html#PPN=data.

[5] 劲旅网发布 2016 年 1 月国内攻略类旅游 App 下载量 TOP10[EB/OL]. http://www.ctcnn.com/html/2016-02-19/14296028.html#PPN=data.

[6] 劲旅网发布 2016 年 1 月国内预订类旅游 App 下载量 TOP10[EB/OL]. http://www.ctcnn.com/html/2016-02-19/12894043.html#PPN=data.

[7] 劲旅网发布 2 月国内旅游类 App 月度监测报告 [EB/OL]. http://www.ctcnn.com/html/2016-03-11/11267774.html#PPN=data.

[8] 劲旅网发布 2 月国内旅游类 App 运营商月度排名 [EB/OL]. http://www.ctcnn.com/html/2016-03-14/12131420.html#PPN=data.

[9] 劲旅网发布 2016 年 2 月国内分享类旅游 App 下载量 TOP10[EB/OL]. http://www.ctcnn.com/html/2016-03-18/11079738.html#PPN=data.

[10] 劲旅网发布 2016 年 2 月国内工具类旅游 App 下载量 TOP10[EB/OL]. http://www.ctcnn.com/html/2016-03-18/16941880.html#PPN=data.

[11] 劲旅网发布 2016 年 2 月国内攻略类旅游 App 下载量 TOP10[EB/OL]. http://www.ctcnn.com/html/2016-03-18/15222787.html#PPN=data.

[12] 劲旅网发布 2016 年 2 月国内预订类旅游 App 下载量 TOP10[EB/OL]. http://www.ctcnn.com/html/2016-03-18/17934958.html#PPN=data.

[13] 劲旅网发布 3 月国内旅游类 App 月度监测报告 [EB/OL]. http://www.ctcnn.com/html/yb/2016-04-19/11456633.html#PPN=data.

[14] 劲旅网发布 3 月国内旅游类 App 运营商月度排名 [EB/OL]. http://www.ctcnn.com/html/yb/2016-04-25/17877630.html#PPN=data.

[15] 劲旅网发布 2016 年 3 月国内分享类旅游 App 下载量 TOP10[EB/OL]. http://www.ctcnn.com/html/yb/2016-04-27/16917466.html#PPN=data.

[16] 劲旅网发布 2016 年 3 月国内工具类旅游 App 下载量 TOP10[EB/OL]. http://www.ctcnn.com/html/yb/2016-04-27/14642097.html#PPN=data.

[17] 劲旅网发布 2016 年 3 月国内攻略类旅游 App 下载量 TOP10[EB/OL]. http://www.ctcnn.com/html/yb/2016-04-27/16304558.html#PPN=data.

[18] 劲旅网发布 2016 年 3 月国内预订类旅游 App 下载量 TOP10[EB/OL]. http://

www.ctcnn.com/html/yb/2016-04-27/15382891.html#PPN=data.

[19] 劲旅网发布4月国内旅游类App月度监测报告[EB/OL]. http://www.ctcnn.com/html/yb/2016-05-11/11800365.html#PPN=data.

[20] 劲旅网发布4月国内旅游类App运营商月度排名[EB/OL]. http://www.ctcnn.com/html/yb/2016-05-16/12257789.html#PPN=data.

[21] 劲旅网发布2016年4月国内分享类旅游App下载量TOP10[EB/OL]. http://www.ctcnn.com/html/yb/2016-05-18/10755337.html#PPN=data.

[22] 劲旅网发布2016年4月国内工具类旅游App下载量TOP10[EB/OL]. http://www.ctcnn.com/html/yb/2016-05-18/17211572.html#PPN=data.

[23] 劲旅网发布2016年4月国内攻略类旅游App下载量TOP10[EB/OL]. http://www.ctcnn.com/html/yb/2016-05-18/17819395.html#PPN=data.

[24] 劲旅网发布2016年4月国内预订类旅游App下载量TOP10[EB/OL]. http://www.ctcnn.com/html/yb/2016-05-18/11407021.html#PPN=data.

[25] 劲旅网发布2016年5月国内旅游类App月度监测报告[EB/OL]. http://www.ctcnn.com/html/yb/2016-06-14/15150991.html#PPN=data.

[26] 劲旅网发布2016年5月国内旅游类App运营商月度排名[EB/OL]. http://www.ctcnn.com/html/yb/2016-06-20/19893547.html#PPN=data.

[27] 劲旅网发布2016年5月国内分享类旅游App下载量TOP10[EB/OL]. http://www.ctcnn.com/html/yb/2016-06-23/17605200.html#PPN=data.

[28] 劲旅网发布2016年5月国内工具类旅游App下载量TOP10[EB/OL]. http://www.ctcnn.com/html/yb/2016-06-23/12314883.html#PPN=data.

[29] 劲旅网发布2016年5月国内攻略类旅游App下载量TOP10[EB/OL]. http://www.ctcnn.com/html/yb/2016-06-23/15288888.html#PPN=data.

[30] 劲旅网发布2016年5月国内预订类旅游App下载量TOP10[EB/OL]. http://www.ctcnn.com/html/yb/2016-06-23/19184421.html#PPN=data.

[31] 劲旅网发布6月国内旅游类App月度监测报告[EB/OL]. http://www.ctcnn.com/html/yb/2016-07-12/16171683.html#PPN=data.

[32] 劲旅网发布2016年6月国内旅游类App运营商月度排名[EB/OL]. http://www.ctcnn.com/html/yb/2016-07-14/14139997.html#PPN=data.

[33] 劲旅网发布2016年6月国内分享类旅游App下载量TOP10[EB/OL]. http://www.ctcnn.com/html/yb/2016-07-27/14381857.html#PPN=data.

[34] 劲旅网发布2016年6月国内工具类旅游App下载量TOP10[EB/OL]. http://www.ctcnn.com/html/yb/2016-07-27/13913276.html#PPN=data.

[35] 劲旅网发布2016年6月国内攻略类旅游App下载量TOP10[EB/OL]. http://www.ctcnn.com/html/yb/2016-07-27/11832356.html#PPN=data.

[36] 劲旅网发布2016年6月国内预订类旅游App下载量TOP10[EB/OL]. http://www.ctcnn.com/html/yb/2016-07-27/18308692.html#PPN=data.

[37] 劲旅网发布 2016 年 7 月国内旅游类 App 月度监测报告 [EB/OL]. http://www.ctcnn.com/html/yb/2016-08-10/12073171.html#PPN=data.

[38] 劲旅网发布 2016 年 7 月国内旅游类 App 运营商月度排名 [EB/OL]. http://www.ctcnn.com/html/yb/2016-08-12/19540200.html#PPN=data.

[39] 劲旅网发布 2016 年 7 月国内分享类旅游 App 下载量 TOP10[EB/OL]. http://www.ctcnn.com/html/yb/2016-09-07/19049804.html#PPN=data.

[40] 劲旅网发布 2016 年 7 月国内工具类旅游 App 下载量 TOP10[EB/OL]. http://www.ctcnn.com/html/yb/2016-09-07/16829350.html#PPN=data.

[41] 劲旅网发布 2016 年 7 月国内攻略类旅游 App 下载量 TOP10[EB/OL]. http://www.ctcnn.com/html/yb/2016-09-07/13255764.html#PPN=data.

[42] 劲旅网发布 2016 年 7 月国内预订类旅游 App 下载量 TOP10[EB/OL]. http://www.ctcnn.com/html/yb/2016-09-07/19151722.html#PPN=data.

[43] 劲旅网发布 2016 年 8 月国内旅游类 App 运营商月度排名 [EB/OL]. http://www.ctcnn.com/html/yb/2016-09-09/11589343.html#PPN=data.

[44] 劲旅网发布 2016 年 8 月国内旅游类 App 月度监测报告 [EB/OL]. http://www.ctcnn.com/html/yb/2016-09-07/19989388.html#PPN=data.

[45] 劲旅网发布 2016 年 8 月国内分享类旅游 App 下载量 TOP10[EB/OL]. http://www.ctcnn.com/html/yb/2016-09-29/15443115.html#PPN=data.

[46] 劲旅网发布 2016 年 8 月国内工具类旅游 App 下载量 TOP10[EB/OL]. http://www.ctcnn.com/html/yb/2016-09-29/11504693.html#PPN=data.

[47] 劲旅网发布 2016 年 8 月国内攻略类旅游 App 下载量 TOP10[EB/OL]. http://www.ctcnn.com/html/yb/2016-09-29/11212425.html#PPN=data.

[48] 劲旅网发布 2016 年 8 月国内预订类旅游 App 下载量 TOP10[EB/OL]. http://www.ctcnn.com/html/yb/2016-09-29/18262983.html#PPN=data.

[49] 劲旅网发布 2016 年 9 月国内旅游类 App 月度监测报告 [EB/OL]. http://www.ctcnn.com/html/yb/2016-10-25/19777918.html#PPN=data.

[50] 劲旅网发布 2016 年 9 月国内旅游类 App 运营商月度排名 [EB/OL]. http://www.ctcnn.com/html/yb/2016-10-25/16659050.html#PPN=data.

[51] 劲旅网发布 2016 年 9 月国内分享类旅游 App 下载量 TOP10[EB/OL]. http://www.ctcnn.com/html/yb/2016-10-25/18540929.html#PPN=data.

[52] 劲旅网发布 2016 年 9 月国内工具类旅游 App 下载量 TOP10[EB/OL]. http://www.ctcnn.com/html/yb/2016-10-25/13603743.html#PPN=data.

[53] 劲旅网发布 2016 年 9 月国内攻略类旅游 App 下载量 TOP10[EB/OL]. http://www.ctcnn.com/html/yb/2016-10-25/12228867.html#PPN=data.

[54] 劲旅网发布 2016 年 9 月国内预订类旅游 App 下载量 TOP10[EB/OL]. http://www.ctcnn.com/html/yb/2016-10-25/14238837.html#PPN=data.

[55] 劲旅网发布 2016 年 10 月国内旅游类 App 运营商月度排名 [EB/OL]. http://www.ctcnn.com/html/yb/2017-01-11/18834321.html#PPN=data.

第三节　旅游 App 类型及分类详情

一、旅游 App 分类

旅游者一次完整旅行过程中的消费决策包括了启程前、行程中与行程后，智能手机的普及，让一次完整旅行的各种需求形成一个循环，几乎可以全部用旅游 App 来得以实现。根据目前旅游市场里 App 的功能和特征，目前市场上的旅游 App 主要分为预订类、分享类、攻略类和工具类四大类。

1. 预订类

目前，国内预订类旅游 App 可分 3 种类型：一是以"机+酒"模式为主导，以携程、艺龙为代表，它们运营的核心在于将自己变成中介服务机构，成为强大的渠道商；二是以旅游垂直搜索服务为主导，以去哪儿为代表，它们旨在打造旅游供应商和消费者之间零距离沟通的平台；三是以提供旅游景点和线路服务为主导，以悠哉网为代表，兼供应商和渠道商两种角色。

2. 分享类

分享类旅游 App 作为记录旅行、分享旅行的社交软件，依靠用户 UGC（user generated content，即用户原创内容）形成社区，被越来越多的游客所认可和使用，该类旅游软件主要为用户提供景点周围的商店、餐厅以及当地交通的情况等，同时还会为用户提供游玩的详细攻略以及设置游玩时的地图导航功能等。认可度较高的有面包旅行、到到、在路上，等等。该类 App 主要有两种形式：一是在手机上打造新型的旅游社区，记录游客的行程和见闻分享；二是旅行直播，通过记录下每张图片的 GPS 位置，系统自动地会在地图上生成一张完整的足迹图和带时间轴的照片墙，真正实现了分享变得随时随地。

3. 攻略类

攻略类旅游 App 是指专门由开发者撰写或者汇编内容成集，供用户浏览或下载的应用。相较于 UGC 主题分散、针对性较弱等的缺点，攻略类 App 相对于分享类 App 的优势是有对目的地衣食住行的全方位系统介绍。虽然内容可能十分有限，无法面面俱到，但对于多数的旅游者，这种全景式的描绘或许已经可以满足他们的需要了。

4. 工具类

工具类旅游 App 的特点为功能专一，特色鲜明，旨在应对旅游者在旅行中产生的个别细节需求，是旅途中的实用助手，以旅行翻译官、百度地图、穷游清单等为代表。如穷游网推出的"穷游清单",可轻巧记录行前事项、出行物品、购物清单等作为备忘;又如马蜂窝的"旅行翻译官",以翻译旅行中会遇到的外语、方言的词汇、语句为卖点;再比如一些查询火车时刻表、地铁公交线路图的应用,如百度地图,飞常准等,设计简单易用便可省去出行中的诸多麻烦。此外,还有一些为用户旅行前准备的清单,这类应用多以笔记本备忘录的形式出现。

二、旅游 App 分类详情

(一)预订类旅游 App

1. 预订类 App 含义

旅游过程中,住、行是途中最大的两个问题,所以预订酒店、机票等是必不可少的。预订类 App 就是为旅途提供酒店、住宿的移动预订平台。这类 App 的开发者大都是从传统的互联网行业过渡到移动互联网来的,有稳定的合作伙伴、客户和商业生态,所以基本拥有最稳定的市场,同时也意味着预订类 App 存在较少的创业公司。

移动互联网时代到来之后,各大旅游预订类网站都开始布局移动市场。早在 2009 年,去哪儿网就成立了无线部门,开发移动终端市场。紧随其后,携程旅行网、艺龙旅行网、淘宝旅行网也纷纷推出了自己的 App 客户端。截至目前,几乎各大旅游预订类网站都根据网站特色和消费者需求,推出了各具特色的 App 客户端。移动互联网的到来,真正实现了在线旅游,通过移动终端实现了用户实时的查询、预订、分享各种美食、景点、娱乐以及住宿信息。

2. 预订类 App 分类

对于往常的旅游消费者而言,以往准备到一个地方旅游前,都会上网去搜寻大量的自助游攻略,打听有什么好吃的、好玩的。这些准备工作很烦琐,有时候甚至会影响旅游的心情。这时候,如果随身携带的手机如果能查询并预订线路、酒店、列车、团购、景点、餐饮,将会大大提升旅游的质量,让旅途更加轻松和快乐。

根据现有旅游 App 来看,预订类 App 可以分为两大类型。一类是由电脑 PC 端传统旅游 O2O 电商延展而来,如去哪儿、携程、同程等大型旅游预订平台的 App,这些 App 具有综合性强的优势,可以提供包含旅游食、住、行、游、购、娱六大要素所有的预订类服务,称之为一站式移动 App。另外一类是只提供单一服务的预订类 App,提供酒店预订的如今夜酒店特价、快捷酒店管家、七天、如家 App 等,提供票务类预订服务的如酷讯机票、铁友火车票 App 等,称之为细分化移动 App 应用。

一站式预订类旅游 App 是作为所有旅游 App 应用的主体服务,是定位为综合类型的旅游应用产品。携程旅行、去哪儿旅行、同程旅游 App 在吃住玩多方面都能较完美地服务到用户所需。这些大型旅游电商的 App 作为自身 Web 端电商的延展,依托了多年来稳定的合作伙伴和客户资源,将优势资源进行整合,为用户提供整体的产品服务。而从整体来讲还会有一些不起眼的"尾单",由于大公司操作成本的问题不会被巨头所重视,于是便留给了创业者从细分领域切入在线旅游的机会。单一类别的预订类 App 常针对某一具体细分市场,对市场空白进行补充,满足部分游客的需求。这类移动 App 的产品逻辑在于移动端的应用场景、网络环境不断优化,相应的也会产生许多应用场景。正如在路上 CMO 浦明辉比喻称,"旅游细分 App 就像金矿边上的卖水人,繁华区的便利店"。

3. 预订类 App 案例分析

案例　携程旅游 App 迭代案例分析

携程旅游是携程旅行网精心打造的一款景点信息查询照片分享和旅游产品预订的专业手机软件。现就携程旅游 App 在 2016 年发布的迭代版本进行系统梳理,并进行相应分析,详细情况如下。

(1) 2016 年 3 月,携程攻略 App 新版上线:提供一站式旅游推荐等服务

携程攻略 App 新版本上线,iOS 版本一经上线即获 Apple Store 优秀旅游类 App 推荐,安卓版本在小米和 360 手机助手等应用市场发布后也获得诸多用户好评。此次携程攻略 App 版本更新,不仅在攻略内容方面进一步丰富,最大改变是无缝接入携程全部业务线的预订功能,用户可以在一个 App 上完成从旅行灵感启发,到目的地攻略参考、行程拟订,直至产品预订的旅游决策全过程,真正打造出了一个可以实现一站式推荐及预订服务的旅游攻略 App。

无缝接入产品预订入口 打造一站式旅游推荐服务

在用户出行的需求中,除了旅游攻略信息参考,后续还有产品预订、分享等需求;随着智能手机、平板电脑等移动设备的普及,用户场景更加丰富,旅游攻略类 App 逐渐向后延伸,试图填补用户出行的需求空白,让用户可以在一个 App 上获得一站式的旅游推荐及预订产品服务。而携程攻略 App 的此次改版,正是瞄准了这一方向。

这次改版中,携程攻略 App 无缝接入了携程全业务的预订服务。海豚游游在携程攻略 App 首页开放了携程机票、酒店、旅游、火车票和汽车票的预订入口,其中,机票模块还接入了特价机票信息。携程用户登录状态下,能够在携程攻略 App 上直接查询自己的订单情况,非会员订单可以通过电话查询。

用户看到即可订到 便捷享受携程放心服务

在携程攻略 App 上打通携程用户订单信息,开辟旅游产品预订的快捷通道,对于用户来说则会大大简化和缩短旅行决策的过程,便捷连贯地享受到携程的攻略信息服务和产品预订服务。

在攻略 App 首页,除了月度推荐目的地、精品游记推荐外,还提供当季常居地旅游资讯,周末周边旅游推荐,以及长途旅游推荐,用户可以轻松获得说走就走的灵感;在每个目的地主页,周边景点怎么玩、当地有什么特色美食,如何选择满足自己需求的住宿,都能够找到详尽的攻略参考和靠谱的旅行家推荐。

对用户来说,完成第一步选择心仪目的地后,可以即时在携程攻略 App 上进行

相关产品的预订：交通方面，目的地特价机票信息一目了然，火车票、汽车票满足不同出行需求；住宿上，酒店可以查看详情，也可以直接预订；还有不同类型的旅游产品可供选择……用户看到心仪的目的地即可订到相关产品，行前决策的过程大大缩短。

使用携程攻略，你只在一个 App 上，就可以完成从获取旅行灵感、查阅目的地攻略、到制订行程、直至购买到优惠、适合自己出游的商品，最后分享旅行感受等一系列的旅行需求，真正享受携程一站式旅游推荐和产品预订的放心服务，开启说走就走的幸福旅行。

口袋攻略全面优化 下载即将世界装进口袋

除了便捷的产品预订服务，携程攻略 App 的核心竞争力自然是高质量结构化的攻略内容呈现。携程口袋攻略是携程攻略社区专为手机端用户打造的品牌攻略产品，它采用众包模式，特邀 6000 位当地旅游达人撰写，由 200 位资深旅行编辑提炼整合，为旅行者呈现最有价值的出行决策参考。

新版本携程攻略 App 中，对 230 余本口袋攻略优化了分类排序和离线下载功能，解决了之前部分口袋攻略无法下载至本地的问题，全新整合上线。如今下载携程攻略 App，7 万个目的地、2000 万个旅游兴趣点、1400 万张图片、3000 万条用户点评、40 万篇达人游记攻略装入手机。

最好的攻略就是专业的信息加透明的价格，携程攻略 App 从 2015 年初上线以来，此次在平静多日之后厚积薄发，重磅推出新版本，在内容信息完善和产品预订功能方面都有重大突破，无疑是里程碑式的事件。未来，携程攻略 App 不仅将成为携程整体布局中，产品预订转化的重要入口，同时，也将成为实现让旅行更幸福使命中的重要一环。

（2）2016 年 4 月，携程旅行日程打造便捷行程管理模式

如今，只做好单个订单的纵向服务显然已经无法满足用户的需求，真正的"旅游一站式服务"需要考虑到用户行程中的全方面需求，由携程精心打造的旅行日程就是一款能协助用户完成行程管理的随身小秘书。

集合全平台出行计划 打造便捷行程管理

在携程旅行 App 首页就能明了地看到"旅行日程"的入口，用户通过携程预订的机票、酒店、旅游度假、火车票等的所有产品，不管是线上预订还是线下预订，都会在旅行日程上以简洁卡片的形式呈现，方便用户进行统一的管理；而在携程攻略社区内浏览的目的地、景点或经典行程，也可以一键加入旅行日程中。

即使不是来自携程平台的行程，也可以通过右上角的"+"自主添加入旅行日程。添加的方式可以是自行输入，也可以是通过收到的短信、手机备忘录或日历内容等方式导入，系统就会自动读取相关信息，生成日程卡片，简单、便捷且高效。

图 10-9　携程日程截图　　　　　图 10-10　携程日程添加行程截图

信息动态更新 呈现当前场景使用需求

对于一张看似复杂的订单来说,用户行程中所需要的信息可能只有几个关键点,而旅行日程选择动态卡片这一形式来呈现信息,符合手机移动设备场景的使用习惯,并可以实时更新,方便用户能最有效地获取当前所需的行程信息。

举例来说,一张旅行日程的机票卡片,在乘机前几天会着重展示时间和航站楼信息,而临近起飞,则着重展示航班动态、值机和登机口信息,若相关信息有变更,会及时通知用户,保证显示最新信息。而在飞机到达后,会提示行李提取信息。这种动态的卡片设计,保证了在方寸之地,用户看到的都是和当前场景相符的重要信息。

在延展信息的呈现设计上,旅行日程也充分考虑用户当前场景的使用需求,比如,在机票行程卡片的界面,有推荐信息可以直接预订接送机、查看当地酒店及美食、攻略等信息,并且推送适合用户需求的机场周边服务,帮助用户进行下一步行程的决策。

发现当地精彩 吃喝玩乐一手掌握

旅行日程不仅可以帮助用户整合行程安排,还能帮助用户发现当地精彩,成为旅行地吃喝玩乐达人。在日程卡片上,可以点入相关目的地或景点,可以直接查看携程攻略社区的攻略信息;在旅行日程右上角的"发现"频道内,也会有每周更新精选内容,如本地游玩推荐、周边游玩推荐以及酒店推荐等。

旅行日程自上线以来,也在一直不断探索更贴近用户旅行使用习惯的产品设计和呈现方式。如今,有了旅行日程,用户可以实现智能便捷的行程管理,获得动态更新的信息提示,还可以随时探索旅行目的地的当地精彩。而在等飞机、等车、等朋友的闲暇时间里,打开旅行日程查看一些游玩攻略信息,也不失为一种消磨时光的好方式。

图 10-11　携程日程发现本周精选截图

(3) 2016 年 4 月,携程攻略 App 上线微游记,开启旅行直播新时代

五一小长假前夕,携程攻略 App 最新版本上线,这一版本主要针对微游记功能做了更多尝试,为用户提供更快速、流畅的手机写游记体验:一键选择手机图片,分分钟生成精美游记,随时随地分享至社交网络,开启了游记直播旅行的新时代。

图 10-12　携程攻略

一键生成微游记 最短只需十秒钟

传统的游记撰写多在电脑上完成,用户在行程结束后,通过电脑编辑游记的同时,还需要将手机或相机拍摄的照片导入进电脑,且不论游玩当时的心情事后是否还记得,光是烦琐的操作就让一大批"懒人"将写游记这事儿抛之脑后了。

211

但旅行类 App 的不断发展让即时记录旅行成为了现实，新版本携程攻略 App 的微游记功能就是考虑到了用户在旅行中即时分享的需求，通过不断的用户习惯研究，最后形成了这种极致简洁的产品形态。

围绕极简主义打造的"微游记"，操作便捷是最大特点。用户在点击主页面下方的"写游记"后，将可一键多选手机图片；选择自己想要的图片后进入编辑界面，用户可以添加标题、并为每张图片配上说明，图片的顺序也可任意调整。

这种"先图后字"的设置，是携程攻略社区根据对用户写游记的惯性思维顺序进行研究后所得出的逻辑模型，将带来流畅、快捷的用户体验。在产品测试阶段，耗时最短的一位体验者仅花费了十秒钟就完成了一篇游记的编写。

随时随地直播旅行 赚足人气还能赚红包

在携程攻略 App 的"微游记"中还集合展示了用户编写的成品微游记。文字虽少，但干货不断，一个个旅行之中的亮点集合，配上选择高清画质的图片，更是赏心悦目，阅读体验极佳。据悉，新版 App 刚上线两天，已经有数以万计的用户用微游记直播分享了自己的旅行体验，让万千游友看到自己的精彩旅程。

撰写微游记并即时分享出去，是比朋友圈随意发几张图片更加具有仪式感和高逼格的记录形式。当然，丰富的活动也能让用户在赚足人气的同时赚足红包，从五一小长假开始一直到五月底，用携程攻略 App 发表原创微游记，如果获得推荐，该用户将可获得 10 元礼品卡 / 篇的任我行红包奖励，还有 4999 元旅行基金大奖。

携程攻略 App 从上一版本更新中将各业务预订入口无缝接入，满足用户行前的预订需求，到最新版本中增加微游记功能，满足用户行中直播旅行的分享需求，都是在准确把握用户旅行需求基础上，不断优化用户体验，完善一站式的旅游攻略服务，让旅行更幸福。

（4）2016 年 6 月，携程 App 新版上线：全"新"形象，智能贴"心"

携程旅行 App 6.16 上线苹果 App Store 和安卓各应用市场，全新的名称和形象背后，是攻略和旅行日程多项功能体验的优化和智能化信息服务的升级。

原来的"攻略·身边"宫格名称变成了"目的地攻略"，更加明确了攻略板块为用户提供目的地攻略信息服务的定位；下方"旅行日程"的按钮则改为"行程"，在整体视觉上也有优化。全新的名称和形象的背后是攻略和旅行日程多项功能体验的优化和智能化信息服务的升级。

旅行日程摇身一变智能行程小秘书

原本"旅行日程"的宫格变成了"行程"，一词之变，也意味着它不再仅仅作为旅行日程行中提示的工具，而是与用户整体行程的规划安排和出行信息的实时获取息息相关。界面交互的全新设计和更加智能化的动态提示也会为用户带来超流畅的使用体验。

更加智能的行程卡片动态信息提示，也让旅行日程的聚焦从行中信息服务延伸到行前规划。例如一张机票订单，在预订后、飞机起飞前，落地后的展示信息都是动态变化的；当新订单、订单状态发生变化，用户还可以接收到及时有效的提示并查看，不用担心错过行程安排。机票酒店多个订单再也不用担心订错，行程会智能判断订单之间的冲突或时序错误问题，并提示用户，还可以根据不同出行人筛选展示属于自己的行程。还有当地酒店、机票、用车、门票等关联产品预订服务推荐，真正为用户打造贴心智能的一站式行程管理服务。

图 10-13　行程冲突提示截图

图 10-14　多行程卡片组合截图

目的地智能推荐 不着痕迹却更懂你心意

打开携程旅行 App "攻略·身边"升级为"目的地攻略"。新版更加强化目的地信息服务，攻略书作为目的地重要模块体现在目的地上。"推荐目的地"的内容好像有些不同，或许有你之前搜索浏览过的计划出行的目的地，或许有你刚刚下好的酒店订单、正准备去的目的地，总之就是更知道你心意了。

目的地新增特价机票信息，也是携程攻略考虑用户需求连贯性所做的智能化尝试。用户的旅行灵感不仅仅来自于信息推荐，一张特价机票往往是用户决定一次旅行的动力。

手机写游记去携程攻略 App 最快 30 秒发表大作

手机写游记往往是一个操作复杂但情感需求较多的体验。为了更好地满足用户需求。携程旅行 App 的攻略板块将不再承载写游记的功能，而着力在游记内容的浏览展示上优化体验。携程另一个独立 App 携程攻略成为手机写游记的主要平台。新版微游记 2.0 将手机写游记简化到像发朋友圈一样简单，且多图一次性发表，自带美化功能。

一键多选手机图片，没有发朋友圈最多 9 张图限制，图片顺序也可以任意调整，"极简主义"的产品形态打造出流畅快捷的产品体验，让携程攻略 App 微游记 2.0 功能一上线就获得好评，每日新增游记数量创纪录。后续携程微游记会将写游记门槛降到更低，会逐步引入自动配文字，自动配诗等功能。让用户旅行的回忆更美好地保存，更容易地分享给朋友。

从"攻略·身边"到"目的地攻略"，从"旅行日程"到"行程"，变在名称，变在多项功能的智能优化。携程人不变，携程人不断解决旅行用户的痛点，让旅行更幸福。

（5）2016 年 6 月，携程 App 美食频道大变身 攻略游记全面升级

携程旅行 App 6.17 登录苹果 App Store 和安卓各应用市场。此次的 6.17 版本，携程美食频道全新上线，在内容和界面上都有不小的改变，旨在解决用户在旅行目的地对"吃什么"的强烈需求。携程攻略社区每日 best 游记全面升级，攻略社区将以更加严格的游记挑选标准，为用户提供品质更精良的精品游记。

食美林榜单发布 定位全球旅行美食

携程旗下的旅行美食独立品牌——食美林正式发布。基于该美食品牌的推出，携程 App 美食频道进行全面改版。食美林作为国内首个符合华人口味的旅行美食推荐指南，其存在的目的在于解决用户旅行到目的地吃什么的决策痛点。

用户在进入新版美食频道后，可以搜索到首届榜单覆盖的全球 20 个热门目的地，每个目的地的食美林餐厅均被分列在星级、臻选和风味三个分榜单之下。

图 10-15　携程 App 美食频道截图　　　图 10-16　携程 App 美食频道餐馆详情截图

星级榜代表着食美林餐厅的最高水平。根据菜品，服务，环境和特色四个方面，星级榜上榜餐厅评为一星至三星。一星是指能给旅行带来惊喜的餐厅；二星是值得专程预约的餐厅；而三星则是一辈子总要去一次的餐厅。用户可以根据自身的需求选择不同星级的餐厅前往品尝。

除星级榜之外，食美林臻选榜是指旅行中最值得品尝的最地道的本地美味餐厅。上榜的多为价格适中的精品特色餐厅，臻选榜无疑是众多旅行者在旅途中的日常之选。

食美林餐厅的第三类是风味榜。其囊括了各个目的地最地道，最能反映当地饮

食特色的人气小馆，在风味榜的指引下，旅行者能够最迅速精准地品尝到当地人最熟悉和热爱的味道。

食美林榜单包含了全球 20 个热门目的地的 863 家上榜餐厅，欢迎用户前往体验并可针对餐厅和菜品向食美林官方提出意见和建议。在榜单发布后的一个月内，食美林将根据用户反馈，对上榜餐厅进行调整。

图 10-17　携程 App 食美林截图 -1

图 10-18　携程 App 食美林截图 -2

此外，食美林将在全球招募食美林体验师，欢迎世界各地的饕客加入食美林，享受免费全球旅行，体验免费顶尖美食！

看精品的游记 用不一样的方式打开世界

一直以来，携程攻略社区对优质 UGC 内容的维护十分重视，此次全新升级的每日 Best 游记就是对攻略平台上原有优质内容的全面整合和提炼。

针对每日 Best 游记，攻略社区制定了严格的挑选标准，并聘请专业旅游主编对原创游记提修改意见，以期每篇每日 Best 游记都不再是流水式的图文游记，而是能够成为为暂无旅行意愿的用户提供旅行目的地灵感的一针兴奋剂，激发他们走出去的欲望。

与此同时，每日 Best 游记也不仅是为用户出行提供可靠信息的实用帖，还是真正能够触碰到用户心灵的图文，能给用户带来一个全新的看世界的视角。用户能够通过每日 Best 游记这一介质，与游记作者，与世界有了心灵上的沟通。

想要成为 Best 游记的作者，方法很简单，首先当然是认真写游记，加上优质游记标签的游记即有机会被相中，成为 best 游记备选；此外如果觉得自己的游记有价值，也可以通过 KOL@ctrip.com 邮箱，写下自己的游记链接和申请理由，向携程攻略社区自荐或约稿。

体验更加优化 提醒更加智能

"行程"宫格作为携程用户出行时的"贴心小秘书",其主要功能在提醒用户订单变化,行程即将开始等行程的变动和进展。此次升级,"行程"新增了冲突行程提醒,让用户在制订行程时,以及在出行途中更加省心;还新增了当地突发事件提醒,可以让用户遇到紧急事件时及时了解信息,旅行更安全。此外,此次升级后,用户还可以将酒店和景点信息一键添加到自己的行程中,让旅途变得更加一目了然。

从旅行美食榜单——食美林的推出,到每日 Best 游记的全新升级,携程攻略社区一直致力于为用户解决旅行中的痛点,为用户提供最实用、最优质的旅行信息,让众多旅行者的旅途更幸福。

(6) 2016 年 6 月,携程上线新版 App 美食频道进一步完善

携程旅行 App 6.19 登录 Apple Store。该版 App 对多个频道的内容和功能都进行了更新和完善。不仅可以跟携程其他频道互动,个人主页也全面改版。在此次改版中,食美林品牌与携程其他频道互动,让用户在旅行中更方便快捷地做出餐饮决策,吃到最地道的当地美食。除食美林以外,App 上的其他频道如用户个人主页也全面改版,"我的社区"针对不同等级的用户增加了特权、勋章等按钮,以增强用户黏性和活跃度;各个平台上的点评功能实现支持语音输入,大大降低了用户写点评的时间成本。

食美林与酒店和目的地攻略联动 为用户提供更贴心的一站式服务

图 10-19 携程 App 食美林截图 -3

在新版 App 中,食美林品牌与"酒店"频道之间实现互通,用户可以在美食频道中看到已预订酒店附近的餐厅推荐。该功能让用户可以轻松浏览入住酒店周边食美林餐厅的分布情况。这种吃住一体化的服务让用户更便捷地制订自己的行程,在旅途中更省心。

除了联通酒店频道外,食美林还与目的地攻略频道联动,用户在查看各个目的地经典行程时,可以看到该行程附近的食美林餐厅。此项功能的增加让用户实现了在同一平台上一键完成行程规划，从整体上为用户节省了旅行规划成本，提升用户出游的体验。

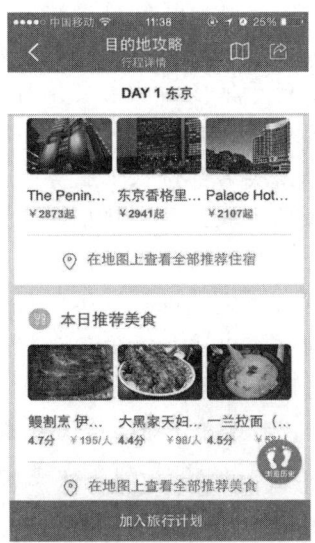

图 10-20 携程目的地攻略截图

根据携程对用户的调查，近几年，随着旅行市场逐步走向成熟，用户旅游需求也由"目的地签到"或"刷景点"逐步提升到"生活在别处"类型的体验式度假。这种需求的改变意味着用户对旅行中住宿，餐饮，游玩等要素的融合度要求越来越高，旅游服务企业只有提供食住行游购娱无缝连接的一站式服务才能满足用户在旅行中的需求。携程为了让用户的旅途变得更幸福，一直致力于解决用户旅行中的痛点，此次 App 改版后，食美林与携程各个频道的联动正是携程实现其愿景的重要一步。

连锁店系统上线 搜索餐厅更省心

除了与酒店和目的地频道的互动，食美林在此次 App 改版中，还实现了连锁店系统上线。用户在搜索餐厅时，同一城市中所有该品牌的连锁餐厅都会按照距离由近到远排列，出现在搜索结果中，用户可以根据距离或自身喜好选择餐厅。通过此项新功能，携程将逐步实现把所有热门目的地的食美林餐厅串联起来，为用户提供更全面系统的餐厅搜索平台。

一直以来，携程致力于为用户提供更好的旅行服务。食美林作为携程旗下的旅行美食品牌，也一直在不断地完善自身，努力在餐饮方面为旅行中的用户提供更贴心的服务。

（7）2016 年 6 月，携程 App 新版上线：**行程管理更加智能**

携程旅行 App 6.20 新版本上线苹果 App Store 和安卓各大应用市场。在智能化行程信息管理服务上，携程 App 行程频道再次创新，不仅解决用户痛点，还进一步优化信息整合算法，针对出行用户需求，带来更好的信息推荐服务。

身份认证：机票别人订，行程我掌握

在之前携程旅行 App 的行程功能服务中，用户可以同步查看自己的机票、酒店、火车票等各项订单出行信息，随时接到订单状态变化的提醒；但同时也存在局限性，携程机票订单信息只有预订人能够查看，如果是别人下的订单，其相关出行人自己不能直接同步信息。这对于很多由秘书安排行程的商旅出行用户，或者一人预订行程多人结伴出行的情况来说很不方便，多了很多沟通成本。

在新版本中，行程服务推出实名身份认证服务，完美解决了这一用户痛点。用户只要完成身份认证的简单操作步骤，即可轻松同步别人为我预订的携程机票订单信息，并加入个人行程单。打开新版携程旅行 App 行程页面，用户会收到身份认证的提示，点击进入信息修改页面，完成银行卡绑定后，即可完成操作。用户在行程页面左上角点击个人头像，同样可以进行身份认证操作。据悉，在后续版本中，这一信息同步服务将覆盖更多携程业务类别。

无行程首页聚合优质内容，打造旅游行业今日头条

新版本中，行程模块暂无行程的首页内容和界面大幅改版，聚合旅行优质内容，打造旅游行业的今日头条。无行程首页中，综合推荐头条游记、旅游头条、机票与酒店特价，精美内容每日更新，阅读体验也更加友好，为每一位携程用户提供无限旅行灵感。

目前，专业的旅游信息网站仍是用户获取旅行相关信息的第一渠道，43.4%的用户通过综合类旅游网站获取旅游资讯，可见依托于专业旅游平台的内容让用户更有信赖感。携程旅行作为国内最大的旅游平台，其 UGC 内容的质量和数量、旅行商品的丰富度都处于业内领先地位，而无行程首页将优质内容聚合，并更快地触达每一位旅行者。

在优质内容和商品信息的运营上，携程更是不断创新和优化。例如携程"头条游记"，通过用户自己产生+编辑指导优化，提升 UGC 内容质量，兼具攻略指导性和可读性，为广大用户提供出行指导，已经获得业内广泛认可；每日更新的时令性商品和特价秒杀更是吸引用户眼球，给你一个说走就走的理由。

如用户已有出行计划，行程页面右上角的探索频道则会基于用户位置和喜好，精准推荐符合用户需求的内容，更懂用户心意，让旅行灵感一路相随。

（8）2016 年 8 月，携程攻略 App 2.3 上线 打造智能化旅行体验

新版 App 增加了食美林、头条游记、淘低价、热门主题等新版块，为用户提供更专业的出行信息服务，此外，新版 App 还优化了个人中心，进一步拓宽了 App 的实用性和功能性。

携程攻略 App 2.3 已经正式上线苹果 App Store 和安卓各应用市场，新版增加了食美林、头条游记、淘低价、热门主题等新版块，为用户提供更专业的出行信息服务，此外，新版 App 还优化了个人中心，进一步拓宽了 App 的实用性和功能性。升级之后的携程攻略 App 2.3 集体验优化与信息智能于一体，是旅游攻略 App 在专注用户体验上的一次重大突破。

美食入口，专注中国旅行者的胃

在保持原有功能的基础上，新版 App 添设了"食美林"这一专门的美食入口，用户可自定义进行当地美食的甄选。同时，携程攻略社区立足于中国旅行者的口味，根据人均消费、料理特色、环境卫生等多方位因素对热门目的地餐厅进行考量，并将他们分类为"食美林星级餐厅""食美林风味餐厅""食美林臻选餐厅"，使广大攻略使用者能享受到精确到点的餐厅推荐服务和 App 使用体验。

头条游记，精品化的旅行体验

为了给用户提供更精华的内容，新版本的携程攻略 App 新增了头条游记板块，是对之前每日 Best 游记的再次升级，进一步强化了对精品游记内容的推广。头条游记来自于携程攻略社区精华典藏的高品质游记，邀请旅游媒体专业主编对游记提修改建议进一步完善，确保用户获取到的是最新最精华的游记内容。

有旅行规划的用户可以通过精华游记获得出行参考，暂时没有出行计划的用户也能够从精华游记中获取旅行灵感。头条游记经过专业视角的再次编辑，成为携程攻略社区游记内容的精华凝聚，可以为旅行用户提供更好的借鉴。

同时，微游记作为定位为低门槛游记的产品，也获得用户量的爆发式增长，一键选图、轻便简洁的操作体验使得更多人开始使用携程攻略 App 写微游记了。据悉，携程攻略社区之后将更深入地钻研这一产品形态，确立更加明晰的产品定位和更加深入的功能完善。

热门主题，时下热点全 Get

小众避暑地，清凉亲子游。在本次更新，携程攻略充分考虑到用户的使用体验和真实需求，由此设计了"热门主题"这一版块。

携程攻略热门主题罗列了最受出游者欢迎的类目，满足众多游客的不同需求，无论是对住宿有高品质要求，想享受民宿的轻松随性，想出行却不知目的地，避开城市喧嚣，呼吸山中清气或简单的近郊散心旅，携程攻略时时更新主题，把握当下最火爆热点，并将精彩内容打造成类别分明的特辑，供 App 使用者们进行交流和甄选。

服务升级，轻松同步个人信息

相较之前的版本，本次升级更新将消息中心和个人信息的自定义这两个板块进行了极大的技术上和服务优化上的突破。

App 使用者不仅可以通过携程账户进行登录，也可以根据自己需要通过第三方软件登录攻略，极大地提升了便利度和功能优化性。携程使用者的携程订单将在携程攻略上同步更新，方便使用者对订单进行管理和追踪。

另外本次更新进一步拓宽了使用者对个人账号的自定义化管理程度，使用者可以贴合自己的爱好和需要，对自己的账号进行自定义修改和维护。携程攻略始终如一将用户使用感受放在第一，不断创新改革贴合用户要求，优化升级满足多方需求。

（9）2016 年 11 月，携程推出国内外向导预订服务

网约导游形成服务闭环

目前携程在 App 的自由行"微领队""目的地攻略"、当地玩乐等板块，推出了

国内外的向导预订服务，经过测试开发，已经形成导游预约交易的服务闭环，主要包括6个环节：导游认证和发布服务、客户在App内与导游沟通咨询、签约付款确认合同、导游确认提供服务、客户确认和点评、导游结算获得报酬。这一服务过程都在一个客户端平台中完成，从而确保双方权益。

图10-21 携程旅行向导截图

资料来源：百度图片

网约导游，10大目的地最热门

"网约导游"成功试水，最新统计显示，携程向导预订平台从国庆上线以来，已经接到数百个订单，预订的消费者则来自全国十几个省市，效果远超预期。这些订单覆盖大部分导游自由执业试点的地区，从排名来看，桂林、张家界、阳朔、上海、南京、成都、广州、杭州、三亚、苏州是导游订单最多的十大热门目的地城市。特别是桂林导游订单最多，张家界排名第二。海外向导预订也升温，人气领先的目的地是东京、曼谷、京都、莫斯科等城市。

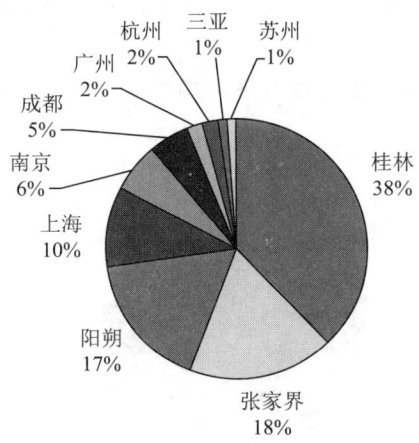

图 10-22　试点区域预订订单量

资料来源：携程

旅游者平均愿意花费 300 元请导游

根据携程旅游的订单统计，目前网约导游订单的平均价格在 300 元左右一天，一些专业能力强、技能突出、人气高的导游最高可以达到 800~1000 元一天。

从用户的调查看，旅游者愿意为好的导游服务付费，有 59% 的游客愿意支付导游 200~300 元一天，占比最高。33% 的人愿意支付 300~500 元。也有 6% 的人可以支付 500 元以上。

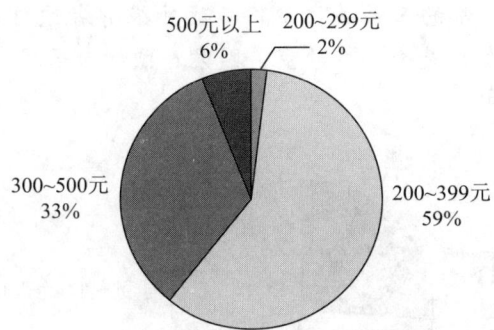

图 10-23　游客能够接受向导价格图

资料来源：携程

如果以一天 300 元计算，平均每个订单有 5~6 个人，也就是旅游者人均每天的导游费用是 50 元，按照一天服务 8 小时则是每小时 6 元左右。业内人士认为，这个费用并不高，如果是多人出游预订导游比较划算。

携程旅游专家分析认为，由于导游此前都是旅行社委派，自由执业刚刚试水，导游与旅游者都还不熟悉，价格的形成将有一个市场选择的过程。总体来看，随着旅游者对导游服务价值的认同，国内导游自由执业的价格还有较大的提升空间。同时，分化也会更明显，不同的导游根据用户的评价，费用将有极大的差别，好导游有望走红获得更高的收入。

满意度高达97%　半数游客关心导游颜值

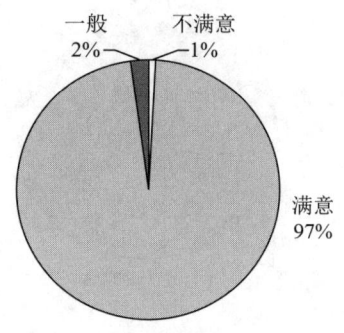

图 10-24　游客对向导的满意度

资料来源：携程

从旅游后的调查看，旅游者对自由执业导游的评价非常高。携程对出游的用户进行了回访，统计发现，有97%的用户表示对导游服务满意，2%的用户认为一般，1%的用户表示不满意。

从游客的评价看，没有发现明显的质量和服务问题，预订、沟通都表示比较顺畅，服务过程符合约定内容，"网约导游"深受好评。

从回访看，客户选择导游时主要看三个因素，47%的人最关注导游图文资料、颜值（导游照片）；27%的人最关注价格，此外旅游者预订还看导游资质、排名。沟通的过程也是决定客户是否下单的重要因素。预计未来客户点评也将成为最重要的排名和预订参考因素。

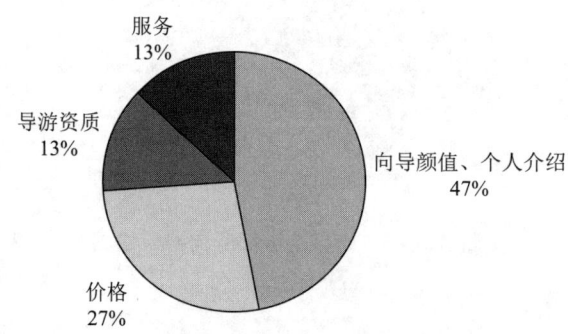

图 10-25　选择向导的参考点

资料来源：携程

预订私人向导的旅游者，出行人数平均为6人出行，一般以家庭为主，其中

4~8人居多。

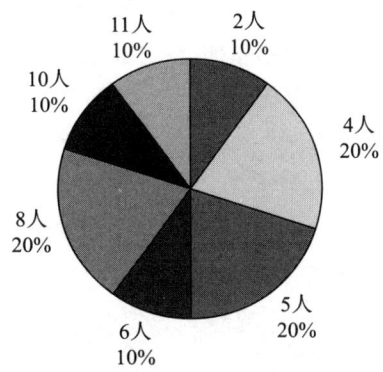

图 10-26 出行人数

资料来源：携程

九成以上选择女性导游

国内导游以女性居多，目前的订单中，94%的游客选择女性导游。

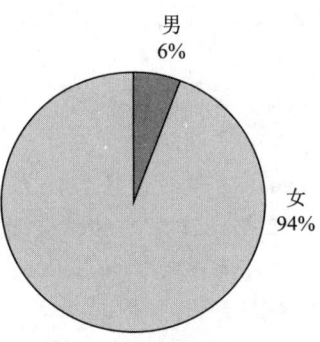

图 10-27 导游性别

资料来源：携程

从年龄看，导游平均年龄为29岁，其中26~30岁的导游选择人数最多。

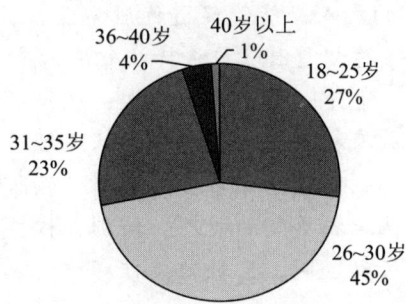

图 10-28 导游年龄

资料来源：携程

网约导游杜绝强制消费：退一赔一

为了保障旅游者权益，携程将对服务问题实施先行赔付，并针对突发事件和自然灾害等启动应急预案。还专门联合保险公司设计了导游自由执业保险，并免费赠送。导游、旅游者双向选择，平台提供技术服务保障，将有利于满意度提升。

针对旅游行业存在的导游强制购物和自费等不良行为，携程向导平台除了在预订过程中提供三方合同约定，还制定了详细的制度以规范导游的行为。比如，如果行程中导游发生强制购物行为、游客投诉不满，携程将要求导游退货并从服务费中支付赔偿金，情节严重暂停服务一个月或取消合作下线。如果出现未经客人同意的强制自费，则要求自费费用退一赔一并进行补偿。

此外，针对导游个人抗风险能力弱、赔付能力低的情况，携程与保险公司合作设计了"导游自由执业责任险方案"，并免费赠送给加入的导游。保费责任限额每天60万元，包括人身损害、财产损失、法律费用等。比如，发生危及旅游者人身安全事故时，被保险人因过失未采取必要的保护、救助措施，致使损害进一步扩大的，或被保险人因过失对旅游行程或旅游项目安排不当，发生旅游者人身伤害事件的，都可以通过保险获得赔偿。

（10）2016年11月，"领队证"退出历史舞台 携程升级"互联网+导游领队"改革试点

我国实施了近十年的领队证审批正式被取消。近日，全国人大常委会对旅游法相关规定作了修改，全文不再出现"领队证"三字，根据最新的旅游法，从事领队业务，应当取得导游证，具有相应的学历、语言能力和旅游从业经历，并与委派其从事领队业务的取得出境旅游业务经营许可的旅行社订立劳动合同。这也意味着，开展领队业务不需要持有特别许可的证件，领队证也从此退出我国旅游行业的历史舞台。消息一经传出，引发业界关注。

携程旅游得知旅游法取消领队证这一消息之后，立即对公司数百位领队、导游人员进行了通报。携程领队相关负责人认为，取消了领队资格审批，对导游领队、旅行社和旅游者三方都是一件好事。会有更多有能力持有导游证的人可以从事出境带团工作。这对调动导游从业人员积极性、增加领队供给、繁荣出境游市场，具有积极意义。更多导游领队的加入，能够促进优胜劣汰，旅游者也有了更多的选择，对于携程这类旺季领队紧缺的大型出境游旅行社来说，是很大的利好消息。

但是有一个前提条件，也是一道不小的门槛：从事领队工作必须和有出境资质的旅行社签订劳动合同，并有相应的学历要求和从业经验。后面两点各地旅游主管单位可能会出不同的实施细则。这意味着虽然取消"领队资格"行政许可，但要求出境游旅行社要对导游领队承担更高的管理、培训、权益保护等责任。目前携程与数百位专职领队都签订了劳动合同，良好的工作环境也吸引了大量高学历、经验丰富的人才加入领队。

新旅游法实施，对携程专职领队服务的质量管控和提高，将起到很大的正面作用。从出境游客户点评看，携程自营专职领队的客户满意度远高于市场平均水平，客户差评率要低 5~10 个百分点。

八成是 80 后、90 后名校硕士生争当领队

随着我国出境游的爆发式发展，加上国家在管理制度上改革，领队越来越吃香，这一行业预计将迎来新的发展机会。记者获悉，现在一些领队甚至有名校硕士学历、专业八级英语，还在网上拥有大批粉丝。

携程目前有数百人的专职旅游领队队伍，携程的统计显示，领队职业群体中，女性多于男性，占比分别为 55%、45%。从年龄看，有从业 20 多年的领队，但年轻化成为趋势，80 后、90 后占比超过 80% 成为主体。从学历看，高学历成为趋势，携程领队中本科以及以上学历的比例上升，目前已经超过 50%，甚至有全国排名前十的名牌大学毕业、硕士生也加入领队队伍。

导游的专业化水平也越来越高，携程领队中级、高级导游证的人数持续增加；在语言上，全部通过了国家英语资格考试，不少领队具备高级口译甚至专业八级英语水平，此外，掌握日语、朝鲜语、德语、法语、西班牙、意大利等专业外语的领队也大幅增加。

随着互联网旅游的发展，现在领队也有自己的主页，打造领队自己的品牌，不少"明星领队"拥有极高的人气和粉丝。这在旅游行业是前所未有的。

携程升级"互联网+导游领队"改革试点

虽然以后旅游者可能不需要看领队证了，但是通过互联网、手机 App，可以看到领队的所有信息，还能随时随地对服务进行点评。在国家从制度上进行改革松绑的同时，旅游企业还通过互联网推进创新试点。作为国家旅游局发布的唯一一家试点企业，携程旅游近日升级"互联网+导游领队"改革试点，打造移动互联网时代的新型领队和出境游服务。此前领队信息不透明公开，旅游者无法提前知道领队怎么样，现在在网上报名携程出境游产品，可以看到详细的领队介绍、照片、人气、资历等；此前游客无法实时有效地监督点评领队，服务质量难以与领队考评待遇挂钩，现在通过携程 App，可以随时随地对领队进行点评，客人的在线点评与领队的考评和质量管控完全关联。目前携程跟团游积累了百万条用户真实点评。

过去旅客往往只能在旅游结束后，透过问卷对行程满意度反馈，但现在透过手机 App 及网站新科技的协助下，旅客甚至在行程中就可以直接点评、获得改善，大大提高服务效率。根据客户点评与满意度，携程旅游还对导游领队进行评级、激励，形成严格的"金牌导游""金牌领队"分级激励体系。

传统上领队工作是人力劳动，但互联网技术创新也极大改变了领队的工作方式。比如，"领队助手 App"已经成为当前领队带团的必备工具，智能化派团系统实现了自动根据产品、出境区域、领队情况派团，更公平高效契合客户需求。

(11) 2016 年 11 月，携程旅行 App 新版本优化目的地攻略 鲜活阅读体验

携程旅行 App 新版本日前上线，新版本的攻略内容更加适合阅读，有用的旅游指导信息也更加容易获取，用户体验进一步提升。

携程旅行 App 新版本日前上线 App Store 和安卓各大应用市场，目的地攻略宫

格再做优化，攻略内容的聚合和呈现样式上都变得更加鲜活。攻略内容更加适合阅读，有用的旅游指导信息也更加容易获取，用户体验进一步提升。这背后是大量优质内容的精打细磨和产品形态的不断创新，更有携程攻略强化内容社区优势，打造携程软实力的战略考量。

首页增加推荐攻略 优质内容聚合呈现

新版 App 的目的地攻略首页，上方针对已有明确出行目的地选择的用户，保留了推荐目的地入口；下方则从原来的常用功能模块入口变成了"推荐攻略"，以信息流形式展现经过挑选和及时更新的旅游攻略信息。

推荐攻略中包含旅游头条、头条游记、口袋攻略、行程推荐等多种类型内容，运用了卡片化的 feed 信息流呈现丰富的图文内容。除了一部分 UGC 的精华内容，推荐攻略中更多的是 PGC 内容，由携程攻略社区 50 多名目的地专家精心编辑，专业内容运营人员挑选和保证内容持续更新。

图 10-29 目的地攻略首页"推荐攻略"模块

资料来源：携程

首次采用 feed 信息流的内容呈现形式，是为了优化阅读体验。所有内容自上而下，符合一般人阅读习惯，吸引用户沉浸式阅读，给没有明确出行目的的用户以旅行灵感。

结合用户消费场景嵌入商品推荐

打开首页上的推荐攻略，不仅内容很有参考价值，富文本的形式让文章在阅读体验上也提升许多。标题加粗呈现不同颜色，着重强调的内容字符可添加底纹，还有以卡片形式插入的 Tips，等等，都会让用户阅读起来感觉更加轻快，重点信息的获取效率也变高了。

图 10-30 首页图文文章的富文本样式和插入商品卡片样式

资料来源：携程

内容的推荐方式上也更加注重结合用户消费场景：整体内容板块会根据旅游时令有目的、有主题地推荐相应目的地；在单篇文章中，也嵌入了酒店、机票、旅游线路等推荐商品卡片，让获得旅行灵感的用户可以即刻点击预订，缩短了决策时间。

富文本和商品卡片不仅应用于首页推荐文章，同样让口袋攻略重焕生机。除此之外，口袋攻略的目录也进行了优化，点击左下角目录，可以直接跳到相对应内容页，查找更加方便。

图 10-31 口袋攻略目录截图

资料来源：携程

旅游是一个自带内容属性的行业,更需要丰富、立体的形式来组合承载。携程攻略一直致力于优质旅游内容的打造,这次改版中,也通过 feed 流、富文本格式、内容调用等多项产品优化,让携程攻略更像一个妙趣横生的旅行生活平台,而不再是出发前查找攻略时匆匆看几眼的工具书。携程攻略将继续发挥创新和协同优势,打造携程内容软实力。

(12)2016 年 11 月,携程"旅游社交"App 新上线"旅友圈""附近旅友结伴"

在旅游中总有想要认识陌生人的冲动,能否找到志同道合者、和谁一起玩,对于旅游体验来说也非常重要。携程希望通过新推出的"旅游社交"功能,撮合在同一时间、同一目的地的旅游者结伴交友、线下活动和拼单交易。

携程试水旅游社交 App 上线"旅友圈"

携程 App 首页"更多服务"的"微领队"最新上线了"旅友圈""附近旅友""旅友结伴"三种社交功能。"旅友圈"类似于微信的朋友圈,可以随时发布图文信息和状态;"附近旅友"相当于在百度、高德地图上接入旅游大数据和用户,通过旅行途中真实场景下的地图功能,将旅途结伴与吃喝玩乐信息嵌置其中;"旅友结伴"则相当于旅游社区,每个用户都可以发布行程计划和邀请,结伴同游。

"微领队"是携程 2015 年以来独创的自由行行中服务产品,预订携程机票、酒店、自由行、火车票等产品后,将相同时期的旅友聚集在微信群或携程 App 的微领队群中,提供目的地旅游信息问答服务和意外情况的支持(如护照丢失、受伤等),结伴同游的社交服务,并根据旅友不同的兴趣,组织各种类型的目的地聚会活动(如年轻人聚餐、海滩亲子活动、当地酒吧串游等)。还可以推荐游客急需的当地旅游产品。

相比微信等社交 App,携程的一大优势是具有海量真实的中高端旅游用户,这些人可谓"志同道合",更容易因为同一出发点、目的地、旅游兴趣等而交朋友。并且整个旅游与社交服务全部可以在携程体系内完成,更为方便、安全。

年轻女性更愿意参与旅游社交

使用"微领队"的休闲度假旅游者已突破 1000 万大关,成为全球最大规模的行中服务平台。携程每天平均向数十万订单用户发出邀请,用户在旅游行中使用频率高,平均每次行程需要服务 8 天。年轻女性更愿意参与旅游社交,重度使用者女性用户占比六成,80 后、90 后用户偏多,占比七成,多以约吃饭、泡吧、跑步等碎片化玩乐为主。50% 以上是出境游用户。

统计显示,最热门的主题群是亲子群、美食群、单身群、购物群、潜水群、滑雪群、酒吧串游群、景点夜跑群。最热门的目的地是出境的香港、首尔、台北、曼谷、普吉岛;国内的三亚、厦门、成都、上海、丽江、香格里拉等。

此外,这些活跃的旅游社交用户还有大量的预订交易需求,据统计,微领队单月订单人数突破 50 万，100% 通过手机端完成，成为旅游业内最大的目的地产品行中预订平台。

技术创新：地图上找附近旅友，真实场景确保安全

在技术创新上，携程也让人耳目一新。携程微领队"附近旅友"开发"地图找伴"功能，各类用户可以通过地图直观寻找到同样需求、相同兴趣的同行旅友及相关玩乐内容，这种技术与服务的创新，使得结伴的发出与接收更加精准有效。打开 App 入口菜单栏"附近旅友"选项，即是用户实时地理位置的地图界面。允许位置共享的旅友也同步呈现在地图实时位置上，聚集人数多的位置以该处旅友数量为图标折叠起来呈现。

图 10-32　地图找伴截图

资料来源：携程

微领队产品经理认为，各种旅行结伴产品如雨后春笋浮现，但这些产品背后的安全性，却使许多真实结伴需求的用户望而生畏。现在针对真实旅途中的人，以地理位置为前提的结伴信息呈现，为用户过滤掉无效结伴内容，支持出发地及目的地即时结伴，使结伴成行更加真实有效。解决了用户"结伴同行"的需求，但"玩什么"却成了第二个让用户头疼的事。携程微领队在"附近旅友"地图界面嵌入"周边探索"信息，将用户地理位置附近的"景点""玩乐""餐馆""购物"及"热卖产品"囊括其中。

携程微领队旅游社交示意图

图 10-33　微领队截图

资料来源：携程

携程 App 首页"更多服务"的"微领队"最新上线了旅友圈、附近旅友、旅友结伴三种社交功能。

旅游者在"旅友圈"发布出游计划、寻找旅友。"旅友圈"类似于微信的朋友圈，可以随时发布图文信息和状态；咨询问题、邀请结伴同游。

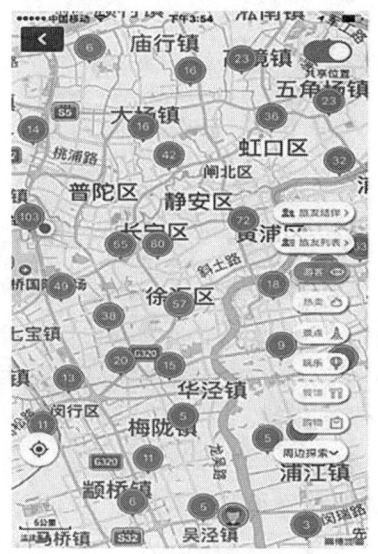

图 10-34　附近旅友地图截图

资料来源：携程

携程"附近旅友"功能。实现"地图实时结伴",附近有多少携程旅友,与自己的地理距离也都在页面显露出来,提供了真实有效的结伴场景,提高结伴最终成功的概率。

图 10-35　附近旅友截图

资料来源:携程

"结伴同行"之后"玩什么"?"附近旅友"地图界面嵌入"周边探索"信息,将用户地理位置附近的"景点""玩乐""餐馆""购物"及"热卖产品"囊括其中。

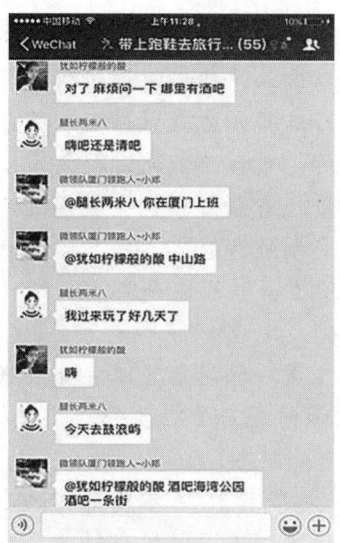

图 10-36　组建的"微信群"中社交截图

资料来源:携程

旅游者还可以在按照相同日期和目的地组建的"微信群"中社交，微领队以微信社群的形式提供信息咨询、订单服务、行中救援、产品预订。

微领队还组织线下真实的社交活动，比如三亚游艇派对、泰国普吉酒吧街聚会。

（13）2016年12月，携程定制游成国内最大定制旅游平台

我国中高收入阶层开始热衷私人定制旅游服务，便捷的互联网手机端平台成为首选。携程定制旅游已实现交易额单月过亿的行业新纪录，平台上的定制供应商数量超过1200家。由于以创新的互联网平台模式服务海量用户，携程还获得第12届"国家旅业榜""2016中国旅业年度定制旅游服务商"大奖。

在手机上提交需求单，有数千名专业定制师会迅速响应。与其他在线预订的各类旅游产品不同，定制旅游是根据用户需求提供服务的C2B模式。

厌倦了跟陌生人一起跟团游，也不想自己辛苦做攻略自助游，定制旅游随之迎来爆炸式发展。近两年定制旅游增长量超过500%，在一二线城市30~50岁的富裕阶层中拥有不少拥趸。2016年以来，交易额已经突破单月亿元，用户通过App和网站提交的定制需求单，单月最高突破8万单。特别是在携程App首页上线以来，使用手机来提交定制需求、与定制师沟通成为最主要的方式。

相比传统的门店，互联网平台模式最大程度上丰富了产品。携程的最新统计显示，目前定制平台上可以选择的供应商数量超过1200家，有超过4000名定制师服务。综合实力较强的出发地旅行社、目的地资源充沛的地接旅行社，专注定制旅游的小而美公司，都可以提供具有针对性的定制旅游产品。最近还开放了社会化定制师的招募工作，目的地达人、海外留学生的加入，都将进一步丰富产品的多样性，满足更多层次客群的需求。

消费者如何能够找到合适的定制师、完成定制旅游？携程定制旅游平台使用了业内首创的需求抢单和客户双向选择机制，通过数据算法智能匹配，使整个平台焕发生机。在携程平台，客户可以三种方式获得定制服务：在线提交需求单、直接预订定制热门线路、选择定制师。平台可以同时提供多个定制师，用户来决定需要谁来提供服务。一旦用户选择更换定制师，就会有备选者马上抢单。这样的双向选择能让客户挑选到自己钟情的定制师和服务。用户与定制师之间通过双向选择机制匹配度达99%，较常规模式匹配度提高了逾50%。

互联网定制旅游示意图：

携程App首页定制旅游主页。旅游者可以完全按照个人需要提交定制需求单。

旅游者也可以通过定制师列表、热门主题，从服务人数、评价、擅长目的地、性别等标签，来选择合适的定制服务。

第12届"国家旅业榜"发布了2016年度中国旅业权威榜单，本次评选以"品牌、规模、创新、业绩"为核心依据进行综合排名，携程定制旅游平台荣获"年度定制旅游服务商"称号，这是旅游行业对于互联网定制模式和携程定制平台的一次重要认可。

图 10-37　首页定制旅游主页

资料来源：携程

（14）2016 年 12 月，携程旅行顾问公测上线 创新实现行业健康发展

携程服务升级新渠道——"携程顾问 App"于 12 月 8 日正式上线公测。该项目全面共享携程上游产品资源，旅行顾问可以将任意单品或组合进行搭配，满足目前市场上越来越多的个性化出行需求。通过携程顾问 App 应用，旅行顾问将旅游产品分享推荐给自己的客户，代客下单或绑定会员静默下单，他们能获取一定比例的平台奖励；代客订单完成后，相关合同发票、售后服务等事宜将由携程提供，这样也简化了传统销售过程中烦琐的操作流程。

图 10-38　携程顾问

资料来源：携程

携程顾问 App 在上线之初推出"首单双倍返佣"的公测活动，在公测期内新用户首单交易成功可获得双倍平台奖励。

"携程旅顾 App"凭借携程庞大的平台资源，加之高效完善的预订体系，相对于传统营销手法而言，有效解决了产品资源薄弱、人工对接落后导致的成本居高不下的缺陷。针对线下积累的大量不习惯线上消费中老年群体，有专人一对一的线路指导建议，很容易提升转化率。

旅行顾问是通过技术手段加人工服务的配合，让更多非标准化旅游产品的预订都转化到线上完成，尽可能地缩短了供应端和消费者之间的中间环节，逐步实现扁平化的产业链；同时"人与服务"始终贯穿在旅游出行的整个过程中，这样消费者的用户体验也将得到升级。

（15）2016 年 12 月，携程启动"全程 × 计划"一站式联动服务正式亮相

携程在服务创新上又有大动作，"全程 × 计划"——一站式联动服务正式亮相。

消费者通过携程预订机票、酒店、接送机等产品时，这些不同的订单将被打包成一个行程，享受到一站式联动服务。举例来说，如果遭遇航班变动导致无法出行，消费者只需致电机票客服，携程将帮助其免费取消酒店等订单，免去重复沟通的烦恼。

航班变动频发 亟须联动服务

乘飞机出行，准点情况一直是旅客最为关注的焦点。事实上，受大雾、台风、冰雪等天气影响，经常出现航班大面积、长时间延误，甚至取消的情况。据媒体报道，12 月初，由于浓雾天气袭击，成都机场取消上百个航班，部分航班延迟至次日；11 月底，因大雪侵袭，郑州机场取消近 400 个航班。航班长时间延误或者取消，进而被迫改变行程，已成为旅客乘飞机出行的痛点。近几年，随着出行次数增多，越来越多旅客会提前预订酒店、接送机服务。航班变动发生后，他们需致电相应的产品客服，重复沟通取消、修改酒店订单等一系列事宜，流程烦琐且耗费时间。携程统计数据也表明，受航班变动影响，每年都有为数不少的旅客行程被打乱。携程大数据显示，2015 年全年，在因航班变动而取消的机票订单中，1 万多个订单同时预订了酒店、接送机服务，涉及约 2 万名用户。值得注意的是，旅客每次取消和协调同一行程订单，花费时间短则数十分钟，长则几个小时。

携程在梳理订单的过程中发现，处理流程可以进一步优化。这样既能降低消费者沟通费力度，也将持续提升用户服务效率。

打造一站式联动服务

从今年 8 月起，携程已在公司内部构筑一站式服务体系，打通信息共享通道。消费者在携程预订机票、酒店、接送机等多个产品后，携程通过技术创新，把这些订单打包成一个行程。只要机票订单发生变动，信息将即时发送给酒店等产品客服。如果出现航班取消或者长时间延误，携程将提醒旅客，是否取消酒店、接送机等订单。一方面，旅客可在携程 App 上自助操作，在一个页面上取消订单。另一方面，机票客服接到旅客电话后，可立即帮其取消订单。

与以往相比，旅客只需致电机票客服，便能快速取消订单，耗时大大减少，也省去重复沟通的烦琐。更重要的是，由于航班变动造成的无法出行，无论酒店订单，还是接送机等订单，均是免费取消，由携程承担损失。根据携程大数据测算，伴随一站式联动服务投入使用，每年至少有2万名消费者从中获益。这一切，彰显了携程"一切以消费者为中心"的服务理念。

未来，携程将拓宽联动服务范围，为消费者提供更多贴心服务。比如，不少消费者自己调整行程，把机票和酒店订单做了处理，但很容易遗漏接送机等订单，不及时取消的话，会产生不必要的费用。携程将借助联动服务，主动提醒消费者处理相关联的订单，减少不必要的损失。

（16）2016年12月，携程启动"微创新"推动大服务

在12月22日举办的"舌尖旅程 创新无界"携程旅行App 7.0版本发布会上，携程再次推出了酒店管家、微领队、"惠玩"频道等多个服务微创新项目，创新俨然已成为携程持续发展中的惯性使然。

有温度的服务：酒店管家与微领队

酒店管家与微领队是携程针对用户行中必要服务而推出的创新功能。

用户通过携程App酒店订单详情页就可直接进入"酒店管家"，选中某位"管家"即可随时享受1对1的专属服务。"管家"24小时在线，通过图文并茂的方式，全力解决用户的各类需求——如酒店交通、房间信息甚至周边餐饮购物推荐。

"酒店管家"还实现了携程全业务线一站式服务，如用户想要改签机票，"酒店管家"会立即邀请一位专业的机票"管家"加入聊天，无须电话转接，就能为用户提供高效的解决渠道。

不同于"酒店管家"的1对1服务，"微领队"是一个专为自由行旅客打造的行中服务平台。"微领队"将同时间段、同目的地的旅友聚集在"微领队"群中，群内当地向导及专业领队随问随答，即时解决旅客行中的各类问题，手机上的"微领队"成为行中的"活攻略"。此外，"微领队"还支持旅友发布结伴信息、聊天约行、旅友互助。"志同道合"旅友间的真实连接，陌生朋友的互助分享，都将成为旅途中最值得期待的意外之喜。

更便捷的预订："惠玩"频道抢特价

在产品端，携程此次也带来了更人性化的预订方式。全新的"惠玩"频道下设有"机票预售""机票尾单"和"特价酒店"多种形式。"机票预售"，顾名思义，对于行程相对不确定的人来说，可以先以一个相对合适的价格购买较长时间段内的机票兑换券，到临行前再兑换成最终的机票，出行更加便捷。如不兑换亦可全额退款。

"机票尾单"内则会放出某个航线某些天库存小于若干数量的机票产品，用户可以淘到相对便宜的机票；"特价酒店"内则包含了携程上某一时间段内最具价格优势的酒店产品。

此外，针对机票成人票与婴儿票、儿童票需要分开购买的痛点，携程推出了机

票成人票+儿童票+婴儿票一键购买的功能,带小孩的旅客将不用再为购票犯愁。

12月末恰逢春运火车票抢票大潮,携程推出了智能火车票中转购票方案。在余票不足、无直达车次、直达车耗时长等情况下,会为用户推荐中转购票方案。此外,火车票还上线了"信用抢"功能,允许用户先预约购票再付款,且支持市面上多种主流付款方式,在提升用户体验的同时,助力春运旅客返乡之路。

有声音的攻略:随手"拍拍"与随身"听听"

除了行前预订和行中服务,此次携程还在攻略的玩法上做了创新。

攻略社区上线了以图配文的全新功能"拍拍"。用户不仅能从别人的"拍拍"中寻找旅行灵感,也在途中随手"拍拍",留下高质量的图文攻略。"拍拍"还强化了社区的概念,可以很好地满足旅客的即时分享需求,旅客也能在这里找到志同道合的朋友。

除了"拍拍"之外,其姐妹功能,语音导航工具"听听"也同步上线。"听听"可以根据用户的定位实时触发相应景点的语音介绍,相当于随身带了一个专业导游。例如,用户在上海外滩游玩,插上耳机就可以一边游览浦江美景,一边聆听外滩历史故事。

(17)2016年12月,携程App发布7.0版本,高调发布独立餐饮品牌"携程美食林"

图10-39 携程App发布7.0版本现场图

资料来源:百度图片

12月22日,携程App发布7.0版本,梁博士亲自坐镇,约上蔡澜、黄磊、林依轮等一众美食家高调发布独立餐饮品牌"携程美食林",以此正式宣布进军餐饮业。这是携程在本地生活领域祭出的一个大招,意味着携程已经下定决心未来要全线狙击美团点评,将战火烧到对手的领土上。

在发布会上,梁建章亲自上台介绍这个"战略级武器"——"携程美食林"致力于以华人标准为中国旅客推荐全球旅行目的地的特色餐饮,满足中国旅客对美食的不同需求。携程美食林将为全球的优质餐厅提供丰富且中肯的点评，这个平台所提供的信息服务，将帮助用户更快、更好地决策。

携程还请来了蔡澜、黄磊、高晓松、林依轮等美食界大佬作为美食林理事会人员，为其榜单背书。据了解，目前，"携程美食林"榜单已经覆盖全球34个热门旅行目的地，超过1200家餐厅。事实上，"携程美食林"就是携程今年5月发布的"食美林"的升级版。由于食客们常常将"食美林"误称为"美食林"，因此携程决定在升级中正式更名为"携程美食林"，并在功能等方面进行了优化。

据了解，携程当时表示进军餐饮市场的主要动力在于：本地生活团购类平台过于强调本地人餐饮需求，旅行必吃往往淹没在众多信息当中；旅游攻略或公众号对美食的信息提供效率偏低且通常无法深度对比与区分需求级别；国外美食指南偏重于西式审美标准，无法完全满足华人出行的美食决策需求。

值得注意的是，本地生活领域是美团点评的根本所在，也是其培养用户习惯的重要依托，餐饮则是其业务重头。此次携程一出手就来势汹汹，要做中国人的米其林，而且将战略目标放到了行业标准的层面可见其重视程度。有业内人士分析，美团点评的评价系统是完全开放的，评价门槛极低，在引来部分真实点评的同时，也存在刷单和刷好评的现象。携程美食林对此专门设置15 000名美食猎人、500名专业评委、17位理事会成员、编辑团队若干4个层面的权威型餐馆评审及推荐机制。这意味着，携程与美团点评的战争从后者在前者的地盘上不断尝试突破，变成了犬牙交错的拉锯战。

除了全线狙击美团点评，进军餐饮业也的确是携程一直以来的愿望。

2014年7月，携程就在移动端推出高端美食频道，并将其礼品卡的使用延伸到本地生活服务层面。在推广过程中联合一众高端餐饮企业，返现力度最高达到25%。当时携程高端餐饮业务就提出了做覆盖亚洲主要城市的美食指南这一愿景。

除了针对中高端餐饮的星级餐厅榜单之外，"携程美食林"还特别设立了臻选、风味两个榜单。旅客对于目的地美食的需求显然是多变的，一份星级榜单显然不足以满足所有人的需求，臻选、风味榜单涵盖了特色小馆、街头美食，会成为不少边走边吃一族的最爱。梁建章称，未来榜单将覆盖更多中国游客喜爱的旅游目的地。

（二）攻略类旅游App

1. 攻略类App含义

攻略类App指的是由开发者撰写或者汇编内容成集，供用户浏览或下载的移动应用。

2. 攻略类App分类

目前，在旅游市场上攻略类App有很多，但根据开发者和开发目的来分类，大致可以分为两大类型。一类是旅游目的地或旅游景区官方撰写或汇编的攻略型移动应用，如智慧浙江、济南旅游App、迪士尼乐园App等，此类旅游App可以提供旅游目的地当地涵盖住宿、餐饮、娱乐、门票、交通出行等各方面的信息，但由于局限于地区，旅游者使用目的地移动应用的 App 使用率较低。同时，由于官方撰写或汇编的攻略主要注重当地关于衣食住行的全方位系统介绍，实际上内容却十分有限，尤其是住宿、餐饮方面，基本无法面面俱到。

第二类是指由企业开发的旅游攻略类 App，如 Touch China 开发的一系列景区 App。相比旅游目的地的移动应用，此类的移动应用覆盖景区数量较多，在旅游者重复使用率方面相应较高。

3. 攻略类 App 案例分析

案例：攻略类 App 竞品分析

旅游永远是人们的一大刚需，围绕旅游的服务层出不穷。除了携程去哪儿等代理商、平台商，专注于自助旅游的应用也不少。喜欢自助游的用户在旅游过程中存在各种各样的需求，社区、攻略、社交等类别都能与旅游挂钩，设计出不同的产品。其中有马蜂窝等 PC 端旅游社区的大佬，也有很多小型的创业公司。目前该方向的旅游应用大致包含游记分享、攻略、社交等方向的功能，旨在为自助出游用户提供出行前后各个方面的帮助。

当前旅游攻略、游记类的 App 比较多，有大公司的产品比如携程、去哪儿、百度对应的 App，也有创业公司小而美的产品，比如面包旅行、淘在路上、穷游等。除了传统的游记攻略，还有很多产品在拓展出新的需求，比如足记等。现在来对攻略类 App 做一个竞品分析。

（1）竞品简介

本案例选取马蜂窝自由行、去哪儿攻略、淘在路上社区和面包旅行这四款产品做一个竞品分析。这四款产品基本上是市场上处于领先地位的产品，在下载量、市场占有率方面都比较高。其主打功能都已游记和攻略为主。

马蜂窝自由行是马蜂窝网站的一款主打 App。马蜂窝可谓是目前旅行攻略这一市场上最热门的产品，在 PC 端处于领先地位。他们公司的 App 很多，马蜂窝自由行是最核心的 App。马蜂窝自由行目前版本为 7.3.0，最早名字叫旅游攻略，逐渐从主打攻略的产品发展成了一个综合性的产品。马蜂窝自由行是一款大众型的产品，它的产品定位是"自由行一站式，旅行首选"，包括了攻略、游记、特卖、点评、雷达、问答六个功能模块。

去哪儿攻略是去哪儿网下面的一款攻略型 App。去哪儿网是旅游市场第二大的公司，以机票酒店的预订为核心业务，旅游攻略方向只是一个分支业务。不过去哪儿在攻略领域做得还不错，去哪儿攻略这款产品的市场占有率还是比较高的。去哪儿攻略目前版本为 3.6.4。它是一款大众产品，它的宣传语是"一款让你说走就走的 App"，攻略、目的地指南、攻略编辑为核心功能。此外背靠网站的巨大资源是其一大优势。

淘在路上社区是一个创业公司的产品，公司的核心产品包括这款 App 和一个自由行预订平台的 App。淘在路上社区现在的版本为 6.5.1，原先的名字叫在路上。淘淘在路上社区的定位为"史上最好玩的旅行社区 App",从名字的更改和定位上就可以看出,除了攻略游记的基本功能,它更注重于旅行社区的打造。淘在路上社区是一款相对小众的产品。

面包旅行也是一个创业公司的产品,同样以这款 App 作为核心产品。面包旅行当前版本为 6.2.1,其定位是"游记攻略,周末探索,城市猎人",可以看出它的外延比之前几款产品更加丰富,除了传统的游记攻略,还主打了周末周边游和社区的领域的业务,这两个模块也是面包旅行在发展过程中延伸的。面包旅行也是一款小众产品。

除了这些产品之外,还有比如穷游、携程攻略、蝉游记等产品,其中穷游主打境外游,它的知名度也较高。

(2)竞品数据分析

产品宏观数据分析

在此对四款产品的宏观数据做一个对比,数据来源于 App Store 等平台。

表 10-31 竞品宏观数据对比

	App Store 评论数	App Store 评分	应用宝下载量	应用宝评分	豌豆荚下载量
马蜂窝自由行	387	5	566万	4.3	247万
去哪儿攻略	96	4.5	77万	3.7	51万
淘在路上社区	47	5	95万	4.9	91万
面包旅行	42	4.5	55万	4.9	83万

从中可以看出,马蜂窝自由行的下载量比另外 3 款应用都要高,在市场上处于领先地位,另外三个 App 差不多,淘在路上稍微更多一些。去哪儿攻略 App 的下载量并不高,但是还没统计很多在去哪儿 App 上的用户。在用户评分方面,马蜂窝自由行、淘在路上和面包旅行都非常高,表现了攻略游记产品小而美的设计理念,去哪儿攻略相对低一点。

产品功能数据分析

在产品的具体功能层面上,需要统计一些应用内功能的数据,来反映产品的各个核心功能的用户数量、用户活跃程度、内容丰富程度、功能重要性等。有时候,这些具体的数据会比产品宏观的数据更有参考价值。举例来说,针对攻略游记类产品,针对攻略,可以去深挖产品中目的地数量、攻略数量、去过人数数量等,针对游记,可以去统计某个目的地的游记数量、游记浏览量、回复量,以及问答数量等。这些数据非常难统计,只能选取一个大致的案例,然后手工慢慢扒。

在此选取一个目的地:香港,来统计以下几个数据:景点、图片、游记数量,和首页最热门 3 篇游记的浏览量、点赞量。由于难以获得游记整体排序,所以只能统计首页的。

表 10-32　竞品指标统计数据

	景点数量	图片数量	游记数量	最热门游记浏览/赞	
马蜂窝自由行	465	747227	1008	72855/11477 117078/11235	64736/10882
去哪儿攻略	271	难以统计	7532	249000/2359 64000/345	120000/805
淘在路上社区	360	64089	3262	1670600/1741 168800/1099	112200/1289
面包旅行	约102	67000	难以统计	187883/1581 103004/2791	187494/1964

从详细数据中可以对比产品功能上的表现。总体的图片、游记数量上来看，马蜂窝最多，其他的差不多。游记的热门程度上，淘在路上和面包旅行都比较高。

不过需要额外强调的是，功能数据会有很多不准确的地方，因为产品进入市场时间的不同，PC端积累数据的差异，日均的数据几乎无法查到，造成单单App的表现数据难以看到。此外功能的上线、调整日期也会影响数据，比如马蜂窝游记数量非常少，是由于它调整了一次游记的结构，造成以前很多年的游记都撤下了。

（3）竞品用户分析

产品的目标用户是一个产品最重要的环节之一。产品所针对的不同需求的目标用户群体，决定了产品的核心竞争力。在此通过三个方面分析产品用户：用户特征因子划分、用户群分析和用户构成分析。

作为局外人，每个产品的用户群体、规模到底是怎么样是无法直接得知的，只能通过观察产品的特色介绍、核心功能、功能偏向，主要活动的类型，以及用户在产品中的动向，来做一个大致的推测。比如说，一款产品大部分都是境外的目的地，另一款产品的目的地以国内为主，那么他们各自面向的用户群体就很容易看出来了。

用户特征因子划分

这四款产品面向的目标用户是不同的，选取2个用户因子来区分用户，分别是对旅行的喜好程度，和文艺爱好程度。对旅行的喜好程度的不同代表着用户的主要需求点、使用频率等不同，也决定了产品是大众的还是小众的。文艺爱好程度比较难定义，大体的意思是用户有多文艺，包括文字、摄影等水平。不同用户有着不同旅行范围的偏好。拿个通俗的词汇来说，这两个因子恰好代表了用户有多高的B格。此外再选取1个场景的因子：旅行的阶段，即场景处于旅行前、旅行中还是旅行后，这个因子是游记攻略类产品非常关键的场景区分。

用户因子划分如图10-40所示。

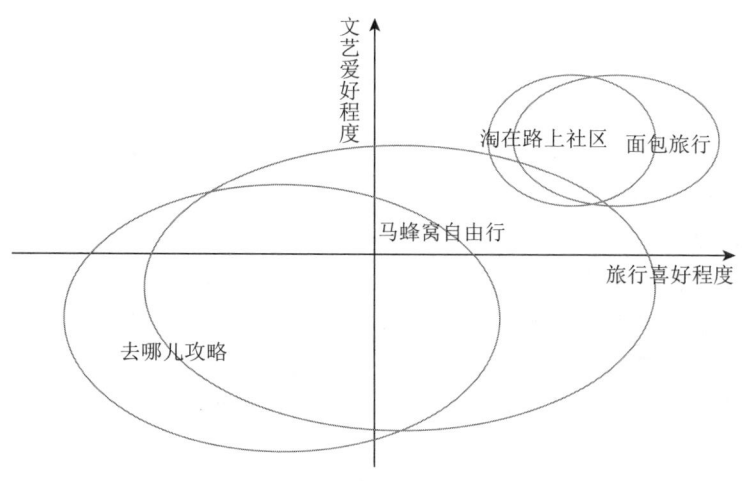

图 10-40　用户因子划分图

从中可以看出，淘在路上和面包旅行的目标用户范围更小众一些，这些用户特点鲜明，通常是旅行的深度爱好者，这两款产品面向更多 B 格高的用户，其中面包旅行用户的旅行爱好更高一些。马蜂窝自由行的目标用户范围比较广，去哪儿攻略的目标用户则比较平常。

场景因子划分如图 10-41 所示。

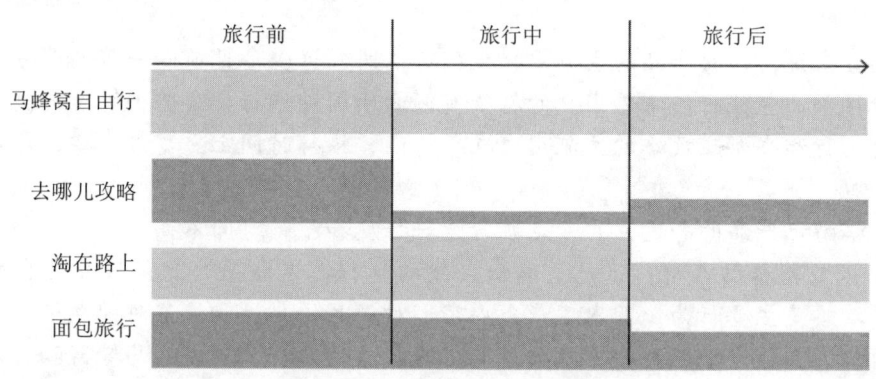

图 10-41　场景因子划分图

从中可以看出，马蜂窝自由行和去哪儿攻略的场景主要是在旅行前，淘在路上和面包旅行在旅行中占了很大的比重，各应用均有相似的比例用在旅行后。

用户群分析

一个产品的用户群包括核心用户、主流用户和普通用户这三种。核心用户是产品最重要的用户，通常是最关键的那些种子用户，在产品中负责产出核心内容。核心用户的特征决定了产品的基本形态。主流用户是产品主要面向的用户群体，范围稍广一些，主流用户是最关键的群体，其数量变化通常决定了产品的兴衰。普通用户则是很多一般的追随者用户，关系相对不大。

由于攻略游记类产品的用户特征比较一致，因此这里做一个综合性的用户群分析。

攻略游记产品的核心用户，通常是旅行爱好程度很高、旅行时间很长的用户，在此把他们称为资深旅行者。这个群体的特征是年龄不大，收入水平较高，文艺气质高，去过的地方非常多，文笔、摄影水平高，他们有可能是摄影师，美食家，资深户外老驴等身份。

作为产品的核心用户，他们产出了大量优质的内容，包括很多游记、照片，协助编写攻略，也是产品中粉丝、被关注最多的用户，类似于意见领袖、大V。这些用户是游记攻略类产品最重要的群体，因为他们产出了很多核心内容，能起到吸引其他用户的作用，同时也是最不可撬动的群体，因为他们在这个产品中达到了社区明星的地位。

攻略游记产品的主流用户，通常是旅行爱好程度高、旅行时间较长的用户，这类用户的人数就比较多了，在此把他们称为旅行爱好者。这个群体的特征是年龄不大，收入水平不定，可能是文艺青年、学生等，喜爱长途旅行，旅行时有分享经历、写游记、做攻略的习惯，像什么穷游、搭车旅行、一个人旅行就是这个群体。

这个群体是产品的主流用户，他们同时作为内容的产出者和消费者存在。他们在旅行中会发布很多游记、照片、互动等内容，也会详细地查找游记、攻略等内容。这部分用户群体非常关键，他们的数量、增长率、留存率等数据，决定了产品在市场上的地位。

细分来说，四款产品的主流用户又稍有不同，可以参见前面一节的划分。淘在路上社区和面包旅行的主流用户的特征有倾向于国外旅行，文艺小资气质更高。马蜂窝自由行和去哪儿攻略的主流用户在年龄段、旅行时间上更宽广一些，覆盖人群更多一些。

攻略游记产品的普通用户，是旅行爱好程度和旅行时间不高的人，这部分用户涵盖了很多特征的人群，只能总结出大致的特征。这些用户只是产品内容的消费者，看攻略是主要行为，基本不产出内容，对产品的黏性和使用时间也很短。这个用户群体容易撬动但不关键，重要性要根据产品的特征来决定。马蜂窝和去哪儿攻略这样的大众产品，普通用户的数量比较关键，而对于淘在路上社区和面包旅行这样的小众产品，这部分用户就相对不重要。

用户构成分析

用户构成是指产品由多少用户群体构成，各用户群体的结构，所占的比例。产品的用户构成也是一个很关键的因素，影响产品定位的方向，而且会不断地变化。

马蜂窝自由行App中，很多用户都是从马蜂窝PC端的网站上过来的。PC时代，马蜂窝在这个市场上就处于领先地位，有了很好的口碑，因此很多用户都被其知名度吸引到了移动端。此外，由于马蜂窝进入市场早和PC端的领先，早起积累了很大一部分明星用户、优质用户，这些用户也一直保留了下来。

马蜂窝自由行App用户构成类似于一个金字塔的模型。金字塔顶端是小部分产出关键内容的核心用户，中间是主流用户，还有大部分是普通用户。马蜂窝自由行是一个大众化的产品，攻略多，用户主动产出的游记相对没那么多，因此那些因名气而来，作为内容消费者的普通用户占了很大的比例。

去哪儿攻略App的用户构成有个鲜明的特征，很多用户都是从去哪儿网上过来的。毕竟去哪儿网是旅游的大平台，很多用户会在预订酒店机票的同时，有需要看下攻略游记，因此使用了这款App。

去哪儿攻略的大部分用户都是普通用户，很小的一个比例才是核心用户。去哪儿攻略的产品中也是内容的消费者居多。这些普通用户的特征并不鲜明，只是作为一个亲身经历的游客，将自己的感受记录下来。从这款产品的评分可以看出口碑一般，产品的性质工具属性大于社区属性，因此对核心用户和主流用户的吸引不大。

淘在路上社区和面包旅行是新兴的产品，也是小众产品，在旅行爱好者中有比较好的口碑，因此很多旅行爱好者，乐于产出、分享内容的用户会被吸引过来。淘在路上社区和面包旅行的用户构成比较相似，主流用户的比例最高，核心用户和普通用户少一些。这两款产品是小众产品，面向的用户本身就是旅行爱好者，产品的社区属性比较高，因此黏性高、互动多的那些主流用户占了大部分。

竞品核心竞争力分析

一个产品最关键的就是它的核心竞争力。一款App的核心竞争力是它在市场中最基本的点，是产品的特色，能代表是怎么吸引用户，怎么满足目标用户的需求。下面分别对这些产品进行分析。

马蜂窝是最早进入这个行业的，马蜂窝自由行App在用户数量、内容数量等指标上都是处于领先地位，这便是马蜂窝自由行的核心竞争力，即大量的UGC内容。对于一款攻略游记产品，大量的评价、攻略等内容的参考，是用户最为关键的需求，这一点也是马蜂窝核心的优势所在。

此外马蜂窝自由行还有一个优势，对目的地的介绍和攻略完整性，是所有产品中做得最好的，是最适合用户在旅行前作为攻略的产品。马蜂窝积累的内容数量巨大，离线攻略数量多且内容丰富，对目的地的介绍完善，大到景点美食，小到来去交通穿衣服。这也是一个核心的优势。这两点优势保证了马蜂窝自由行吸引到的用户最多。

去哪儿攻略的核心竞争力如前面在用户构成中描述的一样，即去哪儿网站这个大平台。去哪儿网带给去哪儿攻略App的优势，平台导流吸引下载量是一点，很多去哪儿网的用户在订酒店、机票的同时能够顺带查找一些攻略游记等内容。还有一点是App中消费项目的预订。攻略游记产品肯定不只是单纯的内容，预订是很重要的一环，直接决定了商业模式。马蜂窝自由行、面包旅行中都有大量的自由行预订，淘在路上直接就有个预订App，而去哪儿就是预订起家的，这方面显然处于领先地位。

比起另外三款App，去哪儿攻略的评分口碑都相对低一些，产品本身的亮点不多，不过有一个行程安排的功能，是其他几个产品没有的。去哪儿倒是还有一款叫去哪儿旅图的产品，比较有新意。

淘在路上社区的核心用户、核心功能和前面两 App 稍有不同，它更强调社区的氛围和内容的记录。就如产品名字一样，淘在路上社区的核心竞争力是产品营造出来的社区氛围，由旅行爱好者群体组成，侧重于社区中的分享互动，而非内容形式的攻略。

淘在路上社区面向的是有文艺青年气质这样小众的用户，因此产品在设计上和 B 格都比较突出，有较高的口碑，也算是一大亮点。它在功能上最大的亮点，在于旅行途中的记录，即随手记录照片，快速生成游记，对游记内容的利用、对用户看游记、写游记的需求把握得很好，在这点上马蜂窝也要差一些。

面包旅行产品的特色和目标用户群体和淘在路上社区差不多，因此两个产品在很多地方有共通之处。面包旅行的核心竞争力也是产品的社区氛围和文艺高 B 格的风格。在功能上，面包旅行的亮点同样是游记的相关功能，包括记录照片、快速生成游记等。

纵观面包旅行的版本迭代，他们公司在发展过程中又拓展了另外一个市场，即关于旅行身边的需求，包括身边发现、城市活动、周边游，比如城市猎人就是一个很新奇的功能。比起其他产品，如今的面包旅行不再仅仅是一个社区和工具，更注重线下，对需求的满足更加宽广，可以说这些旅途中身边的需求为产品打造出了一个新的竞争力。

总结

竞品分析的目的，是为这个领域中的产品在市场、用户、核心功能上做参考，比如竞品各自占有什么市场，发展如何，目标用户有什么区别，哪些目标用户容易获取，哪些不容易，产品核心竞争力的壁垒如何，是否容易复制，以及竞品各自的发展等。从这篇报告中可以大致对这几款产品做一个总览。

马蜂窝自由行在当前市场中处于领先地位，作为一个内容社区，在内容数量和质量上形成了比较强的核心竞争力壁垒，这一点很难被其他应用超越，即使是大平台。由于社区产品本身黏性较高，因此为产品贡献很多内容的核心用户和主流用户也不容易流失。马蜂窝自由行已经处于产品发展的成熟期，内容和服务都很完整，在新的领域拓展相对少一些。产品由于功能多稍显杂乱，主要功能的实现方式并不是最好的，由于产品的特性，对小众需求的满足也少一些。

去哪儿攻略是去哪儿网的一个附属应用，由去哪儿这个平台的流量、用户和消费项目支撑，构成了产品的核心优势，这个优势同样不易打破。产品内容较为完善，工具属性较强，社区属性稍弱。用户群体中有很大一部分去哪儿网过来的普通用户，对这些用户的留存和对高端用户的吸引是一大挑战。产品同样处于成熟期，在功能和设计上的用户评价比较一般。

淘在路上社区是一个小众产品，在同类小而美的产品中，它的市场地位和口碑还是比较高的。产品的社区氛围很好，内容的完整性尚可。针对目标用户的特征，产品在功能、设计、格调上很突出，构成了产品的核心竞争力，不过这个竞争力壁垒不强，容易被复制。淘在路上的用户数量在同类产品中较高，主流用户占比高，产品黏性较高，但主流用户的留存率非常关键。产品处于发展期，消费项目正在发展中，产品的增长空间比较大、

面包旅行同样是一个小众产品，拥有较高的市场地位和口碑。产品在社区氛围、功能、设计、格调上突出，构成了产品的核心竞争力，但和淘在路上一样，这个竞争力容易被复制，市场上相似的同类产品比较多。面包旅行的主流用户占比和黏性较高。面包旅行在城市猎人等线下服务上可以形成新的竞争壁垒，产品正处于发展期，新的业务在不断完善，产品增长空间和业务拓展空间都比较大。

（三）工具类旅游 App

1. 工具类 App 含义

工具类旅游 App 是为了旅游途中的具体要求而出现的。这类 App 功能单一，特点鲜明。如地图、翻译、打车等 App 都属此类。

2. 工具类 App 分类

根据现有工具类移动应用，可以将这些 App 分为两大类，一类是服务于旅游交通服务的，集中在交通工具出行类和地图类移动应用上。另外一类则是辅助于游览观光服务的 App，如语言类移动应用。

工具类 App 旨在应对你在旅行中会产生的个别细节需求。比如穷游网推出的"穷游清单"，可轻巧记录行前事项、出行物品、购物清单等作为备忘；比如马蜂窝的"旅行翻译官"，以翻译旅行中会遇到的外语、方言的词汇、语句为卖点；再比如一些查询火车时刻表、地铁公交线路图的应用，简单易用便可省去出行中的诸多麻烦。

对于用户，理想的工具类旅游应用应该是功能实用简洁纯粹的，Android 平台尤其应该注意软件应用对硬件的占用，否则用户体验满意度将会下降。对于开发者而言，工具类的 App 往往不会是主菜，更多的是扮演旗下无线应用矩阵中某一环的角色。

3. 工具类 App 案例分析

案例　滴滴打车 App

滴滴打车是一款免费打车软件，是时下最热、最酷、最帅的手机"打车神器"，是覆盖最广、用户最多、最受用户喜爱的"打车"应用，荣登日常助手类应用榜单冠军。2012 年，滴滴打车在北京中关村诞生，9 月 9 日正式在北京上线，此后便与正在火热发展的移动互联网行业相互交融，激发创新灵感。现在，滴滴打车每天为全国超过 1 亿的用户提供便捷的召车服务和更加本地化的生活服务，让正在高速发展的中国移动互联网真正渗透到用户心中。目前，滴滴打车已经成为了全国最大的打车软件平台。

（1）产品特点

"滴滴打车"App改变了传统打车方式，建立培养出大移动互联网时代下引领的用户现代化出行方式。较比传统电话召车与路边扬招来说，滴滴打车的诞生更是改变了传统打车市场格局，颠覆了路边拦车概念，利用移动互联网特点，将线上与线下相融合，从打车初始阶段到下车使用线上支付车费，形成一个乘客与司机紧密相连的O2O完美闭环，最大限度优化乘客打车体验，改变传统出租司机等客方式，让司机师傅根据乘客目的地按意愿"接单"，节约司机与乘客沟通成本，降低空驶率，最大化节省司乘双方资源与时间。

（2）使用教程

滴滴打车原理非常简单，与电话叫车服务性质类似，与微信用法大同小异。即乘客启动滴滴打车软件客户端，点击"现在用车"，按住说话，发送一段语音说明现在所在具体的位置和要去的地方，松开叫车按钮，叫车信息会以该乘客为原点，在90s内自动推送给直径3公里以内的出租车司机，司机可以在滴滴打车司机端一键抢应，并和乘客保持联系。在乘客到达目的地下车需要支付车费时，即可使用滴滴打车合作伙伴微信支付和QQ钱包进行线上支付，既可享受免找零烦恼，也避免了假币，丢钱包等现象发生，完成了从打车到支付的一个完美闭环服务，让用户的出行尽在自己掌握。

（3）产品优势

出租车拒载已经成为大城市的普遍现象，滴滴打车的最大价值是匹配用户和司机的需求，减少司机的空载提高效率。造成出租车拒载最重要的原因是乘客和司机之间的不理解。滴滴打车CEO程维在接受上海第一财经采访时表示，目前每个月有数千新增的司机用户。"我们没有向司机送过一部手机，都是他们主动购买的。买个智能手机装上滴滴打车对司机来说是一种投资，也许每天只能多赚几十块钱，但一个月就是上千块。掌握滴滴打车这种的叫车工具，以后可能就是生存必备手段。"程维说。

（4）市场合作

滴滴在推广初期，与北京市两大出租车调度中心之一96106达成战略合作，系统互通，并且还为96106定制客户端；2013年，滴滴打车与入口级应用运营商高德地图、百度地图达成合作，开启了与地图类应用合作联运新模式；2013年12月12日，滴滴打车宣布与携程旅行达成战略合作，此次合作主要基于携程客户端，功能支持送机服务及城市打车；2014年1月6日下午，滴滴打车宣布独家接入微信，支持通过微信实现叫车和支付，该功能已在iOS版本中实现，安卓版也在1月8日开通。在接入微信后，用户可以在"我的银行卡"中打开"滴滴打车"，并完成叫车和微信支付；并且在滴滴打车客户端也接入了微信支付，目前使用微信支付付款的乘客可立减10元车费，支持微信支付收款的司机可立享10元奖励。

与腾讯微信的战略合作再次打开移动互联网生活工具类软件新舞台，将滴滴推上历史新高度，作为首个接入微信的移动叫车应用，滴滴带来的变革并不只是简单的出行方式的改变，更多的是移动互联网 O2O 模式被大众的认可和支持。据滴滴目前的数据状况显示，新用户从下载注册到呼叫的周期越来越短，二次呼叫频次越来越高，也就是说，越来越多的人会主动了解、安装滴滴，首次叫车成功体验过后，便将之纳入实用类生活工具，成为随之而来的自然是无尽的正向口碑传播。

2015 年 2 月 14 日，滴滴打车与快的打车进行战略合并。新公司将实施 Co-CEO 制度，滴滴打车 CEO 程维及快的打车 CEO 吕传伟同时担任联合 CEO。两家公司在人员架构上保持不变，业务继续平行发展，并将保留各自的品牌和业务独立性。

（5）服务管理

业内人士认为，巨头砸下巨额资金后，已经在打车领域基本完成了移动支付各自圈地，如此大力度的补贴很难再重现。而打车软件的路今后还是要靠自己走，如何黏住用户，主要拼的将是产品和服务。2014 年 6 月起，滴滴将提高对司机、乘客爽约行为的处罚力度。使用滴滴打车的司机和乘客，首次爽约的，禁用该打车软件 3 天；第二次爽约禁用 1 个月；第三次爽约则永久封禁账号。滴滴打车称，此举是为了更好地服务大家，打造诚信平台。业内人士认为，在返现补贴取消、导致订单流失的情况下，为了使乘客、司机继续使用打车软件，保证服务质量至关重要，因此不难理解滴滴打车为何提高爽约处罚力度。

（四）分享类旅游 App

1. 分享类 App 含义

旅游本身是一件极其容易诱引人们留下点东西的事情，包括文字游记和摄影图片，大多数旅游者也非常情愿在社交网站上分享出旅游行程中记录的数字信息，让亲朋好友们知晓。正因如此，此类 App 便是为了满足用户这样的需求而出现的。

旅游体验分享，就是用户在进行了一个旅游项目之后，将在旅行过程中的所见所闻、体验感受以游记的方式记录下来，然后发布出来让其他没有参与过某个景点某个地区旅游的人们来一起分享的过程。这种方式在很大程度上影响着人们对初选旅游地点的再次斟酌或者是兴趣的加深。另外也服务了潜在用户，即使他们没有马上出行的想法，但他们很可能就会去注意到其他旅客的旅行分享。

2. 分享类 App 与攻略类 App 区别

分享类移动 App 着重为用户提供一个社区平台，利用 App 的方便、快捷程序进行旅行行程图片、文字、摄影记录，主要目的是将自身游览经历进行分享。攻略类移动 App 侧重为游客提供目的地食、住、行、游、购、娱各方面的介绍，以方便游客游玩。

在 Web2.0 时代，每一个互联网用户都能生成自己的内容，而 SNS 的兴起基本就是由用户渴望分享所引发的潮流。这种分享的欲望，在旅行社交中尤为明显。2011 年以前的互联网上，旅行社交主要以社区的形式存在，穷游、马蜂窝、到到网、岛多多……这些旅行社交社区最常见的功能是，当人们想要进行一次短途或者长途的旅行时,他们会提前在这些社区寻常合适的地点,查看别人的攻略。旅行结束后,如果他们有诉说的欲求,则会登录这些社区发布自己的游记和攻略。但无论是分享照片还是发布攻略,几乎都是在出游前和出游后,一般不出去旅行的日子,他们极少会登录这种旅行社区,因此,这种轻社区的活跃度很低。而直到移动互联网近几年的发展,UGC才显得更为容易和轻便。而对于出游当中的人们来说,随时随地发布自己的旅行记录这种碎片化的内容似乎更适合通过手机端进行。更重要的是手机端的灵活快速和自由,恰好弥补了以前的旅行社交社区所无法做到的事——用户活跃度的提升。

3. 分享类 App 案例分析

案例　在路上 App

移动互联网的发展使得人们在履行过程中就可以分享游览经历,而基于此背景,2012年1月19日,在路上的PC端网站和App同时上线,上线之初就同步推出了iOS和Android客户端。提供出行计划与记录的功能几乎每个旅行社交App都具备,但是细微之处才能彰显优势,无论是地图导航还是分享的设计与体验,社交互动性和网站同步率,都十分考验技术团队。

在路上的核心价值是引发用户的旅行冲动,并在将来为旅行者的消费决策提供帮助,但并非是满足比较空泛的旅游攻略需求。事实上,针对用户产生内容的UGC,一旦技术上得到支持,内容越个性越叫座。毕竟旅游本身就是一个高度个性化的行为。这也是在路上PC端和App同时发布的缘由所在,它不仅想抢占旅游途中的SNS市场,也不想放过游前与游后。

(1) 在路上介绍

在路上这款App应用,最初与现在的目的都是为了方便用户使用手机记录每一段旅行。用手机打开在路上可以发现,用它记录行程,内容简短,文字简练,更重要的是,系统会按照图文记录的时间进行位置的排列。等旅行结束,呈现在网络上的,就是一份很清晰的依据时间轴的图文游记。

可以说,能够在旅行途中随时随地发布碎片化的图文记录是App优于PC端的旅行社区之处。而按照时间轴进行游记的发布,则基本是同类旅行App都能做到的服务。显而易见,既然都是UGC为主导,那么如果想要获取更多的用户,则更加考验该款App功能的细节。

在路上的总体功能大约分为两块:一块是提供给暂时没有出行计划,但是有着旅行欲望的年轻人,他们可以在在路上看到很多人直播的旅行;另一块则是提供给正在出游的人群,能够边走边记录,也可以在微博上做直播。这种出游记录,还能离线保存,方便没有流量或者网络的用户。毕竟如果能在移动端降低UGC的成本,用户会更乐意分享。简单来说,在路上App的用户群体定位于暂时没有出行计划但有旅行欲望以及正在出游的人。

（2）多渠道获取用户

2012年春节，在路上刚上线，活跃用户就达到了10万。距离当初过去了一年半的时间，目前已经拥有用户500万，日平均活跃用户超过20万。一年中旅行市场有五个高峰期，包括从春节开始的第一个高峰期，到清明节和五一劳动节、暑假、中秋国庆期间，以及圣诞节和元旦。高峰节假日期间，在路上的日活跃度可以达到30万，寻常淡季或者双休，日活跃度也有10万多。

在路上在上线第一年的时候集中精力主要在安卓市场上扩展。做安卓市场有一个好处：能把用户的数据尽快地拉起来。所以在路上在第一年的时间内做了一百万。第二年开始，在路上开始集中做iOS，iOS用户的质量要高于安卓的4~5倍，连续两年在路上的重点都放在iOS上面。

在刚开始，由于在路上知名度较低、用户数量少，因此，在路上在最初借助CMO浦明辉是绿野的前市场总监这一人际资源，吸引了户外品牌对在路上的赞助。刚开始在路上会选择户外人群切入主要是因为户外人群密集度很高，他的分享欲望比一般的旅游用户高，而且用户比较垂直、比较封闭，沟通成本比较低。

但是从2013年开始在路上开始把所有和户外相关的品牌合作全部砍掉了。因为其担心让用户产生一个感觉：认为在路上是一个户外的传媒，而这点会对在路上未来的商业化是有影响的。所以，在逐渐把市场打开以后，就需要向全旅游、泛旅游转化。在转化过程中，旅游圈对在路上的产品逐渐有了一定认同，这就很快影响到旅游圈子里的一些达人和用户，通过和大量不同垂直纬度的旅行达人合作，形成了一个去中心化的传播模式，这使在路上的用户量迅速增长。

对于已经获取的用户，在路上后期会通过平台内部成体系的运营活动，不断拉升用户的活跃度，比如去年开始在路上启动的"旅型家"活动，通过"旅型"的定位，运营了一系列线上和线下活动，让用户活跃度大大提升。

在路上的产品平均两周至少会有一到两次的迭代。同时和用户保持比较神的互动，实时了解用户的诉求、了解他们想要什么、不想要什么。而在路上对于用户数据的挖掘则是做产品迭代、满足用户需求很有力的策略。

（3）商业化道路

对于分享攻略类App，盈利是一个美好的梦，在早期一般被行业认为App具备媒体属性，即做广告。在旅游App上发布的游记和攻略都来自于用户，这和虾米网的音乐不一样。虾米网的音乐可以用产品来定义，可以团购，可以上聚划算，因为音乐本身是可供出售的。而在路上的用户生成的内容，并不能拿来盈利。因此这种游记社交类App想盈利，多半只能靠推广合作商家的产品。

但很显然，在手机上进行推广，会直接给用户带去负面情绪。假设用户想旅行，但还没决定去哪儿，他正在查看其他用户发布的游玩攻略时，手机上却弹出了各种酒店、机票的推广信息，那么他原先的旅行冲动可能就会下降。虽然不能用"自寻死路"来形容，但用户体验必定会受到影响。毕竟，一款App能否获得用户的青睐，必须从用户黏度来考量。尽管通过移动端进行推广是必须走的一步，但为防止用户流失，追求极致的用户体验仍然是在路上开发产品的首要目标。但当用户数积累到一百万、五百万并且还在不断地增长时，商业化的进程才可以提前。

发展初期，在路上就特别强调品牌性。这主要体现在在路上初期就选择和品牌合作，或者自己做品牌，同时非常注重强调品牌的质感、层次，选择合作伙伴都是在业内或者在行业内比较有口碑的，而不会选择那些受众虽然比较大、但品牌形象没有那么好的进行合作。此外，在路上创始人认为和品牌合作要有延续性，希望在合作完之后能产生叠加的效应，再附加一些影响力。比如在路上和汉莎合作，首先合作成功以后，就得到很多类似品牌的关注，这是一个影响效应；在合作以后，在路上会抓住品牌本身的产品效应，进行二次营销。

在2014年，在路上整合塞上旅游上游目的地资源和下游旅行社产品的分销和生产资源，打包起来形成了在路上自己的产品。在路上同时推出6999元的最低产品价和五万多的高端产品在移动平台上进行售卖，总共卖掉50多单，而这个数字验证了在路上的用户活跃度是相对比较高的。

旅游社交App本身只是一个应用，基于这款应用，在不伤害用户情感的前提下，可以以分享为主适时做一些活动。最近在路上发布的一个"寻找旅型家"的活动，便是在路上和凯撒旅游、德国汉莎航空公司、淘宝旅行一起合作举办的。这个活动将会入围400名"旅型家"，入围的将可以免费换取旅行装备，而最后决出的200个名额则可以免费获取机票。

由此可见，移动端的应用结合旅游产品的形态也许可以成为未来旅游App盈利的一个常态，但对于投资人来说，盈利与否并不重要，移动互联网的本质还是产品。

（4）重新定义自由行

一款成功的App，会面临产品、模式、资本、资源、人才等全方位的竞争。在路上希望对用户价值和社会价值进行双重整合，把握用户的核心诉求，并最终使之得到落实交集，实现交易链的闭环。

在路上旗下"淘在路上"专注在移动端的旅游电商平台，着力开发境内外当地游、本地游产品及自由行精选套餐，与在路上App互相呼应——一个是碎片化的旅游商品，一个是碎片化的旅行记录；一个是随走随订，一个是随走随记；一个以商品带内容，一个以内容带商品，同时通过有机整合，确保用户和商业模式形成自我造血的良性循环。

"淘在路上"前期会通过邀约制引入各个目的地最优秀的供应商，通过自己本身商品的吸引力，攻入目的地长尾市场，并基于"Travel Like a Local"的产品理念，重新定义自由行。现在自由行是非常重要的旅游模式。但很多人比如到了三亚、到了普吉岛，机加酒买了以后，去哪儿玩什么，心里并不太清楚。所以淘在路上的概念就是App是随走随订，买完机加酒回东莞，到了目的地后打开App它就会告诉你身边有哪些产品，足够让你的旅行丰富多彩。

在整个互联网交易和旅游交易里面，无非是要找到很好的供应商，能够提供非常好的产品，并且这些产品能够公开透明化地向所有市场去展示。因此"淘在路上"可以让用户通过他自己的行为去体验之后，再来评价这些产品，同时通过对产品进行不断的分析、筛选和淘汰后，建立一个更透明、更公开的场合。

（5）App 营销的竞争形态

在路上这款旅游 App 本身是一个产品，而就产品层面而言，App 的开发难度并不高，几款游记社交类 App 的功能都是大同小异。用户在使用这些 App 的时候，都是在细节上发现不同。比如在路上可以将游记分享到人人网、新浪微博等地，而面包旅行不支持人人网，蝉游记则能分享到豆瓣，但必须生成整个游记才能成功，不能发送单条记录。又比如在路上不仅可以添加航班信息，还有火车信息，面包旅行却只能添加航班信息。正是这种细微的地方才能区别于其他 App，而想要商业化，无论是运营还是内容，都是 App 综合能力的一种竞争。

在路上创办之初，恰逢 2012 年春节，团队在产品上线前，就在微博进行宣传，在创业团队看来，前期的微博营销和预热是春节期间用户突破 10 万的关键所在。除此外，团队成员还接触各种媒体和沙龙，试图增加曝光率，进行口碑营销。

（6）合作

2013 年，在路上先后与携程、阿里进行了合作。在这个过程中在路上有两次尝试：一次是 2013 年淘宝双十一的时候，在路上 App 售卖活动产品，24 小时之内卖了 200 多单，这证明在路上用户的购买力是强的。如今旅游社会化平台与 SNS 是密不可分的，淘宝旅行做的是旅游市场的电子商务，而在路上做的是移动端旅游市场的 SNS，这两者的结合，能够打造一个垂直电商与 SNS 的闭环。比如很多人想旅游，那么在旅游前，他会查看各种旅行攻略，会订购机票、预订酒店，或者购买旅游当地的景点门票，能够促成这一系列行为发生的是用户的旅行冲动。而在路上作为淘宝旅行移动端的入口，可以触发用户的这种旅行冲动。相应的，淘宝旅行提供的有关酒店、机票等业务恰好可以为用户的旅行计划提供选择。

马蜂窝等竞争对手一直在布局 POI，对接大型的 OTA，想借助这些来盈利，而在路上未来和淘宝旅行进行产品对接，则可以获得淘宝旅行海量用户的数据和信息。未来作为淘宝旅行的移动端入口，显然它的形态不会局限于一个纯粹的 App 应用，反而更接近于旅游的 O2O 平台。尽管才一年多时间，但是在路上的用户忠诚度已经很高。在路上也可能成为淘宝旅行用户的一个 SNS 分享聚集地，能通过淘宝旅行的大数据中心来更为精确地分析用户，同时移动端的支付问题也会得到解决。

责任编辑：郭珍宏

图书在版编目（CIP）数据

中国在线旅游研究报告．2017 / 李宏主编．-- 北京：旅游教育出版社，2018.4

ISBN 978-7-5637-3706-2

Ⅰ．①中… Ⅱ．①李… Ⅲ．①旅游业发展－研究报告－中国－2017 Ⅳ．① F592.3

中国版本图书馆 CIP 数据核字（2018）第 066285 号

中国在线旅游研究报告 2017

李宏　主编

出版单位	旅游教育出版社
地　　址	北京市朝阳区定福庄南里 1 号
邮　　编	100024
发行电话	（010）65778403　65728372　65767462（传真）
本社网址	www.tepcb.com
E - mail	tepfx@163.com
排版单位	北京旅教文化传播有限公司
印刷单位	北京玺诚印务有限公司
经销单位	新华书店
开　　本	787 毫米 ×1092 毫米　1/16
印　　张	16.5
字　　数	289 千字
版　　次	2018 年 4 月第 1 版
印　　次	2018 年 4 月第 1 次印刷
定　　价	49.00 元

（图书如有装订差错请与发行部联系）